고독의 위로

Solitude

Copyright © 1988 by Anthony Storr
All rights reserved.

Korean translation copyright © 2011 by Korea Price Information, Corp.
Korean translation rights arranged with PFD through EYA(Eric Yang Agency).

이 책의 한국어판 저작권은 EYA(Eric Yang Agency)를 통해
PFD와 독점 계약한 KPI출판그룹에 있습니다.
저작권법에 의하여 한국 내에서 보호를 받는 저작물이므로 무단전재와 복제를 금합니다.

Anthony Storr

고독의 위로
Solitude
A Return to the Self

| 앤서니 스토 지음 | 이순영 옮김 |

바쁘게 돌아가는 세상에서
우리 모두
좋은 본성과 너무도 오랫동안 떨어져 시들어가고,
일에 지치고, 쾌락에 진력이 났을 때,
고독은 얼마나 반갑고 고마운가.

-윌리엄 워즈워스(영국의 시인)

Contents

Prologue.	고요한 삶은 외롭지 않다	9
Chapter 01.	지금 우리가 '고독' 해야 하는 이유	21
Chapter 02.	이별의 슬픔과 생의 고통 앞에서	51
Chapter 03.	혼자 있는 능력	71
Chapter 04.	사는 게 즐겁다고 말하는 사람들의 비밀	93
Chapter 05.	혼자서만 느낄 수 있는 충족감	111
Chapter 06.	절실하게 그립지만 절박하게 두려운	131
Chapter 07.	고독한 창조자들	163
Chapter 08.	불행을 극복하는 창조적 상상력	191
Chapter 09.	'나'와의 대화	225
Chapter 10.	칸트와 비트겐슈타인, 그리고 뉴턴의 고독	255
Chapter 11.	삶이 마지막을 향해 갈 때	291
Epilogue.	'관계'에 집착하는 당신에게	321
참고문헌		346

Prologue

고요한 삶은 외롭지 않다

"대화는 서로를 이해하게 하지만, 천재를 만드는 것은 고독이다.
온전한 작품은 한 사람의 예술가가 혼자 하는 작업으로 탄생한다."

―에드워드 기번(18세기 영국의 역사가)

에드워드 기번(Edward Gibbon)의 말은 옳다. 기번 자신을 비롯해 시인이나 소설가, 작곡가 대부분이 많은 시간을 혼자 보냈다. 화가나 조각가 역시 그렇다. 현대 이론, 특히 여러 정신분석학파가 주장하는 이론에서는, 인간은 요람에서 무덤에 이르기까지 다른 사람들과 어울려야 하며 다른 사람들의 애정을 필요로 하는 사회적 존재라고 한다. 일반인들의 생각도 크게 다르지 않다. 대부분의 사람들은 친밀한 인간관계를 행복의 중요한 요소로 손꼽는다. 하지만 찬찬히 살펴보면 이러한 통념은 말 그대로 통념에 불과하다는 사실을 발견하게 된다.

예를 들어 세계의 위대한 사상가들 중에는 화목한 가정을 이루지도 못하고 다른 사람들과 친밀하지도 못한 사람들이 많다. 데카르트, 뉴턴, 로크, 파스칼, 스피노자, 칸트, 라이프니츠, 쇼펜하우어, 니체, 키르케고르, 비트겐슈타인 등이 그런 사람들이다. 이

중에는 한동안 이성과 관계를 맺었던 사람들도 있고 뉴턴처럼 금욕적인 삶을 산 사람들도 있다. 하지만 누구도 결혼하지 않았으며, 대부분은 오랜 시간을 혼자서 지냈다.

뛰어난 창의력이라는 재능은 아무나 가질 수 있는 게 아니다. 그런 재능을 타고난 사람들을 보면서 우리는 경외감과 부러움을 느낀다. 또한 그들을 특별한 존재, 즉 보통 사람들과는 다른 차원의 고통과 기쁨을 느끼는 특이한 사람들로 생각하곤 한다. 이처럼 보통 사람들과 다르다는 것이 정신 병리학적으로 '비정상'임을 의미할까? 창의적인 사람이 고독을 즐긴다는 사실이 그들이 다른 이들과 가까운 관계를 맺는 데 무능하다는 증거가 되는 걸까?

사람들과의 관계가 순탄치 못하고 정신병, 알코올 중독, 약물 남용으로 정서가 몹시 불안정했던 천재들을 열거하기란 어렵지 않다. 그렇기 때문에 창의력이라는 재능과 정서 불안, 그리고 만족스러운 인간관계를 맺는 데 서툰 성향이 밀접하게 연결되어 있다고 생각하기 쉽다. 이런 관점에서 보면, 창의력이라는 재능은 미심쩍은 축복, 그러니까 명성과 재산을 가져다주지만 보통 사람들은 그 재능을 지닌다 해도 행복하기가 어려운 그야말로 두 얼굴을 가진 재능이라 할 수도 있을 것이다.

대부분의 사람들이 천재들은 모두 불안정하다고 믿었고, 특히 프로이트 시대 이후로 이런 경향이 두드러졌다. 하지만 창의적인 사람들이라고 해서 모두가 유별나게 정서적으로 불안한 것은 아니다. 그리고 고독하게 사는 사람들이라고 해서 모두 불행한 것도 아니다. 기번은 첫사랑에 실패하고 나서도 누구나 부러워할 정도로 아주 행복하고 편안하게 살았다. 이에 대해 기번은 이렇게 썼다.

> 대다수 사람의 운명을 생각해볼 때, 내가 인생의 제비뽑기에서 아주 좋은 패를 뽑았다는 걸 인정해야겠다. …… 나는 쾌활한 기질, 적당한 감수성, 활동보다는 고요를 좋아하는 성격을 타고났다. 해로운 욕구나 습관은 철학이나 시간이 바로잡아주었던 것 같다. 학문에 대한 사랑, 삶을 즐기며 새로운 활력을 얻는 열정 덕에 내게 걸맞은 즐거움의 요소가 매일, 매 시간 끊임없이 솟아난다. 내 정신능력이 쇠퇴하는 기미도 느끼지 못한다. …… 스위스의 기준으로 보면 나는 부자다. 아니 어느 모로 보아도 부자다. 수입이 지출보다 많고, 사고 싶은 것은 다 살 수 있기 때문이다. 내 다정한 친구 셰필드 경 덕분에 마음에 안 들고 성격에 맞지 않는 걱정거리에서 벗어날 수 있었다. 첫 번째 소망이 좌절된 이후로 부부의 인연을 맺는 것에 대해서는 단 한 번도 진지하게 생각하지 않았다는 말도 덧붙여야 할까?[1]

19세기 영국의 전기 작가 리튼 스트레이치(Lyton Strachey)는 기번에 관한 에세이에서 이렇게 밝히고 있다.

> 에드워드 기번을 생각하면 가장 먼저 떠오르는 단어가 바로 행복이다. 이때 내가 말하는 행복은 즐거움과 행운까지 포함하는 가장 포

괄적인 의미의 행복이다.2)

사랑을 잃으면 행복마저 잃는다는 착각

사실 기번은 아버지의 강요에 못 이겨 수전 퀴르쇼와의 사랑을 포기하고 말았다. 행복의 가장 중요한 요소와 단절된 채 살았으니 기번은 병리적이라고 해야 한다고 주장할 사람들도 있을 것이다. 그러나 기번이 이성과의 사랑에서는 실패했다 해도 다른 인간관계는 그렇지 않았다.

기번은 『로마제국 쇠망사The Decline and Fall of the Roman Empire』라는 대작을 완성하기 위해 오랜 시간 혼자 연구하고 글을 써야 했지만, 사람들과 어울릴 때도 그는 똑같이 행복해했다. 런던에 머무는 동안에도 활발하게 사교생활을 했으며, 부들 클럽, 화이트 클럽, 브룩스 클럽, 문학 클럽에서 활동하면서 어디에서나 매력적인 모습으로 사람들과 얘기를 나누었다. 뿐만 아니라 자신을 키워준 포르텐 아주머니에게도 진심 어린 애정을 보였다. 포르텐 아주머니는 기번에게 우정이라는 감정을 알게 해준 사람이기도 했는데, 그런 포르텐 아주머니 덕에 기번은 셰필드 경과 오래도록 가깝게 지낼 수 있었다. 기번은 지인들에게 보내는 편지에서 이따금 고독한 처지를 한탄하기도 하고 친척 여자아이를 양녀로 삼는 문제를 잠깐 고민해보기도 했다. 하지만 결혼에 대한 생각은 그저 백일몽 같은 것이어서 이내 머릿속에서 지워졌다.

결혼으로 생길 수 있는 모든 결과를 구체적으로 생각하다 보면 꿈에서 깨어나면서, 결혼에서 벗어났다는 사실이 다행스러워졌고, 응당 누릴 자유를 아직 누리고 있다는 것에 소리 높여 감사했다.3)

친밀한 애착, 좀 더 구체적으로 말해 성적(性的)인 충족에서 진정한 행복을 얻을 수 있다는 오늘날의 주장은 기번 같은 사람들을 설명하지 못한다. 기번은 많은 사람과 우정을 쌓았지만 자아 존중감과 즐거움을 얻은 것은 주로 일에서였다. 이런 사실은 그의 자서전 마지막 구절에서 분명하게 나타난다.

나이를 먹으면, 자식들을 보며 새로운 삶을 시작하려는 부모들이 보이는 자애로움, 구름 위에서 할렐루야를 부르는 광신자들의 믿음, 불후의 명작을 꿈꾸는 작가들의 허영심에서나 희망을 찾을 수 있을 뿐이다.4)

인간관계와 행복의 허약한 연결 고리

기번은 고전주의 작가로서 인간의 우둔함과 방종을 반어적이면서도 무심한 문체로 표현했다. 프랑스의 사상가이자 문학가 루소와 영국의 시인 새뮤얼 테일러 콜리지(Samuel Taylor Coleridge) 같은 낭만주의 작가들은 이런 이유 때문에 그를 싫어했다. 기번의 글을 보면 인간에 대한 공감의 폭이 확실히 좁다. 섹스는 그저 오락 대상일 뿐이다. 종교는 미신으로 치부된다. 하지만 그 거대한 작업을 해내려면 그런 자세가 필요했다. 동요와 혼란으로 얼룩진 오랜 역사를 정리하려면 균형 있는 시각이 필요했던 것이다. 기번의 위대한 역사서에는 그의 인간애가 표현되지 않았다. 표현될 수도 없었다. 하지만 기번이 친구들에게 보여준 따뜻한 감정과 친구들이 기번에게 보여준 애정은 그 역시 인간의 심장을 소유하고 있음을 증명했다. 사실 이전의 기준에 따른다면, 기번은 지극히 정상적인 부류에 속할 것이다. 하지만 이성애의 충족이 정신 건강에서 아주 중요한 요소라는 개념을 프로이트가 주장하면서, 기번이 보통 사람들에 비해 더 행복하고 성공적으로 살았는지에 의문을 갖는 사람들이 생겼다.

인간관계 이외의 것에서 삶의 중요한 가치를 찾는 것은 비단 천재들만이 아니다. 역사를 기록하거나, 애완동물을 기르거나, 주식에 투자를 하거나, 비행기를 설계하거나, 피아노를 연주하거나, 정원을 가꾸는 등의 일에 흥미를 갖는 것은 현대의 정신분석 전문의들과 그 신봉자들이 생각하는 것 이상으로 행복을 얻는 데 큰 역할을 한다. 위대한 창조자들의 경우에는 작품을 남기기 때문에 그 작품이 내 주장의 적절한 증거가 될 수 있다. 그런데 그렇지 못한 보통 사람들은 평생 뭔가에 몰두했더라도 그 대상에 얼마나 폭넓고 깊이 있게 흥미를 느꼈는지를 확인할 길이 없다. 다른 작가의 작품을 사들일 수 있는 부자에게는 소장품들이 쌓여 있을 것이다. 열정적인 정원사라면 누구도 흉내 낼 수 없는 나무와 꽃이 있을 테고, 그 생명들은 책이나 그림만큼 오랫동안은 아니라 해도 적어도 몇 년 동안은 열정의 증거로 남을 것이다. 하지만 풍차나 귀뚜라미에 열정을 쏟았다면 증거로 남길 것이 없다. 그렇다 해도, 만족스러운 인간관계를 맺었든 맺지 않았든 이렇게 다른 대상에 열정과 흥미를 쏟으면서 삶을 그야말로 가치 있게 만든 사람들은 얼마든지 있다.

오늘날 우리는 인간관계에 지나치게 큰 의미를 두고 있다. 사실 인간관계와 행복의 연결 고리는 매우 허약하다. 제대로 된 인간관계를 맺는다면 삶이 더할 나위 없이 행복할 것이고, 행복하지 못하다면 그 인간관계는 분명 뭔가 잘못된 거라는 우리의 생각은 지나친 것이 아닐까?

물론 사랑과 우정은 삶을 가치 있게 만드는 중요한 부분이다. 하지만 행복의 유일한 요소는 아니다. 뿐만 아니라, 사람은 나이를 먹으면서 변하고 발전한다. 노년이 되면 대체로 인간관계의 중요성이 덜해진다. 어쩌면 이것은 사랑하는 사람들과 어쩔 수 없이 해야 하는 이별을 덜 고통스럽게 하려는 자연의 자비로운 섭리일지도 모른다. 어떤 경우에든 인간관계에는 불확실성의 요소가 늘 있기 때문에, 그 인간관계가 완전무결한 것으로 미화되거나 무언가를 이루는 유일한 길이 될 수는 없다. 아마도 가장 친밀한 관계일 결혼이 그렇게도 불안정한 이유도 사람들이 인간관계를 과대평가하기 때문일 것이다. 결혼을 행복의 주된 요소로 생각하지 않는다면 결혼생활을 눈물로 끝내는 일도 줄어들 것이다.

전혀 다른 두 가지 욕망과 통합

자연의 섭리에 따라 우리 인간은 인간관계뿐 아니라 인간관계 이외의 것에도 끌리며, 이런 인간조건의 특징이야말로 삶에 적응하는 데 귀중하고 중요한 부분이라고 주장하고 싶다. 우리는 번식, 그러니까 우리 자신은 언젠가 사라질지라도 유전자는 영원히 생존하게 하는 생물학적 기능을 아주 중요하게 여긴다는 점에서는 다른 동물들과 다르지 않다. 하지만 이렇게 중요한 번식기간을 지나서도 여전히 지속되는 삶 또한 우리에게는 가치가 있다. 이 시기에 이르면 인간관계 이외의 것을 향한 흥미와 관심이 더 큰 의미를 지닌다. 물론 이런 흥미와 관심이 더 일찍부터 존재하긴 하지만 말이다.

뒤에서 보게 되듯 위대한 창조자들 가운데 중 몇몇은 다른 이들과 친밀한 관계를 맺기 어렵다고 느낄 때 인간관계보다는 노력을 기울일 수 있는 영역에 마음을 쏟았다. 하지만 이것은 하나가 다른 것을 대신한다기보다는 무엇에 더 역점을 두는가의 문제다. 그리고 일부 정신분석 전문의들이 주장하듯, 창조 활동이 언제나 인간관계의 대안이 된다는 뜻도 아니다. 배우자도 아이도 없는 사람들이 정서적으로 편협해질 수 있듯 배우자와 가족 말고는 무엇에도 흥미가 없는 사람들 역시 편협하다고 할 수 있다.

보통 사람들이 어떤 대상에게 느끼는 흥미, 그리고 진정한 독창성을 발휘하는 수많은 창조 활동은 인간관계 없이도 계속된다.

내가 볼 때, 사람이 혼자 있을 때 그의 내면에서 일어나는 과정은 그가 다른 사람들과 상호 작용할 때 일어나는 일만큼이나 중요한 듯하다. 일반적으로 사람은 전체 수명의 3분의 1 정도를 잠이라는 고립 상태에서 보낸다. 사람은 한평생을 살면서 전혀 다른 두 가지의 충동을 느낀다. 다른 이들을 사귀고 사랑을 나누는 등 어떤 방식으로든 다른 이들과 가까이 지내고 싶다는 충동이 그 한 가지고, 또 한 가지는 독립적이고 개별적이며 독자적인 삶을 살고 싶다는 충동이다. 그런데 정신분석학의 '대상관계' 이론가들의 주장을 듣다 보면, 고립된 개인으로 살아갈 때, 그 삶은 아무 의미가 없다는 결론에 이르게 된다. 그들의 관점에서 보면, 다른 사람들과 어울려 살면서 예를 들면 배우자, 부모, 이웃 등의 역할을 맡고 누군가에게 도움이 되는 일을 하면서 비로소 우리 인간은 가치를 지니는 것 같다. 개인의 존재가 정당화되려면 필연적으로 다른 사람들의 존재가 있어야 한다는 것이다.

그러나 위에 열거한 위대한 사상가들 중 몇몇은 다른 사람들과 어울리는 일 없이 자기 위주의 삶을 살았으며 '자기애'의 성향을 보였다. 말하자면 다른 사람들의 평안보다는 자신의 마음속에서 진행되는 과정에 몰두했던 것이다. 수많은 작가, 작곡가, 화가들도 마찬가지였다. 그들은 끊임없이 자신을 발견하려 하고, 자신의 정체성을 바꾸려 하고, 자신의 창조물을 통해 우주에서 의미를 찾으려고 노력했던 사람들이다. 그들은 이 과정이 명상이나 기도처럼 다른 사람들과는 별 관계가 없지만 그 자체로 정당성을 갖는 귀중한 통합의 과정이라고 생각한다. 그들에게 가장 의미

있는 순간은 새로운 통찰을 얻는 순간, 다시 말해 새로운 발견을 하는 순간이다. 그리고 이런 순간은 혼자 있는 순간이다. 언제나 그런 것은 아니라 해도 대개는 그렇다.

보통 사람들은 갖지 못한 탁월한 재능을 갖고 있다 해도, 창의적인 사람들 역시 보통 사람들과 같은 욕구와 소망을 갖는다. 그런 그들이 자신의 작품에 사고와 감정을 담을 때, 누구에게나 존재하지만 보통 사람들은 미처 알아채지 못하는, 고군분투하는 인간의 면들이 생생하게 드러난다. 창의적인 사람들이 고독 속에서 통합이라는 내면의 과정에 몰두할 때, 그들처럼 재능을 갖지 못해 자신의 욕구를 들여다보지 못하는 평범한 사람들의 욕구 또한 표현된다.

Chapter One

지금 우리가 '고독' 해야 하는 이유

"우리는 먼지와 같지만, 불멸의 영혼은 음악의 화음처럼 자란다.
조화롭지 않은 요소들을 조화롭게 하고, 그 요소들을 하나의 공동체 속에서
밀착하게 만드는 어둡고 신비한 능력이 존재한다.'

– 윌리엄 워즈워스(영국의 시인)

플라톤의 『향연Symposium』에서 고대 그리스의 희극 시인 아리스토파네스는 사랑의 힘에 대한 비밀을 친구들에게 얘기한다. 그는 태초에 세 개의 성, 그러니까 남성, 여성, 남자와 여자가 합해진 자웅동성이 있었다는 신화로 이야기를 시작한다. 남성은 태양에서 태어났고 여성은 대지에서 태어났으며 자웅동성은 태양과 대지 모두의 성질을 띠는 달에서 태어났다. 모든 인간은 완전하게 둥그런 원이었고 네 개의 다리와 네 개의 팔이 있었으며 어느 방향으로나 똑바로 걸어갈 수 있었고 원 모양으로 회전하며 빨리 달릴 수도 있었다.
　이 태초의 인간들은 아주 거만하고 무례하고 강해서 신에게도 위협적인 존재가 될 정도였다. 신들은 어떻게 하면 그들을 효과적으로 제압할지 논의했다. 제우스는 그들을 둘로 나누어야 한다고 생각했고, 나중에는 이전처럼 땅에 사정을 하는 것이 아니라 성교에 의해 번식하도록 했다.

이처럼 인간이 양분된 결과, 반쪽은 예전처럼 완전한 모양이 되게 해줄 나머지 반쪽을 찾게 되었다. 남자는 남자를 짝으로 찾았고, 여자는 여자를 짝으로 찾았으며, 자웅동성은 반대되는 성의 짝을 찾았다. 아리스토파네스는 '사랑'이란 "전체를 바라고 추구하는 것을 가리키는 말에 지나지 않는다"[1]고 말한다.

사랑에 빠진다는 것은

플라톤의 신화는 강력하다. 몇 세기가 지나도록, 사람이 또 다른 사람과 성적으로 합일되면서 비로소 전체가 되고 완전한 자아를 되찾는다는 개념은 낭만주의 문학에 영감을 주었고, 수많은 소설에서 그 절정을 보여주었다. 신화에는 많은 사람들에게 여전히 강력한 영향을 미치는 진실이 존재한다. 특히 젊은 시절 사랑하는 사람과의 성적인 결합은 그것이 아무리 덧없다고 해도 다른 어떤 경험과도 비교할 수 없는 완전함을 느끼게 한다.

프로이트는 성적인 충만감을 만족스러운 삶의 중요한 요소로 강조했다. 신경증 문제가 성적 성숙에 이르지 못하게 하는 심리적 장애의 결과라고도 생각했다. 그러나 완전한 정서적 충만감이 실제로 가능한지의 여부에 대해서는 확신하지 못했다. 비교적 초기의 논문에서 프로이트는 다음과 같이 말하고 있다.

이상하게 들릴지 몰라도, 성적 본능 자체에 완전한 만족을 얻기 힘들게 하는 무엇이 있을 수도 있는 가능성을 고려해야 할 것 같다.[2]

이런 사실에도 불구하고, 그리고 이즈음 프로이트가 문화적 업적이란, 문명이라는 제약 때문에 있는 그대로 드러날 수 없었던 성적 충동이 승화되어 만들어진 결과물이라고 생각했다는 사실에도 불구하고, 성적 충만감은 프로이트와 그의 제자들에게 하나의 이상이었다.

하지만 사랑에 빠지는 경험에는 성적 결합에 대한 욕구 혹은 성적 결합의 성취 이상의 그 무엇이 있다. 대부분의 사람에게, 사랑에 빠진다는 것은 살아가면서 얻을 수 있는 가장 매력적인 경험이다. 사랑에 빠져 있는 사람은 외부 세계와 내면 세계 모두와 결합되어 있는 황홀한 감각을 느낀다. 이런 감각은 사랑하는 사람을 만나는 것으로 시작되며 사랑하는 사람이라는 존재가 있어야 지속될 수 있다. 사랑에 빠지는 것은 가장 가깝고 가장 친밀한 인간관계의 형태로 여겨진다.

물론 사랑하는 사람의 육체가 반드시 곁에 있어야 하는 것은 아니다. 사랑의 감정은 일단 시작되면, 사랑하는 사람과 실제로 만나지 않아도 지속될 수 있다. 사랑에 빠진 사람 앞에서 대지는 미소를 짓는다. 이것이 사랑에 빠진 사람 내면의 행복이 투사된 것일 뿐이라 해도, 세상 만물이 모두 만족스러워지면 사람의 삶은 실제로 더욱 윤택해지고 풍요로워진다. 세상 모든 것이 그 연인을 사랑하며 연인은 세상 모두를 사랑한다.

어느 정도 완벽하게 환경에 적응하는 피조물은 '행복'을 경험한다. 사랑에 빠진 사람들은 잠깐 동안이라 해도 내면에서 황홀한 평화와 일체감을 느낀다. 그래서일까? 사랑에 빠져 있는 동안은 현실과 상상의 세계 사이의 차이가 사라진다. 그리고 마침내 '상상력이라는 갈증'이 충족된다. 이것은 성적 심취와는 다른 무엇이다. 성교가 편안한 이완을 느끼게 해주는 충만한 경험일 수도 있지만, '사랑에 빠진' 상태는 그것과는 다른 무엇이다.

황홀경은 성적 오르가슴과 다르다. 사랑에 빠진 느낌은 오르가슴보다는 황홀경에 가까운 마음 상태. 소설가 마르가니타 라스키(Marghanita Laski)가 『황홀경Ecstasy』에서 지적했듯, 정상적인 성생활을 경험하지 못한 사람들만이 황홀경을 묘사하는 데 성적 표현을 사용한다.[3]

나와 당신, 그리고 나와 우주

프로이트는 성적 충만감과 사랑에 빠진 상태에서 느끼는 일체감 간의 차이를 분명히 하면서 앞의 경험을 높이 평가하고 뒤의 경험을 경시했다. 뒤에서 '대양(大洋)의 느낌'에 대한 프로이트와 프랑스의 소설가 로맹 롤랑(Romain Rolland)의 토론을 짧게 소개할 텐데, 거기서 프로이트는 '대양의 느낌'을 "외부 세계 전체와 단단하게 결속되어 하나가 되는 느낌"[4]으로 설명한다. 프로이트는 이 느낌을 사랑에 빠진 느낌과 비교한다.

사랑에 한창 빠져 있을 때 자아와 대상 사이의 경계는 녹아 없어지는 것 같다. 사랑에 빠진 사람은 자신의 모든 감각을 증거로 해서 '나'와 '당신'은 하나라고 선언하며, 언제라도 그 선언이 사실인 것처럼 행동할 준비가 되어 있다.5)

나는 프로이트가 우주와 결합되는 느낌과 사랑하는 사람과 결합되는 느낌이 유사하다고 한 것은 옳지만, 그런 경험을 단순히 퇴보적인 착각으로 묵살하는 것은 잘못이라고 생각한다.

우주와 완벽하게 조화를 이루었다는 감각, 다른 사람과 완벽하게 조화를 이루었다는 감각, 그리고 자신 안에서 완벽한 조화를 이루었다는 감각은 밀접하게 연관되어 있다. 사실 나는 이 모든 것이 본질적으로 같은 현상이라고 믿는다.

이런 경험을 일으키는 계기는 다양하다. 마르가니타 라스키는 "자연, 예술, 종교, 성애, 출산, 지식, 창작, 특별한 형태의 운동"을 가장 일반적인 것으로 열거한다.6) 뒤에서 보게 될 버드 제독의 이야기에서는, 우주와 하나 되는 느낌의 계기는 고독, 침묵, 남극의 장엄함이었다. 이런 경험은 어떤 외부의 자극 없이 고독 속에서 저절로 생길 수도 있다. 이러한 초월적 경험은 창조 과정의 특징, 그러니까 이전에는 불가해보였던 것이 갑자기 이해되거나 이전에는 완전히 분리된 것으로 보였던 개념들이 연결되어 새롭게 하나가 되는 과정과도 밀접하게 관련되어 있다.

첫사랑처럼 눈부신 그 순간

플라톤의 신화는 인간을 전체나 결합을 끊임없이 추구하는 불완전한 피조물로 표현한다는 점에서 인간 조건을 정확하게 설명하지만, 결합을 성적인 관계로 보는 것에 그치고 만다. 사실 개별적인 사물들이 갑자기 하나로 연결되거나 삶이 일관된 의미를 띠는 초월적인 경험은 예를 들어 수학처럼 인간관계 이외의 것에서도 촉발될 수 있다. 버트런드 러셀(Bertrand Russell)은 그런 순간을 다음과 같이 이야기한다.

> 열한 살 때 나는 내 개인교사이기도 했던 형과 함께 유클리드 기하학 공부를 시작했다. 이것은 내 인생에서 가장 위대한 사건이라 할 만했고, 첫사랑만큼이나 눈부셨다. 나는 세상에 그처럼 멋진 것이 존재한다는 걸 상상도 하지 못했다.[7]

아인슈타인도 열두 살 때 학교생활을 시작하면서 유클리드 평면 기하학 책을 받았을 때 러셀과 마찬가지로 그 학문에 넋을 잃었다.

C. P. 스노(C. P. Snow)의 초기 소설을 보면, 학문적 발견으로 촉발되는 대양의 느낌에 관한 좋은 예가 나온다. 자전적인 경향이 강한 스노의 소설에서, 수정의 원자 구조를 연구하던 젊은 과학자가 자신이 하고 있는 어려운 연구가 알고 보니 옳았다는 증거를 막 얻은 장면은 주목할 만하다.

그건 기쁨 이상의 황홀한 느낌이었다. 그때까지 나는 과학이 나에게 준 귀한 순간들을 얘기하곤 했다. 아버지가 별 얘기를 해주던 그날 밤, 엘뤼아르의 수업, 오스틴의 개강 강좌, 내 첫 번째 연구의 결과 등등. 하지만 이 느낌은 그런 것들과 달랐다. 전혀 다른 종류였다. 나 자신과도 멀리 떨어진 것이었다. 나의 승리와 기쁨과 성공마저도 이 평온한 황홀경 옆에서는 하찮아 보였다. 나 자신의 밖에서 진리를 찾은 듯했고, 그것을 찾는 것 또한 잠깐 동안은 내가 찾은 진리의 일부분이 된 것 같았다. 세상 전체, 원자와 별들이 놀라울 정도로 명확하고 내게 가까이 있고, 나 또한 그것들에 가까이 있는 듯했다. 우리가 어떤 신비보다 더 멋진 빛의 일부인 듯했다.

나는 그런 순간이 존재할 수 있다는 사실을 까맣게 몰랐다. 오드리를 즐겁게 해주고 스스로에게 흡족해하면서 기뻐했을 때, 혹은 내 인생에 두 번 정도밖에 없었던 순간이긴 했지만 친구들과 있으면서 서로 같은 목표에 몰두했을 때 그 비슷한 경험을 하기도 했다. 하지만 이 순간은, 말하자면, 그런 경험 없이도 그런 경험을 하는 순간이었다.

그 이후로 다시는 그런 경험을 하지 못했다. 그렇지만 그 흔적은 내 생명이 다할 때까지 남을 것이다. 젊은 시절, 나는 신과 하나가 되고 사물들과 결합했다고 얘기하는 신비주의자들을 비웃곤 했다. 하지만 그날 오후 이후로는 비웃을 수가 없었다. 비록 내 해석이 다를 수도 있겠지만, 그들이 말하는 경험을 나도 알 것 같았기 때문이다.[8]

삶의 후반기

프로이트는 '대양의 느낌'을 유아의 정서 상태로 퇴화하는 착각이라며 무시했다. 육체에 뿌리를 두지 않은 결합이나 '완전함'도 가치 있고 중요한 경험이 될 수 있다는 개념이 프로이트에게는 인간의 신체 특징에 대한 엄연한 사실을 회피하는 것으로 보였을 것이다. 프로이트는, 기원을 분명하게 육체에서 찾을 수 없거나 육체와 연결될 수 없는 심리 경험은 실체가 없는 것이라며 언제나 묵살하곤 했다. 이런 사고의 한계는 공상에 대한 태도를 논할 때도 드러났다.

정신분석이 심리 치료에 처음 사용되었을 때, 프로이트는 나이 든 사람들은 정신 과정의 탄력성이 부족해 변화하기 힘들다며 50세 이상의 환자를 받지 않으려 했다. 또한 정신분석 과정에서는 과거를 정확하게 재구성하는 것이 필요한데 나이가 든 사람들에게는 오랜 세월 동안 축적된 이야기가 있으므로 치료가 끝도 없이 길어질 것이라고도 생각했다. 현대의 프로이트주의자들이 중년이 넘은 환자들을 치료하는 경우가 많긴 하지만, 정신분석의 주요한 목적은 언제나 아동기와 청년기를 이해하는 것이었고 개인을 부모와의 정서적 연결에서 자유롭게 하는 것이었다. 이 시기는 또한 인생에서 성적 충동이 가장 집요한 문제가 되고 성적 문제 해결이 가장 중요한 시기이기도 하다.

하지만 '인간의 주요한 생물적 의무가 번식'이라는 진화론적 견해에 전적으로 동의한다고 해도, 인간의 수명이 번식 가능한 시점을 훨씬 넘어서까지 지속된다는 사실을 생각하면 번식이 인간 행동의 최고 자리를 차지할 유일한 것인지는 의심이 든다. 융이 "삶의 후반기"라고 정의한 시기에는 어떤 다른 의미와 목적이 있는 게 틀림없다.

진정 어른이 된다는 것은

융과 그의 학파 지지자들은 중년의 문제에 관심을 기울였다. 심리학과 심리 치료에서 융이 주로 공헌을 한 분야는 성인 발달 분야다. 융은 아동기에는 크게 관심을 기울이지 않았는데, 아이들이 신경증 반응을 보일 때 문제의 해답은 대개 아이 자신보다 부모의 심리 연구에서 찾을 수 있다고 믿었기 때문이다.

융이 성인 발달의 문제에 관심을 갖게 된 것은 1913년부터 1차 세계대전이 끝날 때까지의 시기에 그 자신이 위기를 겪으면서부터였다. 1913년 7월, 융은 서른여덟 살이 되었다. 그는 결혼을 했고 한 가정의 가장이 되었으며 세계적으로 명성을 떨치는 정신과 의사로 자리를 잡았다. 그의 바람은 프로이트와 함께 새로운 정신과학을 발달시키는 것이었다. 하지만 그런 바람과 달리 융은 내면의 어떤 힘에 이끌려 자신만의 견해를 전개했다.

그 첫 번째 열매가 1912년에 발간된 『무의식의 심리학』(지금은 『변형의 상징Symbols of Transformation』 전집 제5권으로 출간된다)이었다. 자서전에서 융은 프로이트가 그로부터의 이탈을 배신이라고 여길 것임을 알고 있었기 때문에 두 달 동안 마지막 장을 쓸 수 없었다고 고백한다. 그 이후로 이어지는 두 개척자의 불화에 관한 가슴 아픈 이야기는 『프로이트와 융의 편지The Freud-Jung Letters』에서 볼 수 있다.

융은 지금은 '중년의 위기'라는 이름으로 친숙해진 분야에 최초로 관심을 기울인 정신과 의사였다. 자신의 문제 때문에 오랜 기간 자기 분석을 하면서 이상향과 꿈을 기록했는데, 그 대부분이 놀라우리만치 위협적이었다. 하지만 이 위험한 시기를 지난 덕에 자신만의 견해를 형성할 수 있었다. 융은 이렇게 기록했다.

> 내면의 형상을 찾던 그 시기는 내 인생에서 가장 중요했다. 그 시기에 중요한 모든 것이 결정되었다.[9]

융은 자기 분석 과정을 통해 청년의 임무는 가족에게서 벗어나 세상에서 자리를 잡고 자신의 차례가 되면 새로운 가정을 이루는 것인 반면, 중년의 임무는 한 개인으로서 자신만의 특성을 발견하고 표현하는 것임을 확신했다. 융은 개인성을 "살아 있는 존재의 선천적인 특질이 궁극적으로 실현된 것"[10]으로 정의했다.

개인화 과정

융은 이런 탐구가 자기중심적인 과정은 아니라고 보았다. 왜냐하면 개성의 본질은 개인이 정신 구조 안에서 자연스럽게 흘러가는 힘의 방향을 인정할 때 표현되는 것이기 때문이다. 사람들이 인생의 중간 지점에 이르러 신경증이라는 문제를 안게 되는 것은 어떤 의미에서 보면 스스로에게 주의를 기울이지 않고, 본성이 따르라고 하는 길에서 너무 멀리 벗어났기 때문이다.

융은 자신처럼 꿈과 공상을 비롯해 무의식의 파생물로 나타나는 정신 구조 내면의 목소리에 성실하게 주위를 기울인다면, 길 잃은 영혼이라 해도 다시 올바른 길을 찾을 수 있다고 생각했다. 환자에게 요구되는 태도, 즉 '자세'는 신에 대한 믿음이나 교의에 대한 충성은 아니라 해도 그야말로 종교적인 것이다.

융은 어린 시절 스위스 개신교의 목사였던 아버지 밑에서 정통 개신교 교리에 따라 자랐지만 더 이상은 그 교리에 동의할 수 없었다. 이후 융의 작품은 잃어버린 믿음의 대체물을 찾으려는 시도를 표현한 것이라고 짐작해볼 수도 있다. 하지만 그런 식의 추측이 흥미로울지는 몰라도 주요하지는 않다. 융의 이론이 개인적인 갈등에서 비롯되었는지의 여부가 그 이론의 사실 여부를 입증하지는 않는다. 잘 알려진 융의 주장 하나에서도 그런 내용이 있다.

내 환자들 중에서 인생 후반기에 들어선 사람들, 그러니까 서른다섯 살 이상 된 사람들의 문제는 하나같이 인생에 대한 종교적 관점을 발견하는 것이었다. …… 물론 이것은 특정한 교리를 믿거나 교회의 구성원이 되는 것과는 전혀 관계가 없다.[11]

프로이트가 종교를 착각이라고 묵살했기 때문에, 프로이트학파의 정신분석학자들은 위와 같은 주장을 융이 회개하지 않는 반(反)계몽주의자라는 증거로 간주하는 경향이 있었다. 하지만 프로이트학파의 정신분석학자 찰스 라이크로프트(Chales Rycroft)는 다음과 같이 말했다.

신을 자신의 내면에 놓는 종교적 형식화와 정신분석이 필연적으로 대립하는 것 같지는 않다. 사실 프로이트의 이드(독일 정신분석학자 그로덱Groddeck은 '그것it'으로 표현했다), 즉 그 내부에 자신이자 자신이 아닌 것의 핵심이 있고 사람이 아플 때면 소원해지는 인간 외적인 힘은, 종교적인 사람들로 하여금 모든 것에 내재하는 신의 존재를 믿게 하는 통찰력의 세속적인 모습이라고 할 수 있다.[12]

융은 중년에 이른 사람들의 치료를 전문으로 했다.

내가 담당한 환자들을 보면 특이하게도 처음 치료를 받는 경우가 드물다. 대부분은 이미 어떤 식으로든 심리 치료를 받았지만 별 효과를 보지 못했거나 안 좋은 결과를 얻은 사람들이다. 환자 중 3분의 1 정도는 임상적으로 정의할 수 있는 신경증을 앓는 것은 아니지만 삶이 무의미하고 공허하다는 느낌으로 고통 받고 있다.
나는 이런 증상이 우리 나이의 사람들이 일반적으로 겪는 신경증이라는 주장에 동의한다. 내 환자 중 적어도 3분의 2는 인생 후반기에 있다. 이 독특한 환자들은 합리적인 치료 방법에 반감을 보이는데,

아마도 대부분이 사회에 잘 적응한, 굉장히 유능한 사람들이어서 정상적으로 된다는 것이 아무런 의미가 없기 때문일 것이다.[13]

그런 개인들이 융의 인도에 따라 시작한 자기 계발의 길을 융은 '개인화 과정'이라고 이름 붙였다. 이 과정에서는 '완전함'이나 '통합', 그러니까 의식적이고 무의식적인 정신 구조의 여러 요소가 새롭게 결합되어 합일된 상태를 목표로 했다. 이 장의 제사에 인용된 『서곡The Prelude』 일부에서 워즈워스는 바로 그런 과정을 이야기한다. 결코 완전하게 최종적으로 성취될 수 없는 이 목표를 향해 가는 사람의 모습을 융은 다음과 같이 표현한다.

복잡하게 얽힌 감정과 격렬한 충격이 미치지 않는 태도, 세상에 초연한 의식.[14]

나에게로 떠나기

이 새로운 통합은 본질적으로 내면의 문제다. 개인의 정신 구조 안에서 시작되고, 정신분석 전문의에 의해 촉진되는 변화이다. 실제로 융은 나이 든 환자들을 대상으로 개인화 과정을 시작할 때, 자신이 그랬던 것처럼 환자들에게도 목표에 대해 생각해보도록 격려했고, 그가 특별히 의견을 말할 필요가 있거나 환자가 특히 어려워할 때만 그들의 꿈과 이상향을 들어보았다.

융은 또 환자들에게 하루에 얼마간의 시간을 할애해 '적극적 상상'이라는 것을 해보라고 권했다. 이것은 몽상의 상태인데, 이 상태에서 판단은 보류되지만 의식은 살아 있다. 환자는 자신에게 어떤 공상이 일어나는지 기록해야 하며, 그러고 나서는 의식적으로 간섭하지 말고 이 공상이 제 스스로 흘러가도록 내버려둬야 한다. 이런 식으로 환자는 스스로 시작한 심리적 여행을 표현할 뿐 아니라 자신 안에 숨겨진 부분들을 재발견할 수도 있다.

나 또한 심리 치료를 할 때 우울증을 겪는 중년의 환자들에게 이 기법을 사용해보았다. 우울증 환자들 중에는 예전에 그들의 삶에 열정과 의미를 부여하던 취미나 관심사를 직업과 가족의 요구 때문에 외면하거나 포기한 사람이 많았다. 그런 환자에게 젊은 시절의 삶을 의미 있게 만들어주었던 것을 기억하도록 격려해주면, 그는 이제껏 외면해왔던 면을 재발견하고, 삶과 일에 짓눌려 포기했던 음악이나 그림, 혹은 그 밖의 다양한 취미들을 다시 한 번 떠올려보기도 한다.

'자기'로 살아가는 평화

적극적 상상을 지속하는 동안 환자는 외면해왔던 개인성의 일면을 재발견할 뿐 아니라 태도에도 변화를 나타낸다. 즉 자아나 의지가 가장 중요한 것은 아니라는 사실을 깨닫게 되며, 자신이 만든 것이 아닌 통합의 요소도 삶에 영향을 미친다는 사실을 인정한다. 융은 다음과 같이 말했다.

> 만일 우리가 무의식도 의식과 함께 공동의 결정 요소로 인식할 수 있다면, 그리고 의식적인 요구와 무의식적인 요구를 가능한 한 함께 고려하며 살 수 있다면, 아마도 개인성 전체의 무게 중심이 달라질 것이다. 더 이상 개인성의 무게 중심은 자아, 그러니까 의식의 중심에 있지 않고 의식과 무의식 사이의 가상 지점에 있게 된다. 그리고 이 새로운 중심이 '자기'가 될 것이다.[15]

융은 이 지점에 도달하는 것을 "지루하고 무익할 수도 있었던 투쟁을 치르고 난 후에 얻는 마음의 평화"로 표현한다. 그는 이렇게 말한다.

> 그들의 경험을 요약해보면 다음과 같이 정리할 수 있다. 그들은 자기 자신으로 돌아갔다, 자신을 있는 그대로 받아들일 수 있었다, 자신과 화해할 수 있었다, 그리하여 역경이나 불행과 화해할 수 있었다. 이 말은 곧 다음과 같이 말하는 것과 비슷하다. 그는 신과 화해했으며 자신의 의지를 버리고 신의 의지에 복종했다.[16]

이것은 통찰을 통한 치유가 아니며, 다른 사람과 새롭고 더 나은 관계를 맺음으로써 얻는 치유도 아니고, 심지어는 특정한 문제의 해결을 통한 치유도 아니다. 이는 내면에서 비롯되는 태도 변화를 통한 치유다.

융은 그가 치료한 환자에게서 온 편지를 소개하는데, 그 내용을 보면 융이 말하는 변화를 이해할 수 있다.

이제 악이 선으로 변했습니다. 마음을 평온하게 유지하고, 아무것도 억압하지 않고, 주의를 기울이고, 현실을 받아들임으로써, 그러니까 사물을 내가 원하는 대로가 아니라 있는 그대로 받아들임으로써, 이전에는 상상도 못하던 엄청난 힘과 엄청난 지식이 내게 생겼습니다. 나는 우리가 만물을 받아들이면 그것이 이런저런 식으로 우리를 억압할 거라고 늘 생각했습니다. 그런데 알고 보니 전혀 그렇지가 않았습니다. 사람은 만물을 받아들일 때만 그것에 대해 어떤 태도를 취할 수 있습니다. 그래서 이제 나는 나에게 오는 것은 좋은 것이든 나쁜 것이든 계속 바뀌는 태양이든 그림자든 뭐든 다 받아들이면서, 그리고 내 본성의 긍정적인 면과 부정적인 면을 함께 받아들이면서 인생의 게임을 하려고 합니다. 그럴 때 나는 모든 것에서 생명력을 느낄 테니까요. 나는 얼마나 어리석었던가요. 모든 것을 내가 생각한 방식에 맞추려고 얼마나 애를 썼던가요.[17]

미국의 심리학자이자 철학자 윌리엄 제임스(William James)도 이와 비슷한 이야기를 한다.

긴장과 책임감과 걱정에서 벗어나 차분해지고 평화로워지며 모든 걸 받아들이게 되는 것은 내가 수없이 분석했던 내면의 평정이라는 변화, 에너지 중심의 변화 중 가장 놀라운 것이다. 그리고 무엇보다 놀라운 사실은, 그 변화가 대부분 무언가를 할 때가 아니라 그저 이완하고 짐을 내려놓을 때 일어난다는 것이다.[18]

이 세 사람이 설명하고 있는 마음 상태는, 갑자기 시작되어 대개는 짧은 순간 지속되는 강렬한 황홀경과 같지는 않다고 해도 분명 유익한 체념 이상이다. 윌리엄 제임스는 이렇게 썼다.

신비로운 상태는 오랫동안 지속될 수 없다. 드문 경우를 제외하면 30분, 기껏해야 한두 시간이 한계고 그 한계를 넘어서면 보통 날의 빛 속으로 사라져버린다. 사라지고 나서 그 성질이 기억 속에서 불완전하게 재생되지만, 우리는 그것을 알아챌 수 있다. 그리고 그 재생이 되풀이될 때마다 내면은 계속 발전해 더욱 풍부하고 귀중하게 느껴진다.[19]

개인화의 종착지는 황홀경의 상태처럼 내면에서 새로운 결합이 일어나는 경험인데, 이런 상태를 융은 의식과 무의식의 새로운 상호관계로 설명했다. 평화, 삶과의 화해, 더 큰 전체의 일부가 되는 감각은 아주 비슷하다. 인간의 내면에 있지만 자아는 아닌 통합 요소의 작용을 받아들인다는 융의 개념은 종교 신화 이야기에서 흔히 나오는 '신을 기다림'과 같이 다소 수동적인 태도다. "분열된 자아"라는 장에서 윌리엄 제임스는 '통합'의 과정을 다음과 같이 고찰한다.

그것은 점차적으로 올 수도 있고 갑자기 시작될 수도 있다. 또한 변화된 느낌이나 변화된 행동의 힘을 통해 올 수도 있다. 그러니까 그것은 새로운 지적 통찰을 통해 혹은 '신비적인'이라고 표현할 수도 있는 경험을 통해 올 수 있다. 어떤 방식으로 오든, 그것은 특별한 위안을 가져다준다. 그렇지만 종교적인 형상이 주는 그런 극단적인 위안은 절대 아니다. …… 종교를 찾는 것은 일체감에 도달하는 여러 방법 중 하나일 뿐이다. 그리고 내면의 불완전함을 교정하고 내면의 부조화를 줄이는 과정은 일반적인 심리학 과정인데, 이것은 어떤 종류의 정신적 변화와 함께 일어나며 반드시 종교적인 형태를 취할 필요는 없다.[20]

고독은 일생의 임무

갑자기 일어나든 점차적으로 일어나든 이런 통합의 경험은 아주 강렬해서 대개는 마음속에 영구적인 영향을 남기는 듯하다. 하지만 이 평화로운 상태에 한번 도달하면 언제까지나 방해받지 않고 그 상태를 유지할 거라고 기대한다면 순진한 생각이다. 삶이 계속되는 한, 대양과 같은 고요함의 상태에 영원히 머물 수는 없다.

이 책의 중요한 주제 하나는, 인간이 세상에 적응하는 것이 역설적이게도 환경에 완벽하게 순응하지 못한 것, 심리적인 평정 상태에 있지 못한 것의 결과라는 사실이다. 완전함이라는 황홀경의 감각은 순간적일 수밖에 없는데, 그런 상태는 우리 인간의 특징인 '부적응을 통한 적응'과 거리가 멀기 때문이다. 우둔한 행복은 창조에 도움이 되지 않는다. 상상력이라는 갈망이나 전체를 향한 소망과 추구는 뭔가 빠져 있다는 깨달음, 불완전함의 인식에서 비롯된다.

융의 통합이라는 개념은 사실 정적인 정신 상태의 개념이 아니지만 이따금 그렇게 잘못 해석되기도 한다. 통합과 정신 건강을 목표로 하는 개인성의 개발은 절대 완전하게 도달할 수 없는, 설령 일시적으로 도달한다 해도 오래갈 수 없는 이상이라는 것이 융의 견해다. 융은 개인성을 완전하게 개발하는 것은 절대 완성될 수 없는 일생의 임무, 어떤 목적지를 향해 희망에 부풀어 길을 떠나지만 절대 목적지에 도착하지 못하는 여행이라고 생각했다.

> 분석 과정에서 얻은 새로운 태도는 어느 정도 시간이 지나면 어떤 식으로든 어긋나게 마련이며, 그러는 것이 당연하다. 살아가는 동안 계속해서 새롭게 적응을 해야 하기 때문이다. 한번 적응을 하면 끝까지 아무 문제가 없는 그런 일은 결코 없다. …… 한 번의 심리 치료로 모든 어려움을 완전하게 없앤다는 것은 있을 법한 일이 아니다. 사람에게는 어느 정도의 어려움이 필요하다. 건강을 위해서도 그렇다. 다만 우리가 걱정하는 것은 과도한 어려움이다.[21]

적극적 상상

개인화 과정과 그로 인한 태도 변화는 천재들의 창조 과정과 밀접하게 연결된다. 첫째, 새로운 개념이나 영감이 떠오를 때의 마음 상태는 융이 '적극적 상상'이라고 일컬은 것이자 그의 환자들에게 권한 바로 그것이다. 때때로 창작물이나 가설의 조짐이 꿈에서 나타나기도 하지만, 대부분의 새로운 개념은 몽상 상태에 있을 때, 그러니까 깨어 있는 것과 잠든 것의 중간 상태일 때 떠오른다. 예이츠나 워즈워스 같은 시인은 이 상태를 잠들어 있으면서 동시에 깨어 있는 상태로 표현하기도 한다. 이것은 개념과 형상들이 나타나 저절로 전개되는 마음 상태다. 하지만 이때 사람의 의식은 깨어 있어서 개념과 형상이 전개되는 모습을 관찰하고 느낀다. '적극적 상상'을 하는 환자와 영감을 찾는 창조자 모두 자신의 마음속에서 벌어지는 일들을 그냥 두고만 볼 필요가 있다.

실제로 작가 자신이 만들어낸 등장인물들이 작가의 뜻과는 상관없이 제 의지로 독립적인 삶을 사는 것 같다거나 어떤 때는 펜이 작가의 의지가 아닌 다른 힘에 따라 움직이는 것 같다는 얘기를 하는 작가들이 많이 있다. 영국의 소설가 윌리엄 메이크피스 새커리(William Makepeace Thackeray)는 이렇게 말했다.

> 내가 만든 인물들이 하는 얘기에 내가 놀랄 때가 있다. 어떤 신비한 힘이 펜을 움직이고 있는 것 같다. 등장인물이 어떤 얘기를 하거나 행동을 하면, 나는 이렇게 묻는다. 도대체 그는 어떻게 그런 생각을

하게 된 거야?[22]

20세기 소설의 선구자로 칭송되는 여류 소설가 조지 엘리엇(George Eliot)은 그의 남편 J. W. 크로스(J. W. Cross)에게 이렇게 말하기도 했다.

> 내 최고의 작품을 쓸 때는, '내가 아닌 무엇'이 나를 조종하고 내 개인성은 말하자면 이 기운이 활동하는 데 필요한 도구에 불과하다는 느낌이 들었어요.[23]

철학자 니체는 『차라투스트라는 이렇게 말했다』에서 다음과 같은 글을 남겼다.

> 19세기, 시가 위세를 떨치는 이 시대에 시인들이 '영감'이라고 부르는 것의 개념을 명확하게 알고 있는 사람이 있는가? 없다면, 이제부터 설명하려고 한다. 만일 미신의 잔재를 자신 안에 조금이라도 남겨놓은 사람이라면, 화신, 대변자, 압도하는 힘의 매개체라는 개념을 쉽게 무시할 수 없을 것이다.[24]

새로운 고리로 연결하기

둘째, 창의성은 그때까지 이질적으로 보이던 실체들을 새로운 고리로 연결하는 것, 융의 표현을 따르자면 대립되는 요소들을 결합하는 것으로 대개 이루어진다. 이 연결 과정은 학문적 창의성에서 뚜렷이 나타나는데, 새로운 이론이 나타나면 이전에는 모순된다고 생각되던 개념들이 서로 조화되거나 폐기된다. 독일의 천문학자 케플러는 태양 주위를 도는 행성의 운동을 설명했고, 갈릴레오는 지구 표면의 물체 운동을 설명했다. 뉴턴 이전까지 이 두 가지 운동을 지배하는 법칙들은 전혀 별개로 간주되었다. 하지만 뉴턴이 먼 거리에서도 중력이 작용한다는 이론을 전개하면서 우주의 행성 운동과 지구의 물체 운동은 같은 법칙의 지배를 받는다는 방식으로 케플러와 갈릴레오의 이론이 결합되었다.

대립되는 요소들을 결합하는 것은 시각예술과 음악에서도 나타난다. 그림의 미적 효과는 서로 대조되는 형태와 색들의 균형을 맞추고 결합하는 화가의 능력에 좌우된다. 음악에서 소나타 형식은 전혀 다른 두 개의 주제인 제1주제와 제2주제가 전개되는 주제 제시부, 이 주제들이 다양한 방법으로 배치되고 결합되는 전개부로 구성된다. 처음에는 별개로 보이던 주제들을 작곡가가 새로운 방법으로 연결하는 능력에서 사람들은 음악을 감상하는 기쁨을 느낀다.

풍요로운 인생이란 고독한 순례자의 것

셋째, 창조 과정은 일생을 통해 계속된다. 어떤 창조자도 자신의 창작물에 영원히 만족하지는 않는다. 새로운 문제들이 계속 생기고 그 때문에 창조자는 끊임없이 새로운 해결책을 찾는다. 완성된 작품은 길 위의 정거장일 뿐이다. 개인성의 개발에 대해 융이 말한 것처럼, 절대 끝나지 않는 여행 중의 정기 기항지다. 실제로 예술가의 작품은 한 인간의 내면에서 이루어지는 성장이 겉으로 드러난 표시다.

넷째, 창조 과정과 개인화 과정 둘 다 주로 고독 속에서 일어난다. 비록 융이 이야기하는 개인화 과정은 정신분석을 받는 환자들, 그러니까 그의 감시 하에 있으며 어떤 식으로든 그와 관계를 맺고 있는 환자들을 대상으로 관찰한 내용을 토대로 한 것이긴 하지만, 그는 개인화를 정신분석 전문의의 영향과 관계없이 일어나는 자연스러운 심리 발달 과정으로 간주했다. 앞에서도 얘기했지만, 융은 '나이 먹은' 환자들을 가능하면 의사인 그에게서 독립하도록 했으며 그들이 혼자 힘으로 자신의 심리를 들여다보는 길을 찾도록 권했고 환자의 상태가 특별히 모호할 때만 개입하려 했다.

인생과 예술

우리 인간은 외부 세계에서 어떤 질서나 결합을 발견하고 인식하면 그것을 관찰하고 받아들여 자신의 정신 구조라는 내면 세계에도 새로운 질서와 균형이 존재하는 것처럼 느낀다. 이 이론이 설득력 없어 보일지 모르지만, 예술품의 창조뿐만 아니라 미의 인식 또한 이 과정에 근거한다.

앞서 인용한 C. P. 스노의 말은 새로운 과학의 발견, '바깥 세계'의 새로운 진실에 과학자가 공감하고 그것이 자신의 '내면'에 존재하는 것처럼 느끼는 과정을 훌륭하게 보여준다. 외부의 사건과 내면의 경험은 상호 작용한다. 그런 이유로 색과 부피가 완벽한 균형을 이룬 그림을 보거나 대립하는 주제들이 통합된 음악을 들으면 마치 그 균형이나 통합이 자신의 정신 구조에도 존재하는 듯 새로운 일체감이 생기는 놀라운 경험을 하게 된다.

이와 마찬가지다. 내면의 부조화를 줄이고 정신 구조 안에서 통합을 이루는 과정은 주체의 외부 세계에 대한 인식과 외부 세계와의 관계에도 긍정적인 영향을 미친다.

융 외에, 일체감의 경험 혹은 그 경험의 치료 효과에 지대한 관심을 기울인 유일한 심리학자는 미국의 심리학자 에이브러햄 H. 매슬로(Abraham H. Maslow)다. 매슬로는 그가 "절정 경험"이라고 정의한 것에 대해 광범위하게 기술했다. 매슬로는 "절정 경험"의 능력이 있다는 것은 정신이 건강하다는 표시며 이는 "자아실현을 하는" 사람의 특징이라고 주장했다.

> 나는 독창성이라는 개념과 건강하고 자아실현을 하며 아주 인간적인 사람이라는 개념이 점점 더 가까워져서 결국은 같은 것이 될지도 모른다는 생각이 든다.[25]

매슬로는 창의적인 태도에 대해 다음과 같이 말을 잇는다.

창조의 열정을 지닌 창의적인 사람은 영감을 얻는 단계에서는 과거와 미래를 잊고 오직 그 순간에만 존재한다. 온전히 그곳에 있으며, 현재의 당면 문제, 지금의 상황, 지금 여기에 완전히 열중하고 매혹되고 몰두한다. …… '현재에 몰두'하는 능력은 모든 종류의 창조 활동의 필수요소다. 하지만 창조 활동의 전제조건 역시 시간과 자신에게서 벗어나 있는 능력, 공간과 사회와 역사에서 벗어나 있는 능력과 어떤 식으로든 관계된다. 이런 현상은 헉슬리가 '영원의 철학'이라고 이름 붙인 신비현상보다는 더 약하고 더 세속적이며 더 흔하게 경험되는 형태로 나타난다.[26]

어디에서 '나'를 찾을 것인가?

더욱이 매슬로는 창의적인 태도와 절정 경험을 하는 능력이 다른 사람에게서 자유로워지는 것, 그리고 신경증이라는 문제로부터, "어린 시절의 오랜 여파"로부터, 구속과 의무와 두려움과 희망으로부터도 자유로워지는 것에 달려 있다고 생각한다.

다른 사람으로부터 훨씬 더 자유로워지면 그 결과로 훨씬 더 진정한 자신, '진짜 자기'(독일 태생의 미국 정신의학자 호르나이Horney의 용어), 진정한 자기, 진짜 정체성이 된다.[27]

매슬로의 태도는 인생의 의미가 오로지 인간관계에 달려 있다고 주장하는 대상관계 이론 학자들의 태도와 확연히 다르다.

인간은 사회적 동물이다. 다른 사람들과 상호 작용을 하면서 살아간다. 그러나 사람들끼리 맺는 관계의 깊이는 다양하다. 모든 인간은 관계뿐만 아니라 관심사도 필요로 한다. 모든 인간은 인간관계뿐만 아니라 인간관계 이외의 것에도 관심을 가져야 한다. 어린 시절에 경험한 사건, 타고난 재능과 능력, 기질 차이 등 여러 요소에 따라, 한 개인이 인생의 의미를 주로 다른 사람들에게서 찾는가 아니면 고독에서 찾는가가 결정된다.

'혼자 있는 능력'은 학습과 사고와 혁신을 가능하게 하며 변화를 받아들이게 하고 상상이라는 내면 세계와 늘 접촉하게 하는 귀중한 자질이다. 친밀한 관계를 맺는 능력이 부족한 사람이라 해도 창의적인 상상력의 개발로 치유받을 수도 있다. 그리고 인간관계보다는 자신의 삶에서 의미와 질서를 만드는 것에 주로 관심을 기울이는 창의적인 사람들도 많다.

행복한 삶이란

사람은 필연적으로 외부 세계와 불화할 수밖에 없는 정신의 내면 세계를 개발하면서 세상에 적응한다. 완벽한 행복, 다시 말해 내면 세계와 외부 세계가 완벽한 조화를 이룰 때 일어나는 일체감은 일시적으로만 가능하다. 인간은 끊임없이 행복을 찾지만,

바로 그런 본성 때문에 인간관계에서든 창의적인 노력에서든 행복을 완전히 그리고 영원히 얻는 것이 불가능하다. 인간의 삶에서 치유 기능을 해주는 심오한 심리적 경험은 내면에서 이루어지며, 다른 사람들과의 상호 작용과는 설령 관계가 있다 하더라도 그 정도가 미약하다.

가장 행복한 삶이란 인간관계나 인간관계 이외의 것 어느 한쪽에 대한 관심을 유일한 구원의 수단으로 이상화하지 않는 삶일 것이다. 전체를 향한 소망과 추구에는 인간 본성의 양면 모두가 포함되어야 한다.

이 장을 여는 제사는 『서곡』에서 인용한 글이다. 그러니 마지막 또한 이 시로 맺는 것이 적합할 듯하다.

> 바쁘게 돌아가는 세상에서
> 우리 모두
> 좋은 본성과 너무도 오랫동안 떨어져 시들어가고,
> 일에 지치고, 쾌락에 진력이 났을 때,
> 고독은 얼마나 반갑고 고마운가.[28]

Chapter Two

이별의 아픔과 생의 고통 앞에서

"인간과 사건의 소용돌이 속에서 고독이 나를 유혹했다.
이제 고독은 나의 벗이다.
'역사'가 시작된 이래 고독보다 더 만족스러운 친구가 있었을까?"

−샤를 드 골(프랑스의 군인·저술가·정치가)

마음 자세를 바꿔야 할 때 혼자 있는 능력은 귀중한 자산이다. 환경이 급격하게 변하고 나면 존재의 중요성과 의미에 대한 근본적인 재평가가 필요하다. 인간관계가 모든 형태의 고민에 해답을 제시한다는 생각이 지배적인 문화에서, 좋은 마음으로 도우려는 사람들에게 당신들의 격려도 고맙긴 하지만 고독 또한 치료에 필요하다고 얘기하는 것이 어려울 때가 있다.

누구든 겪을 수밖에 없는 고통스러운 변화 한 가지는 사별이다. 배우자, 아이, 부모, 형제자매와의 사별이 모두 그렇다. 사별을 받아들이는 데에는 시간이 걸린다는 것은 연구로도 입증된 상식이다. 그리고 사람들이 고통스러운 느낌을 피하고 싶어 다양한 방어수단을 사용하면서 슬픔의 과정을 지연한다는 것도 밝혀졌다.

때로는 감정을 그대로 드러내는 행동을 혐오하는 전통적인 문화 때문에 이런 방어수단들이 강화되고 미화되기도 한다. 어떤 남자는 얼마 전 사랑하는 아내를 잃고도 평소처럼 출근해서는 자신이 겪은 상실을 아무에게도 말하지 않은 채 보통 때보다 더 오래 일을 하며 칭찬을 받으려 한다. 이것은 한편으로 극기를 중요시하는 문화 때문이기도 하지만, 또 한편으로는 고통을 겪은 사람이 감정을 숨겨야 주변 사람들이 당황하지 않기 때문이기도 하다.

고통을 표현하지 않는 사람에게 씩씩하다고 칭찬하는 것은 초점이 어긋난 행동이다. 상실을 겪고도 내색하지 않거나 덤덤한 척하다가 슬픔을 제대로 해소하지 못한 채 마음속에 그대로 묻어둔 사람들을 치료해본 경험이 심리 치료사라면 누구나 있을 것이다. 치료를 하는 동안 죽은 사람 애기가 나오면, 환자는 그 일을 몇 달이나 몇 년 전에 겪었는데도 슬픔을 감당하지 못한다.

여러 연구에 따르면, 미망인들이 사별 직후에 제대로 감정을 표현하지 못할 경우, 나중에 여러 신체적·심리적인 징후들로 더 힘겨워하고 더 오랫동안 혼란스러워한다고 한다. 심지어 사별하고 13개월이 지난 한 미망인은 사별한 직후에 '울 수 있었던' 사람들에 비해 더 혼란스러워했다.[1]

그리스인들의 사별

사별한 사람에게 출근하거나 평소 활동을 하지 않고 얼마 동안 애도의 시간을 갖도록 해주는 문화권도 많이 있다. 뒤에서 얘기 하겠지만, 창의적 사고 단계인 '부화'의 과정은 완성되려면 오랜 시간이 걸리는 정신 과정이다. 애도 또한 그야말로 오랜 기간이 필요한 과정이다. 그리스의 시골 마을에서는 여자가 사별하면 5년 동안 애도한다. 이 기간 동안 사별한 여자는 검은 옷을 입고 고인의 무덤에 매일 가고 고인과 대화를 하면서 하루를 시작한다. 여자에게 무덤은 마치 사람과 같다. 남편이나 딸을 찾아가듯 무덤을 찾아간다. 이처럼 특정한 문화에 따라 정해진 의식들은 상실을 겪은 사람에게 그 상실을 있는 그대로 느끼도록 하는 역할을 한다.

> 그리스의 시골 사람들은 그 지역 특유의 카타르시스 이론이라 하는 것에 대체로 동의한다. 그들은 사별을 겪은 여성이 고통과 비탄과 슬픔이라는 감정을 완전히 없애려면 애도의식을 치르면서 그 감정을 완전하게 받아들이고 반복해서 표현해야 한다는 것을 알고 있다.[2]

애도기간은 시체를 파내서 죽음을 완전하게 받아들이는 걸로 끝을 맺는다. 그런 다음 죽은 사람의 뼈를 모아 금속상자에 넣고 지역 납골당에 가져가 다른 사람들의 뼈와 합한다.

이제 고인이 아무것도 해주지 못하는 세상에서 유족이 혼자 힘으로 살아가야 하는 새로운 사회현실이 만들어진다. …… 이 과정은 죽음 당시에 느낀 격렬한 슬픔이 점차 누그러지고, 새롭게 중요한 존재가 된 타인들과 관계를 맺고, 죽음에 관한 객관적 사실들에 끊임없이 직면하고, 고인의 뼈를 파내고 죽음이라는 현실을 더할 수 없이 생생하게 실감하면서 이루어진다. 이 과정이 얼마만큼 완성되느냐는 다시는 돌이킬 수 없는 죽음의 본질을 얼마만큼 받아들이느냐에 달려 있다.3)

직면하기

정통파 유대교도는 사별을 하면 매일 회당에 갈 때를 빼고는 집에만 있어야 하며, 그동안 다른 사람들이 그에게 먹을 것을 주고 돌봐준다. 영국의 정신과 의사 콜린 머리 파크스(Colin Murray Parkes)는 이런 유대교 풍습이 모든 가정에서 유익할지 의문을 제기했지만, 내 한정된 경험으로 보건대 사별한 사람이 일정 기간 집에 머물면서 평소 하던 일을 하지 않도록 하는 것은 도움이 된다. 상실을 받아들이는 것은 힘겹고 고통스럽고 대체로 고독한 과정이며, 자신의 감정을 외면하고 다른 데로 시선을 돌리면 상실을 극복하는 데 도움이 되는 것이 아니라 오히려 더 오랜 시간이 걸린다. 따라서 사별이 깊은 상처를 남기는 사건임을 직시하게 하는 의식은 필요하다.

친척이나 친구들의 격려와 위로가 사별한 사람에게 어느 정도 도움은 되겠지만, 가장 친밀했고 사랑했던 사람의 죽음을 받아들여야 하는 과정 전부를 그들이 함께 할 수는 없다. 그 과정은 다른 사람들은 경험할 수도 없고 알 수도 없는, 단 두 사람만의 친밀감과 관련되므로 본질적으로 사별한 사람 혼자서 감당해야 하는 것이다. 애도라는 행위는 본래 사별한 사람이 밤에 혼자 깨어 있을 때 그의 마음 구석진 곳에서 일어나는 그 무엇이다.

애도는 오랜 시간 계속되어 결과적으로 사별한 사람의 태도를 변화시키는 정신 과정이다. 사별한 사람은 이제 자신의 삶이 죽은 사람과의 친밀한 관계와 상관없이 이루어지는 것임을 깨닫고 문제를 달리 보게 된다. 그는 새로운 사람들과 친밀한 관계를 맺을 수도 있고 맺지 않을 수도 있다. 어떻게 하든 그는 삶의 의미가 전적으로 인간관계에 달려 있지는 않으며 친밀한 관계가 없는 사람의 인생 또한 의미가 있다는 것을 깨닫게 된다.

물러나기

사람들이 삶과 자기 자신에 관해 생각하는 방식은 아주 쉽게 습관이 되기 때문에 태도 변화에는 시간이 걸린다. 정신분석학 초창기에 정신분석 전문의들은, 50대 이상의 환자들은 태도가 변할 가능성이 희박하다고 생각해 되도록 맡지 않으려고 했다. 하지만 시간이 지나면서, 나이가 든 사람들이라 해도 변화와 혁신이 가능하다는 사실을 알게 되었다. 환경 변화에 적응하기를 어려워하는 사람들이 있는데, 이런 경직성은 나이보다는 강박적인 성격 때문일 때가 더 많다.

젊은 사람이든 나이 든 사람이든, 태도를 바꾸려면 혼자 있거나 환경을 바꾸는 것이 도움이 된다. 습관적인 태도와 행동은 외부환경 때문에 굳어지기 때문이다. 가벼운 예를 하나 들자면, 담배를 끊으려고 할 때 늘 접하는 환경에 있다 보면 갈망을 부추기는 단서들을 수시로 만나게 된다. 습관과 싸워본 사람이라면, 점심을 먹고 나서 늘 앉는 사무실 책상에 앉을 때나 퇴근 후에 술 한잔하려고 할 때 불쑥 불쑥 나타나 갈망을 부추기는 자극들을 잘 알 것이다. 그런 이유로 많은 사람이 휴가 중에 담배 끊기가 더 수월하다고 말한다. 매일 같은 시간에 같은 일을 할 필요가 없는 낯선 환경에 있을 때, 단서들은 사라지거나 아니면 별 힘을 발휘하지 못한다.

휴일은 틀에 박힌 일상에서의 탈출을 의미한다. 사람들은 휴일이 필요하다고 느낄 때 '변화'가 필요하다고 말하곤 한다. 휴일과 변화하는 능력은 같은 방향으로 움직인다. 후퇴를 뜻하는 'Retreat'란 단어에도 여러 의미가 함축되어 있다. 적과 맞섰다가 후퇴를 한다면 이는 곧 패배를 뜻하지만, 후퇴는 다른 의미도 담고 있다. '이보 전진을 위한 일보 후퇴'는 잠, 휴식, 오락을 비롯해 다양한 정신적·신체적 활동을 뜻한다. 'Retreat'는 '물러나 있는 시간'이나 물러나 있는 장소, 특히 종교적 명상과 조용한 예배를 하는 장소를 의미하기도 한다. 'Retreat'는 1792년에 설립되어 지금도 번성하고 있는 유명한 영국 정신병원의 이름이기도 하다. 이 병원의 설립자 새뮤얼 튜크(Samuel Tuke)는 관용, 친절,

최소한의 구속을 병원의 방침으로 내세웠다. 그는 병원이 세상의 '괴로움'으로부터 안전한 '도피처'가 되어주어 정신적으로 병든 사람의 혼란스러운 마음이 건강하게 변하길 희망했다.

벗어나기

사실 현대 사회에서는 고독이라는 평화를 얻기가 힘들다. 전화는 끊임없이 사생활을 위협한다. 도시에서 자동차와 비행기, 전차의 소음을 피하기란 불가능하다. 물론 이런 것은 어제오늘의 문제가 아니다. 자동차가 발명되기 전에 도시의 거리는 끊임없이 들리는 소리들로 지금보다 더 시끄러웠을 것이다. 자갈길을 달리는 마차의 쇠바퀴 소리는 아스팔트를 달리는 고무타이어 소리보다 더 요란하다.

사실 어디를 가든 소음이 있기 때문에 이제 사람들은 소음이 없으면 오히려 불편해질 정도가 되었다. 그러다 보니 '무자크 Muzak'(상점·식당·공항 등에서 배경 음악처럼 내보내는 녹음된 음악)라는 무시무시한 존재가 상점, 호텔, 비행기, 심지어는 엘리베이터까지 침범했다. 운전하는 동안을 휴식시간으로 여기는 운전자들이 있는데, 그 시간만큼은 찾는 사람 없이 혼자 있을 수 있기 때문이다. 하지만 어느 차에든 장착된 라디오와 카세트 플레이어는 사람들이 잠시도 쉬지 않고 무슨 소리든 들으려 한다는 증거다. 뿐만 아니라 자동차용 무선전화가 발명되고 이를 설치하는 운전자들이 늘어나는 것은, 운전하는 동안이라 해도 누군가가 대화를 청해 온다면 언제든 응하려 한다는 사실을 증명한다. '감각 박탈'에 대해 뒤에서 자세히 얘기하겠지만, 소음 방지를 강력하게 주장하는 사람들이 말하는 것처럼, 감각 박탈의 반대, 즉 감각 과부하라는 문제는 대체로 무시된다. 오늘날 '초월 명상법' 같은 기법들이 유행하는 것은 도시 환경에서 얻기 힘든 고독과 침묵의 시간을 가져보려는 노력일 수도 있다.

습관적으로 접하는 환경에서 의도적으로 물러나 보면, 스스로를 명료하게 이해할 수 있으며 혼잡스러운 매일의 삶에서는 인식하지 못하는 내면 깊숙한 곳의 느낌과 접촉하게 된다. 통상적으로 우리의 자의식은 물질세계에, 그리고 다른 사람들과의 상호작용에 좌우된다. 책으로 들어찬 서재는 내 관심사를 반영하고, 작가로서 나의 정체성을 확실하게 하며, 내가 스스로를 어떤 사람으로 생각하고 있는지를 분명히 자각하게 한다. 내 가족, 동료, 친구들, 그리 가깝지 않은 지인들 등과의 관계는 내가 어떤 시각을 지닌 사람이며 예측건대 어떠어떠한 방식으로 행동할 사람인지를 규정한다.

습관적으로 누군가를 규정하는 요소들에는 한계가 있다. 내가 평소의 나 자신에 불만스러워한다고 가정해보자. 혹은 내가 미처 인식하지 못하는 경험이나 자기 이해의 영역이 있다고 생각해보자. 이런 것들을 탐험하는 한 가지 방법은 현재의 환경에서 벗어난 다음에 어떤 일이 벌어지는지 보는 것이다. 그렇게 하는 데는 필연적으로 위험이 따른다. 마음속에서 새롭게 뭔가가 조직되고 통합되려면 먼저 어느 정도의 해체가 일어나야 한다. 이전의 형태를 붕괴시키고 나서 더 좋은 것이 올지 안 올지는 경험해보기 전까지 아무도 모른다.

버드 제독 이야기

1934년 겨울에 남극의 기상 관측 기지에서 지내던 버드 제독은 일상생활의 압박에서 벗어나 새로워지고자 고독을 선택한 사람의 실례를 잘 보여준다. 버드 제독은 혼자 그곳에 있겠다고 고집했다. 기상 관측을 하려면 혼자 있어야 한다고는 했지만, 이것은 표면상의 이유일 뿐이었다. 정말로 원한 것은 따로 있었다고 그는 고백한다.

> 기상 관측과 새벽하늘의 관찰 말고는 중요한 목표가 없었다. 그런 게 전혀 없었다. 그저 얼마간 혼자 있으면서 평화와 정적과 고독을 맘껏 누려보고 그런 것들이 얼마나 좋은지 느껴보고 싶다는 한 인간의 바람이 있었을 뿐이다.[4]

버드 제독은 개인적인 불행에서 도망친 것이 아니었다. 그는 스스로를 엄청나게 행복한 인생을 산 사람이라고 표현했다. 그런데도 14년 동안 수차례 원정대를 조직하면서 받아야 했던 압력, 원정대 기금을 마련하느라 겪어야 했던 마음고생, 그가 이룬 성과를 두고 어쩔 수 없이 들어야 했던 세간의 평가 때문에 그의 표현대로 "밀집 혼란"을 경험했다. 어느 순간 삶의 목표가 보이지 않았다. 읽고 싶은 책을 읽을 시간, 듣고 싶은 음악을 들을 시간이 없었다.

> 내가 원한 건 단순히 지리적인 의미에서의 은둔이 아니었다. 나는 삶을 완성하는 철학에 뿌리를 내리고 싶었다.[5)]

그는 또한 지금껏 경험해보지 못한 혹독한 환경 속에서 자신의 인내력을 시험해보고 싶었다고 털어놓는다. 삶에서 새로운 의미를 발견하고 싶었던 그의 소망은 실현되었다. 4월 14일의 일기에서 그는 이렇게 기록한다.

> 오후 4시, 영하 31도, 오늘도 역시 산책을 하다가 침묵을 듣기 위해 멈춰 섰다. …… 낮은 죽어가고 있었으며, 밤은 거대한 평화와 함께 태어나고 있었다. 여기에는 조화롭고 소리 없는 우주의 가늠할 수 없는 작용과 힘이 있었다. 조화, 바로 그것이었다! 그 조화는 바로 침묵에서 나온 것이었다. 그것은 평온한 리듬, 완벽한 화음이 내는 선율, 어쩌면 천체가 내는 음악이었다.
> 그 리듬을 듣는 것만으로 잠깐 동안 나는 그것의 일부가 되었다. 순간 나는 인간이 우주와 하나임을 의심할 수가 없었다. 리듬은 너무도 질서정연하고 조화롭고 완벽해서, 그것이 우연한 행운의 산물일 리가 없다는, 그러므로 그 모든 것에는 분명 목적이 있을 것이고 인

간은 그 전체의 일부이며 우연한 부산물이 아니라는 확신이 들었다. 이성으로 설명할 수 없는 느낌이었다. 절망의 핵심에 닿아보고 그 절망이 근거 없는 것임을 깨닫는 느낌이었다. 질서정연한 우주, 즉 코스모스(cosmos)는 절대 혼돈(chaos)이 아니었다. 인간은 낮과 밤이 그런 것처럼 합법적으로 그 우주의 일부였다.[6]

또 다른 어느 날엔가는 그때까지 살아오면서 가장 '생생하게' 경험한 느낌에 대해서도 이야기한다. 안타깝게도 버드 제독은 난로에서 새어 나온 일산화탄소에 중독되어 죽을 고비를 넘겼다. 그래서 그의 이야기 후반부는 대양과도 같은 신비한 경험보다는 허약한 몸에 대한 내용으로 채워진다. 하지만 자칫 목숨을 잃을 뻔한 사고를 당했는데도 버드 제독은 그 일이 있고 나서 4년쯤 지나자 다시 글을 썼다.

이전에는 제대로 소유하지 못했던 것을 비로소 얻을 수 있었다. 순전한 아름다움과 살아 있다는 기적, 그리고 모든 소박한 것들이 지니는 가치에 대한 감사……. 문명으로 돌아왔어도 내 생각은 바뀌지 않았다. 지금 나는 더 단순하게, 더 평화롭게 살아간다.[7]

윌리엄 제임스와 프로이트

버드의 이야기는 종교를 신봉하는 이들에게서 익히 들어봤음

직한 내용, 즉 우주와 하나가 되는 신비한 경험이다. 윌리엄 제임스도 『종교적 경험의 다양성The Varieties of Religious Experience』에서 이렇게 이야기했다.

> 개인과 절대자 사이를 늘 가로막고 있는 장벽을 모두 극복한다는 것은 위대하고 신비로운 일이다. 신비의 상태에서 우리 모두 절대자와 하나가 되며 그 일체감을 인식하게 된다.[8]

『문명 속의 불만』에서 프로이트는 프랑스의 소설가 로맹 롤랑과 주고받은 편지를 언급한다. 어느 날 프로이트는 로맹 롤랑에게 종교를 경시하는 내용이 담긴 그의 책 『환상의 미래』를 보냈다. 롤랑은 프로이트가 종교적 정서의 진정한 원천을 이해하지 못한다며 아쉬워했는데, 그 진정한 원천을 롤랑은 "영원에 대한 감각, 무한하고 경계가 없는, 말하자면 '대양'의 느낌"이라고 단언한다. 하지만 프로이트는 자신의 내면에서 그런 느낌의 흔적을 전혀 발견할 수 없다고 말한다. 그는 또 롤랑이 설명하는 것은 "외부 세계 전체와 단단하게 결속되어 하나가 되는 느낌"이라고 말한다.[9]

프로이트는 또한 이 느낌을 사랑에 빠진 남자가 사랑하는 여인과 하나라고 느낄 때 경험하는 절정의 감정과 비교한다. 짐작대로 프로이트는 그 대양의 느낌을 초기 단계, 젖먹이 아이의 단계, 아이가 외부 세계와 자아를 아직 구분하지 못하는 단계로의 퇴행이라고 여긴다. 프로이트에 따르면, 이것은 점진적으로 진행되는 과정이다.

유아는 자극의 여러 원천 가운데 일부(그것이 자신의 신체 기관임을 나중에 알게 된다)에서는 아무 때든 감각을 얻을 수 있는 반면, 다른 원천(그중에서도 아이가 가장 간절히 원하는 어머니의 젖가슴)에서는 그럴 수 없을 때가 있으며 그럴 경우 떼를 써야만 다시 감각을 얻을 수 있다는 사실을 명확히 인식하게 된다. 이런 식으로 유아는 처음으로 자아와 '대상'을 다른 편에 놓는데, 이 대상은 '외부'에 존재하며 특별한 행동을 해야만 나타나는 존재다.[10]

프로이트는 대양의 느낌이 종교적 정서의 원천이라는 롤랑의 주장에 별로 공감하지 않는다. 프로이트는 사람들이 종교를 필요로 하는 것은 유아의 무력감 때문이라고 주장했다. "나는 어린아이가 아버지의 보호를 원하는 것보다 강렬한 욕구는 없다고 생각한다."[11] 하지만 그는 그 대양의 느낌이 나중 단계에서 종교와 연결되었을 수도 있다고 인정하며, "우주와 하나가 되는 느낌"에 대해서는 이렇게 말한다.

그것은 자아가 외부 세계에서 위협적으로 보이는 위험을 거부하는 또 하나의 방법이며, 종교에서 위안을 얻으려는 최초의 시도다.[12]

일체감

누구나 자기기만과 온갖 소망 성취의 착각에 쉽게 빠지긴 하지만, 대양의 느낌과 그 의미에 대한 프로이트의 설명은 결코 만족스럽지 않다. 그 느낌과 의미는 프로이트의 생각 이상으로 중요할 것이다. 방어 전략과 현실 도피적인 소망 성취는 그런 방법을 사용하는 사람들에게조차 대체로 피상적이고 일부분은 진짜가 아닌 것처럼 보인다. 하지만 버드 제독과 윌리엄 제임스가 이야기하는 마음 상태를 경험해본 사람들은 그로 인해 자신과 세상을 바라보는 시각이 완전히 달라졌으며 그것을 경험하는 순간은 그때까지 살아오면서 가장 심오한 순간이었다고 이야기한다. 이런 경험은 우주와 일체감을 느껴본 사람과 사랑하는 이와 일체감을 느껴본 사람 모두에게 해당된다.

프로이트가 이 두 가지 일체감이 아주 흡사하다고 본 것은 옳았지만, 그 느낌을 단순히 퇴행이라고 폄훼하는 것은 틀렸다. 그런 느낌들은 철저하게 주관적이며 따라서 측정이나 과학적 조사가 불가능하다. 하지만 다른 사람이나 우주와 완전하게 일체감을 느끼는 것은 굉장히 심오한 경험이어서, 설령 그 경험이 일시적인 것이라 해도 그저 불편한 진실을 피하거나 방어하기 위한 것으로 묵살할 수는 없다.

대양의 느낌을 아기가 엄마와 느끼는 일체감과 연결 지을 수도 있다. 주체와 대상, 나 자신과 자연, 혹은 나 자신과 사랑하는 사람이 하나가 되는 느낌은 어릴 적 엄마와의 일체감이 반영된 것일 수 있다. 엄마와 느낀 그 일체감에서 우리 삶이 시작되고 거기에서부터 우리는 점차 개별적인 실체로 차별화되었다. 하지만 프로이트는 자신이 그런 경험을 해본 적이 없다고 생각해서인지 착각이라 여긴다. 일체감을 느껴본 사람 대부분은 그때의 황홀감을 가리켜 그들이 기억하는 어떤 느낌보다 강렬하게 실재하는 것이라고 얘기한다.

죽음마저 유혹하는 황홀경

일체감이라는 황홀한 경험이 죽음을 받아들이는 것, 죽음을 원하는 것과도 관계될 때가 있다. 성적 열정을 황홀한 일체감의 원형으로 이상화한 음악가 리하르트 바그너는 방랑자 네덜란드인이 젠타의 사랑과 자살로 구원받는 내용으로 《방랑하는 네덜란드인》을 끝맺는다. 원래 지문에는 일몰의 빛이 네덜란드 배의 잔해 위를 드리울 때 바다에 가라앉았던 네덜란드인과 젠타가 함께 하늘로 올라간다고 되어 있다. 《니벨룽의 반지》를 구성하는 네 개의 오페라 중 마지막인 〈신들의 황혼〉에서 브륀힐데는 지크프리트의 시체가 놓인 장작더미에 불이 붙자 말을 타고 불로 뛰어들어 그와 함께 죽는다. 《트리스탄과 이졸데》는 이졸데가 트리스탄의 시체 위에서 황홀하게 죽는 〈사랑의 죽음〉으로 끝이 난다. 바그너는 이에 대해 다음과 같이 썼다.

살아있는 것은 단 한 가지였다. 욕망, 억누를 수 없는 욕망, 끊임없이 되살아나는 갈망, 극도의 열망, 단 하나의 구원, 그것은 바로 죽음이었다. 존재의 끝이며 영원히 깨어나지 않는 잠! …… 하나의 욕망이 힘을 잃으면, 심장은 또다시 욕망, 손에 넣을 수 없는 욕망을 찾는다. 욕망을 하나 이룰 때마다 다시 욕망의 씨를 뿌리고, 마침내 피로에 지친 눈은 최고의 은총에서 흘러나오는 희미한 빛을 바라본다. 그것은 삶을 끝내는 은총, 더 이상은 존재하지 않는 은총, 우리가 있는 힘을 다해 그곳에 들어가려고 애쓸 때마다 가장 멀리 떨어진 곳에서 헤매게 되는 불가사의한 영역에 마침내는 돌아가는 은총이다. 그것을 죽음이라고 불러야 할까? 트리스탄과 이졸데의 이야기에서 나오듯 무덤에서 담쟁이덩굴과 포도나무가 솟아나와 서로 얽히는 밤의 경이로운 세상은 아닐까?[13]

『참을 수 없는 Beyond Endurance』에서 글린 베닛(Glim Bennet)은 혼자 여행을 할 때면 우주와 하나가 되는 대양의 느낌을 경험한다고 이야기한다. 그 경험을 하고 싶어 혼자 여행을 하는 것이다. 하지만 그런 여행에는 자살의 유혹이 따르기도 한다. 그 예로 베닛은 단독 항해사 프랭크 멀빌(Frank Mulville)의 이야기를 들려준다.

프랭크 멀빌은 카리브 해에서 자신의 아름다운 요트를 보고 싶은 마음을 억누를 수 없어 배 난간 밖으로 나갔다. 그러다 요트의 모습에 도취된 나머지 밧줄을 놓고 영원히 바다와 하나가 되고 싶은 유

혹을 강하게 느꼈다.14)

베닛은 이와 비슷한 경험을 이야기한 크리스티아네 리터(Christiane Ritter)의 글도 소개했다. 그녀는 스피츠베르겐 북서 지역에 있는 오두막에서 혼자 며칠을 보냈다. 남편은 동료와 함께 사냥을 하러 나간 참이었다. 그때 무슨 이유에서인지 달빛과 자신이 하나가 되었다는 느낌이 들었고 이런저런 환영과 착각도 경험했다. 리터는 얼음 아래 흐르는 물이 그녀를 유혹하는 것 같은 꿈을 꾸기도 했다. 아흐레 동안 혼자 있고 나서 리터는 오두막 밖으로 감히 나가지 못했다.15)

영국의 시인 존 키츠(John Keats)는 황홀경, 황홀경과 죽음과의 관계를 그의 시 「나이팅게일에게 Ode to a Nightingale」에서 다음과 같이 묘사한다.

> 어둠 속에서 나는 듣노라. 그리고 여러 번
> 안락한 죽음과 어설픈 사랑에 빠졌으니,
> 아름다운 가락으로 죽음을 다정한 이름처럼 부르며,
> 내 고요한 숨결을 허공으로 날려달라고 호소하네.
> 이제 숨을 거두기에, 고통 없이 한밤중에 죽기에
> 그 어느 때보다도 화려한 순간을 찾아낸 듯하니,
> 이 순간 너는 이토록 황홀하게 너의 영혼을 쏟아낸다!16)

황홀감을 죽음과 연관 짓는 것은 이해가 된다. 좀처럼 만나기 힘든 이 순간은 너무도 완벽해서 한 번 경험하면 평범한 세상으로 다시 돌아오기 어려우며, 긴장과 불안, 슬픔과 짜증을 다시 마주하기 전에 삶을 끝내고 싶다는 유혹을 느끼게 된다.

　프로이트는 자아의 해체가 어린 시절을 되돌아보는 것에 지나지 않는다고 한다. 그 시절은 아무리 행복했더라도 일단 어른이 되고 나면 절대 돌아갈 수 없고 돌아가길 바랄 수도 없는 잃어버린 낙원과도 같은 것이다. 하지만 융에게는 그런 상태에 도달하는 것이 대단한 성취였다. 그 신비로운 경험은 자신을 이해하고 존재를 이해하기 위한 오랜 노력의 결실일 수도 있는 것이었다.

Chapter Three

혼자 있는 능력

"누구나 내면 깊숙한 곳에 자신만의 작업장을 간직하고 있어서,
언제든 마음대로 그곳으로 들어가 자유와 고독을 지을 수 있어야 한다."
−미셸 드 몽테뉴(16세기 프랑스의 수필가·사상가)

유년기와 아동기에 부모나 부모의 대체물에게 갖는 애착은 아이가 생존하는 데 아주 중요하며, 안정 애착은 어른이 되어 다른 이들과 대등하게 친밀한 관계를 맺는 데에 필수적인 듯하다. 안타깝게도 현대 사회에서 가정의 붕괴는 흔한 현상이 되었지만, 그래도 부모들은 자녀의 행복을 염려하면서 자녀에게 안정 애착과 자신감을 심어줄 수 있는 편안하고 따뜻한 환경을 만들어주려고 노력한다. 뿐만 아니라 자녀가 또래 친구와 같이 놀 기회를 많이 마련해주려고도 한다. 유인원이든 인간이든 어린 시절 엄마에게 안정 애착을 느끼면 자연히 탐색 활동을 활발히 하게 된다. 내가 필요할 때 언제든 엄마가 곁에 있다는 걸 확신하는 아이는 주변 환경을 탐색하고, 장난감을 가지고 놀고, 친구들을 비롯해 방에 있는 어떤 것에든 접촉하고 싶어 한다. 아이가 18개월 정도 되면 또래 친구들과 어울리는 것이 필요하다는 연구 결과도 있다.

부모하고만 지낼 때는 습득할 수 없는 사회적 기술을 또래 친구들과 놀이하며 배울 수 있다는 것이다.

예를 들어 또래 아이들끼리 흔히 하는 거친 신체놀이를 통해 공격에 대처하는 법을 배울 수 있지만, 이런 놀이를 아이가 부모와 하기는 힘들다. 성에 대한 태도 역시 부모에게서보다 주로 또래 아이들에게서 배운다. 성 문제를 호소하는 성인들을 조사해보면, 그중 다수가 어린 시절에 친구들과 어울리지 않고 외톨이로 지냈음을 알 수 있다. 누구나 성적 호기심과 충동을 느낀다는 사실을 다른 아이들에게서 배우지 못했기 때문에 성인이 된 다음에는 자신이 다른 사람들과 다르다고, 심지어는 자신을 나쁘다고 여기는 것이다.

이처럼 어린 시절에 부모나 부모를 대신하는 이에게 느끼는 안정 애착은 아주 중요하다. 동시에 또래 아이들과의 관계 역시 다른 관계에서는 절대 얻을 수 없는 사회 경험을 제공하므로 중요하다.

아동 발달의 이 두 가지 측면에 관해 수많은 연구가 이루어졌고 지금도 계속되고 있다. 그런데 혼자 있는 것이 아이들에게 가치가 있는지 없는지에 대한 논의는 이루어진 바가 없다. 하지만 아이의 상상력을 키워주는 것이 바람직하다고 여긴다면, 아이들이 혼자 있는 시간을 즐길 수 있을 만큼 자랐을 때 그런 시간과 기회를 가질 수 있도록 해주어야 한다.

조화의 순간

창의력이 풍부한 사람들은 흔히 어린 시절에 자연과 하나가 되는 신기한 경험을 했다고 얘기한다. 그 경험은 특별한 인식의 상태, 혹은 영국의 시인 윌리엄 워즈워스(William Wordsworth)의 표현대로 "영혼 불멸의 송(頌)"이다. 미국의 시인 월트 휘트먼(Walt Whitman), 헝가리 태생의 영국 소설가 아더 케스틀러(Arthur Koestler), 비평가이자 문학사가인 에드먼드 윌리엄 고스(Edmund William Gosse), 역사학자 앨프리드 L. 로즈(Alfred L. Rowse), 20세기 영국 문학의 거장 C. S. 루이스(C. S. Lewis) 등 여러 사람이 그런 경험을 이야기했다. 말할 것도 없이 그런 경험을 하는 것은 축구를 할 때가 아니라 주로 혼자 있을 때다. 특히 미국의 미술사가 버너드 베런슨(Bernard Berenson)의 이야기는 흥미롭다. 그는 '완벽한 조화의 순간'에 몰입하던 때를 이렇게 이야기한다.

어린 시절 집 바깥에서 행복한 기분에 젖어 있을 때 이 황홀경이 나를 휘감았다. 다섯 살 때였나, 아니면 여섯 살 때였나? 분명 일곱 살 때는 아니었다. 초여름 아침이었다. 은빛 아지랑이가 피나무 위에서 아른거리며 흔들렸다. 공기는 피나무 향기로 가득했다. 따뜻한 기운이 살갗을 부드럽게 스쳤다. 나무 그루터기에 올라가자 갑자기 나를 사로잡던 그 느낌이 기억하려 애쓰지 않아도 절로 떠오른다. 나는 그것에 이름을 붙이지 않았다. 말로 표현할 필요가 없었다. 그것과 나는 하나였다.[1]

앨프리드 L. 로즈도 학창시절을 보낼 때 비슷한 경험을 했다고 이야기한다.

그것이 처음 경험해본 미적 감각, 이후에 경험하게 된 모든 것의 비밀스러운 시금석이 된 일종의 계시, 내면에 자리 잡은 자원과 위안이라는 사실을 그때는 알지 못했다. 세월이 지나(그때도 언덕 아래 중등학교에 다니던 학생이었지만) 워즈워스의 「틴턴 수도원」과 「영혼 불멸의 송」을 읽었을 때, 내가 한 그 경험이 바로 그가 얘기하는 내용이라는 것을 알았다.[2]

좋은 대상의 내입

나를 비롯해 현대의 심리 치료사들은 대등한 조건으로 성숙한 관계를 맺는 개인의 능력을 정서적 성숙의 기준으로 삼았다. 그들 중 혼자 있는 능력 또한 정서적 성숙의 일면이라고 생각한 사람은 거의 없었다.

하지만 정신분석 전문의 도널드 W. 위니콧(Donald W. Winnicott)은 예외였다. 그는 1958년에 이제는 정신분석학의 고전이 된 〈혼자 있는 능력The Capacity to be Alone〉이라는 논문을 발표했다. 여기에서 이런 말이 나온다.

지금까지 정신분석에 관한 논문에서는 주로 혼자 있는 '능력'보다는 혼자 있는 것에 대한 '두려움'이나 혼자 있고 싶다는 '바람'을 다룬 것이 사실이다. 또한 대다수의 연구가 박해받을 거라는 예상 하에서 취하는 방어 형태인 위축 상태를 다루었다. 혼자 있는 능력의 긍정적인 면에 관한 논의가 진즉에 이루어졌어야 했다.3)

정신분석학의 대가 존 보울비(John Bowlby)는 그의 명저 『애착과 상실Attachment and Loss』에서 어린아이가 엄마가 없어졌을 때 보이는 반응을 저항, 낙담, 포기의 단계로 설명한 바 있다. 아이가 엄마와 떨어지는 과정이 특별히 가혹하지만 않다면, 보통의 상황에서 아이는 엄마의 부재를 점점 오랫동안 불안해하지 않고 견딜 수 있게 된다. 보울비는 미성숙의 시기, 구체적으로 말해 애착 행동이 가장 분명하게 드러나는 6개월에서 다섯 살 사이에 아이들은 애착 인물이 언제든 내 옆에 있다는 믿음을 점차 쌓아간다고 주장한다. 하지만 애착 인물의 존재나 부재에 민감하게 반응하는 것은 청소년기에 접어들고 난 뒤 한참이 지나서도 계속된다. 영국 중산층 아이들은 아주 어릴 때 엄마가 늘 옆에 있을 것이라 의심하지 않지만, 일곱 살이나 여덟 살이 되어 기숙학교로 떠날 때 그 믿음이 산산이 부서지는 경험을 한다.

일반적으로 집착 행동은 불안감을 암시한다고 알려져 있다. 아이가 잠시라도 엄마를 놓아주지 않으려 하는 것은 엄마가 돌아온다는 확신이 없기 때문이다. 바꿔 말하면, 자기가 필요로 할 때 애착 인물이 언제든 옆에 있어줄 거라고 믿는 아이는 애착 인물이 눈에 보이지 않는 시간을 잘 견딘다. 그러므로 혼자 있는 능력은 어린 시절 내면에 형성된 안정감을 보여주는 한 가지 표시다. 사람들과 어울리는 걸 피하고 병적이라 할 만큼 고립되어 지내는 아이들, 그러니까 위니콧의 표현대로 "위축 상태"에 있는 아이들이 있긴 하지만, 혼자 있는 걸 좋아한다 해도 정도가 심각하지 않은 아이는 이런 아이들과 구분되어야 한다. 아이들이 혼자 있으면서 상상하기를 즐기는 과정을 통해 창의적 잠재력이 발휘된다.

아이들이 안정감을 가지려면 같은 조건을 반복해서 경험해야 한다. 자신이 필요로 할 때 언제든 애착 인물이 곁에 있다는 것을 반복해서 확인한 아이는 앞으로도 그럴 거라는 믿음으로 안정감을 갖는다. 정신분석 전문의들은 이 과정을 "좋은 대상의 내입(內入)"이라고 한다. 이 용어는 애착 인물이 한 개인의 내면 세계의 일부가 되었기 때문에 당장 눈에 보이지 않아도 그 개인이 의지할 수 있는 존재가 되는 것을 의미한다. 이 말이 억지처럼 들릴지도 모르지만, '누구누구라면 이런 상황에서 어떻게 했을까?'라고 혼잣말을 하는 때가 누구에게나 있을 것이다. 이는 도움을 청할 수 있는 그 누군가가 당장 내 눈앞에 없다 할지라도, 이미 내 상상의 일부가 되었음을 암시한다. 다시 말하자면, 좋은 대상이 내입되어 있는 상태라 할 수 있는 것이다.

혼자 있는 능력의 습득 단계

위니콧은 성인기에 혼자 있는 능력은 어릴 적 '엄마가 가까운 곳에 있음을 아는 상태에서' 혼자 있던 경험에서 비롯된다고 말한다. 그는 음식, 온기, 신체적 접촉 등 아이가 당장에 필요로 하는 것은 다 충족되어서 엄마에게 뭔가를 원할 필요가 없고 엄마도 뭔가를 주어야 할 필요가 없는 상태를 가정하고 있다. 위니콧은 이렇게 말한다.

> 나는 혼자 있는 능력이 누군가가 곁에 있음을 아는 상태에서 혼자 있는 경험을 하는 데서 생긴다는 것과, 이런 경험을 충분히 하지 못하면 혼자 있는 능력을 키울 수 없다는 것을 증명하려고 한다.[4]

위니콧은 다음과 같은 아주 흥미로운 주장을 한다.

> 아기가 자신의 삶을 발견할 수 있는 것은 오직 (누군가가 가까운 곳에 있다는 걸 아는 상태에서) 혼자 있을 때뿐이다.[5]

아기들은 아직 미숙하므로 '나'의 존재감, 즉 자신만의 정체성을 발달시키려면 다른 사람의 지지가 있어야 한다. 엄마가 가까운 곳에 있다는 사실을 아이가 반복해서 확인하면서 차츰 혼자 있어도 편안해할 때 이 과정이 시작된다고 위니콧은 말한다. 한동안 이런 상태에 있다 보면 아이는 감각 혹은 충동을 경험하기 시작한다. 위니콧은 다음과 같이 말한다.

> 이런 상황에서 아이는 감각이나 충동을 실재하는 것으로 느끼고,

이 감각이나 충동은 그 아이의 진짜 경험이 된다.

위니콧은 한 개인이 '이런 경험을 통해 얻는 진짜 느낌'과 그가 정의한 대로 "외부 충동에 대한 반응을 토대로 만들어지는 가짜 삶"[6]을 서로 대비시킨다.

다른 사람들의 바람에 따라 자아를 형성하는 사람들

위니콧은 정신분석 전문의로 일하면서 한 개인의 경험이 진짜인지 가짜인지에 많은 관심을 기울였다. 그의 환자 중 다수가 이런저런 이유로 어린 시절에 과도하게 순종하도록 교육받았다. 다른 사람들의 기대에 따라, 다른 사람들의 기분을 거스르지 않고 그들 마음에 드는 방식으로 사는 법을 배운 것이다. 이런 사람들은 위니콧의 표현대로라면 '거짓 자아'를 형성하는 환자들, 자신의 진짜 느낌과 본능적 욕구가 아닌 다른 사람들의 바람에 따라 자아를 형성하는 환자들이라 할 수 있다. 그들은 이 세상을 자신의 주관적 욕구를 실현할 수 있는 곳으로 보지 못하고, 그저 세상에 순응해 살아간다. 결국 그들은 인생이 무의미하고 하찮다고 느낀다.

아이들의 주관적 경험에 관한 위니콧의 가설을 입증하기는 불가능하지만, 내가 볼 때 그의 개념은 타당하다. 위니콧은 혼자 있는 능력이, 보울비의 정의를 빌리면, "안정 애착"에서 비롯된다고 주장한다. 그러니까, 엄마가 곁에 있다는 걸 안다면 엄마가 언제든 자리를 떠날까봐 불안해하는 일 없이, 엄마가 뭘 기대하고 또 기대하지 않을지에 대해 불안해하는 일 없이 평화롭게 지낼 수 있는 능력에 근거한다는 것이다. 아이가 안정감을 느끼며 자랄 때, 엄마나 다른 애착 인물이 곁에 없어도 오랜 시간 불안해하지 않고 혼자 있을 수 있게 된다.

위니콧의 주장은 여기서 그치지 않는다. 그는 아이가 처음에는 엄마가 가까운 곳에 있는 상태에서, 그다음에는 엄마가 가까운 곳에 없는 상태에서도 혼자 있는 능력을 키울 때 자기 내면의 진짜 느낌과 접촉하고 그것을 명확하게 표현하는 능력 또한 키울 수 있다고 말한다. 엄마가 가까운 곳에 있을 때 그리고 나중에는 엄마가 없을 때도 스스럼없이 아이가 편안하게 혼자 있을 수 있어야만 다른 사람의 기대나 강요에 관계없이 자신이 정말로 필요로 하고 원하는 것을 분명하게 발견할 수 있다는 것이다.

그러므로 혼자 있는 능력은 자아 발견과 자아실현, 즉 내면 가장 깊은 곳에 있는 욕구와 느낌과 충동을 인식하는 것과 관련된다.

내면 가장 깊은 곳과의 접촉

정신분석에서는 또한 한 개인이 내면 가장 깊은 곳의 느낌과 접촉하도록 하는 데도 관심을 기울인다. 그래서 정신분석 전문의가 옆에 있되 아무 관여도 하지 않는 방식으로 환자가 혼자 있는 분위기를 만들어주는 방법이 사용된다. 아이에게 안정감을 주는 것과 비슷한 이 방식은 전이의 분석이 중요하게 인식되기 전인 정신분석학의 초기에 주로 사용되었다. 상담실에 소파를 놓으면 상담을 받는 사람은 긴장을 풀 뿐 아니라 정신분석 전문의와 눈을 맞추지 않아도 되었다. 그리고 자신의 말에 정신분석 전문의가 어떤 반응을 보이는지 신경을 쓰지 않아도 되기 때문에 내면세계에 좀 더 편안하게 집중할 수 있었다.

일부 정신분석 전문의들은 환자가 자신의 가장 내밀한 생각과 느낌을 탐험하고 표현할 수 있는 안전한 환경을 제공하는 것이 의사가 환자에 대해 어떤 판단을 내리는 것 못지않게 중요하다고 믿는다. 내가 개인적으로 아는 어떤 정신분석 전문의는 1년 넘게 일주일에 세 번씩 그에게 치료를 받은 환자의 이야기를 들려주었다. 치료 때마다 매번 환자는 소파에 누워 곧바로 자유연상에 빠져들더니 그 해가 끝날 무렵 치료가 다 되었다면서 감사함을 표했다고 한다. 그 정신분석 전문의는 치료 기간 내내 어떤 판단도 내놓지 않았다고 했다. 이것이 조금 과장된 이야기라고 해도, 위니콧이 안정된 아이와 엄마 사이에서 일어난다고 설명한 것과 비슷한 현상이 환자와 의사 사이에서도 일어난다는 사실은 주목할 만하다.

환자들은 정신분석 과정에서 정신분석 전문의와의 관계를 경험해보고 이해함으로써 바깥 세계의 다른 사람들과 더 좋은 관계를 맺는 데 도움을 받기도 한다. 자신은 누군가에게 거부당하거나 비난받지 않을 것이고 별나게 취급당하지도 않을 거라고 확신하면서 내면 가장 깊은 곳의 느낌에 접촉하고 그것을 표현할 수 있을 때, 마음속에서 어떤 종류의 재배치나 분류 과정이 일어나면서 평화로운 느낌, 진리의 우물 깊은 곳에 정말로 닿았다는 느낌을 경험한다.

과정 자체가 치료에 도움이 되는 이 과정은 정신분석 전문의가 적절하게 안전한 환경을 제공하면서 촉진할 수 있긴 하지만, 반드시 정신분석 전문의의 개입에 좌우되는 것은 아니다. 정신분석 전문의가 관여하지 않았는데도, 아니 오히려 관여하지 않아서 치료되었다고 말하는 환자의 사례는 핵심적인 진리를 보여주는 것일지도 모른다. 이런 식의 치료 과정은 고독 속에서 진행되는 창조 과정의 한 부분으로 이루어지는 치료와 흡사하다.

통합 과정은 자는 동안에도 일어난다. 사랑하는 사람과 한 침대에서 잔다고 해도 일단 잠이 들면 누구나 혼자다. 확실한 해답이 없는 문제에 직면했을 때, 사람들은 '하룻밤 자고 나서 생각해보라'고 하는데, 일리가 있는 말이다. 어려운 결정을 해야 할 때 마음을 정하지 못하고 다음 날로 미룬 채 잠자리에 들어본 경험이 누구에게나 있을 것이다. 그러다 아침에 잠을 깨면, 해답이 너무 명확해서 왜 전날 밤에는 그 생각을 못 했는지 의아할 때가 많이 있다. 말하자면 문제를 전체적으로 검토하고 재정비하는 과정이 자는 동안 진행된 것이다. 하지만 이 과정이 정확히 어떻게 이루어지는지는 여전히 수수께끼로 남아 있다.

시간과 고독이 결합되고 가급적이면 얼마간의 잠까지 결합되어 통합이 일어나는 다른 한 가지 예는 학습 과정이다. 학창 시절 시험을 보기 직전에 내용을 암기하면 금세 잊어버려 좀처럼 기억이 나질 않는다. 하지만 전날 공부를 해놓고 '하룻밤 묵힌' 내용은 훨씬 기억이 잘 난다. 신경회로를 중심으로 하는 어떤 종류의 반향이 새로운 재료를 예전 재료와 연결 짓고 새로운 재료를 장기 기억 저장소에 수용한다.

잠의 통합 기능

사람은 평생의 약 3분의 1을 자면서 보내지만, 잠이 필요한 이유에 대해서는 제대로 이해하지 못하고 있다. 잠이 필요하다는 사실은 분명하다. 고문 기술자들이 오래전에 터득한 대로, 죄수에게 잠을 못 자게 하는 것은 비교적 빠르게 그들을 무너뜨리는 방법이다. 꽤 오랫동안 잠을 자지 않고도 별 지장 없이 살아가는 특이한 사람들도 드물게 있긴 하지만, 대개는 멀쩡하던 사람도 단 며칠만 잠을 못 자도 망상이나 환각 같은 정신병 증세를 보인다. 정신병이 발생하기 전에 한동안 불면증 증세가 나타나는 경우가 많다는 사실도 주목할 필요가 있다.

잠의 통합 기능은 꿈과 연관된다. 1952년, 수면 연구의 선구자 너새니얼 클라이트먼은 수면에는 두 가지 종류가 있다고 밝혔는데, 이것은 피실험자가 일정한 사이클에 따라 자는 동안 뇌파를 기록해 나타낼 수 있다. 피실험자가 편안하게 잠이 들면, 뇌가 깨어 있을 때는 굉장히 빠르던 뇌파의 파장이 점차 느려진다. 이때 안구운동도 따라서 느려지는데, 이는 잠든 사람의 감긴 눈꺼풀을 통해 쉽게 확인할 수 있다. 전적으로 무의식적이다. 뇌파와 함께 이 안구운동도 기록이 가능하다. 사람은 잠이 드는 순간 깨우기 어려운 깊은 잠의 단계로 아주 빠르게 들어간다. 그러다 30~40분 정도가 지나면 잠이 얕아진다. 호흡은 더 빠르고 불규칙해진다. 얼굴과 손가락 끝에 미세한 경련이 일고 눈동자는 피실험자가 실제로 뭔가를 보고 있는 것처럼 빠르게 움직인다. 이런 급속 안구운동(Rapid-eye-movement) 수면, 즉 렘(REM)수면의 단계는 10분 정도 지속된다. 그런 다음 피실험자는 다시 깊은 잠으로 빠져든다. 이 사이클은 90분 동안 지속된다. 그러니까 7시간 반 동안 잔다면 대략 한 시간 반에서 두 시간 동안 렘수면 단계에 있는 셈이다.

렘수면 단계에서 잠을 깨면 대부분의 사람이 꿈을 기억하는 반면, 더 깊은 수면 단계에서 잠을 깨면 꿈을 기억하는 사람이 거의 없다. 다시 말해 사람들은 주로 수면 시간 중 90분 정도의 짧은 시간 동안 꿈을 꾸는 듯하다.

수면에 두 가지 종류가 있다는 사실을 알아낸 결과, 사람들에게 충분하게 잠을 자도록 하면서도 꿈을 꾸지 않게 하는 것이 가능해졌다. 피실험자에게 렘수면을 박탈하는 실험이 이루어졌고 그 결과 사람에게 꿈을 꾸지 못하게 하면 다양한 증상이 생긴다는 주장이 제기되었지만, 이후 실험에서 증명은 되지 않았다. 하지만 꿈을 박탈당한 사람들이 이 꿈 박탈이 중지되면 렘수면 시간을 늘린다는 사실은 분명하다.

최면제나 각성제, 알코올을 섭취하는 사람에게서도 이와 같은 현상이 나타났다. 약을 중단하면 반동현상이 일어난다. 이처럼 피실험자는 그간 박탈당한 렘수면을 보충하려는 듯 렘수면 시간을 늘린다. 수면 연구의 대가 윌리엄 C. 디멘트(William C. Dement)의 설명에 따르면, 정신 분열증 환자들이 일시적으로 진정 상태에 있게 되면 특히 렘수면을 늘리려 한다. 이틀 밤만 꿈을 박탈하고 나도 과도하리만큼 렘 반동을 보였다. 그런가 하면 진정 상태에 있지 않을 때, 다시 말해 정신 분열증의 뚜렷한 증상인 환각이나 망상 등에 사로잡히거나 정신 분열증 특유의 이상 행동을 할 때는 이틀 밤 동안 꿈 박탈을 하더라도 렘 반동을 보이지 않는다.[7] 더 많은 연구와 실험을 통해 정신질환자는 정상적인 사람들과 같은 정도로 꿈을 필요로 하지 않는다는 사실이 입증된다면, 정신 분열증이 '깨어 있는 동안 꿈을 꾸는 상태'라는 이전의 개념이 훨씬 더 설득력을 얻게 된다. 바꿔 말하면, 렘수면을 완전히 박탈당한다고 해서 정상적인 사람들이 정신 이상이 되지는 않겠지만, 그래도 매일 밤 꿈이라는 미친 세상에 들어가는 것이 정신 건강에 도움이 될 것이라는 얘기다. 그 과정을 우리가 완전히 이해하지는 못한다고 해도 말이다.

꿈을 꾸는 동안 정신기능에 이로운 어떤 종류의 검토나 재편성이 시작되는 것은 분명한 것 같다. 꿈을 꾸는 것은 생물학적으로 적응하는 과정으로 보인다. 정신분석 전문의인 스탠리 팔롬보(Stanley Palombo)는, 꿈은 과거와 현재의 경험을 조화시키는 것이라고 설명한다.

> 꿈에서는 정서적으로 중요했던 과거의 사건과 전날 일어난 중요한 일이 비교된다.[8]

이런 꿈의 정보 처리 기능은 오래된 기억들 사이에 그 새로운 경험이 들어갈 적절한 위치를 정하는 것으로 설명할 수 있다. 이 이론이 모든 꿈을 설명해주는지에 대해서는 자신이 없다. 하지만 어째서 꿈에서는 시간이 그렇게 뒤죽박죽일 때가 많은지는 어느 정도 설명이 된다. 과거와 현재가 비교되는 거라면, 꿈속에서 과거와 현재가 뒤섞이는 일이 그렇게 많은 것도 당연하다.

고독한 부화

뇌에서 일어나는 재정비 과정의 또 한 가지 예는 정치학자이자 심리학자인 그레이엄 월러스(Graham Wallas)가 '부화'라고 이름 붙인 창의적 사고단계에서도 확인할 수 있다. 월러스가 말한 창의적 사고의 첫 번째 단계는 '준비'다. 창의적인 사람은 일단 특정한 주제에 관심을 갖고 자료를 모으고 구할 수 있는 모든 관련 정보를 읽어본다. 그다음이 부화의 단계다. 이 단계에서는 축적해놓은 자료가 저절로 끓어오른다. 우리가 의식하지 않아도 검토가 되고, 이미 머릿속에 있던 다른 내용들과 비교되고, 정리되고 다듬어진다. 우리는 이 부화의 단계에서 어떤 일이 일어나는지 이해하지 못하지만, 분명한 것은 이것이 다음의 '발현' 단계에 필요한 예비단계라는 사실이다. 이 시간 동안 창의적인 사람은 새로운 통찰을 얻고, 문제에 대한 해결책을 발견하며, 자신이 모은 재료를 중요한 원칙이나 포괄적인 개념을 사용해 정리할 수 있다는 것을 어떤 식으로든 알게 된다.

부화에 필요한 시간은 몇 분에서 몇 달, 심지어 몇 년에 이르기까지 다양하다. 브람스는 새로운 아이디어가 떠오르면 뭔가 다른 일을 하면서 몇 달 동안 그 아이디어에 대해서는 생각하지 않았다고 한다. 그러다 다시 그 새로운 아이디어로 작업을 하려고 하면 아이디어는 어느새 처음과는 다른 모습을 띠고 있었다고 한다.

새로운 아이디어가 몇 달 동안 뇌 안에서 저절로 다듬어지고 정리된다는 주장이 우스꽝스럽게 들릴지도 모른다. 뇌는 굉장히 복잡하며 아주 많은 기능을 동시에 수행한다. 하지만 꿈을 꾸는 동안 우리 의지와 상관없이 진행되는, 그리고 기도나 명상 시간에 우리가 의식적으로 추진하는 검토나 분류 과정과 유사한 과정이 부화기간에 뇌 속에서 일어난다는 것은 주목할 만하다. 뇌의 회로에서 벌어지는 일은 미스터리다. 하지만 이 과정이 진행되는 데는 시간과 수동성, 그리고 되도록이면 고독까지 필요하다는 사실은 자신 있게 주장할 수 있다.

창의적인 사람들은 물리적으로 혼자인 평화로운 상태를 원할 수도 있고 원하지 않을 수도 있다. 예를 들어 슈베르트와 모차르트는 다른 사람들이라면 산만하다고 느낄 환경에 있으면서도 자신만의 아이디어에 몰두할 수 있었다. 대개 그런 사람들은 다른 사람들과 같이 있을 때라도 혼자만의 생각에 깊이 빠진다. 위니콧의 "누군가가 곁에 있지만 혼자 있는 상태"라는 역설적인 표현은 엄마와 아기의 관계에만 해당되는 것이 아니라, 여러 사람들 사이에 있으면서도 내면의 과정에 온전하게 집중하고 몰두할 수 있는 사람들과도 관련된다.

위에서 말한 정신 과정에는 시간이 필요하며, 새로운 통찰이 생기는 부화의 과정에는 오랜 기간의 숙성이 필요하다는 사실은, 연구자들이 인간 지성의 특징으로 지목한 한 가지 요소와도 관련된다. 지적인 행동은 "한 사람이 일생 동안 살면서 상황에 적응하여 다양하게 하는 행동"으로 정의되었다.9)

이런 행동은 진화의 아래 단계에 있는 여러 종들이 예정된 방식에 따라 하는 행동과 대조된다. 환경의 자극에 미리 정해진 방식으로 반응하는 행동은 자동적이고 즉각적이다. 대부분의 환경에서 유연하게 나타나는 인간의 행동은 기억 때문이기도 하지만 학습, 그러니까 주어진 자극에 즉각적이고 자동적으로 반응하지 않는 능력 때문이기도 하다.

지적 행동을 발전시키는 세 가지 기본 요소

행동학을 연구한 데이비드 스텐하우스(David Stenhouse)는 본능적인 행동이 지적 행동으로 발전하려면 세 가지 기본 요소가 필요하다고 주장한다.

가장 중요한 요소는 이전에는 자극에 본능적으로 반응해 완료 행동(먹는 것과 같은 본능적 행동 유형의 마지막 단계에서 나오는 행동-옮긴이)으로 끝냈던 개개의 존재가 예전의 방식으로 '반응하지 않을' 능력을 갖추는 것이다. 이런 능력은 반응을 완전히 없애는 것일 수도 있고 그저 반응을 연기하는 것, 말하자면 일시적으로 보류하는 것일 수도 있지만, 이 능력이 없다면 상황에 적응해 다양하게 행동할 가능성이 사라진다.[10]

주어진 상황에 맞게 새로운 반응을 만들어내려면 학습을 할 수 있어야 하고 학습한 내용을 머릿속에 저장할 수도 있어야 한다. 스텐하우스가 말하는 두 번째 요소는, 기능적으로 연관된 항목들을 보관하고 새로운 경험들을 비교 평가할 수 있는 중앙 기억 저장소를 만드는 것이다. 세 번째 요소는 추상화하고 일반화하는 능력의 개발이다.

기억 속에 저장된 여러 항목 중에서 어떤 특정한 항목을 현재 상황에 대한 반응으로 선택하려면 모든 항목의 유사점과 차이점을 보는 능력이 있어야 한다.[11]

이런 능력은 경험으로 반응을 배울 수 있는 모든 동물에게 얼마간은 존재하지만, 특별히 인간은 높은 수준까지 키울 수 있다.

지적 행동이 주어진 상황에 직접적으로 반응하지 않는 것이라는 개념은 꿈이라는 현상과도 연결된다. 꿈에서 우리는 여행하고, 걷고, 달리고, 싸우고, 그 밖에 수많은 방법으로 몸을 움직이는 모습으로 나온다. 하지만 실제로 꿈을 꾸는 사람은 안구를 빠르게 움직이거나 팔다리를 몇 번 움직거리는 것 말고는 거의 움직이지 않는다. 대뇌피질에서 전기 활동이 증가되는 동시에 뇌의 운동중추는 억제되기 때문이다. 우리가 깨어 있는 상태에서 '사고'를 할 때도 이처럼 운동 활동이 억제된다. '사고', 즉 실현 가능성 검토, 여러 개념의 연결, 가능한 전략의 조사는 행동의 사전 준비라고 할 수 있다. 즉 사고의 결과로 어떤 종류의 신체적 행동이 나타나는데, 그 행동이 타자기의 키를 누르는 정도의 움직임에 지나지 않는다고 해도 그렇다. 사고가 진행되는 동안, 그 결과로 일어나는 행동은 당연히 연기되어야 한다. 그런데 이처럼 행동을 연기하는 것을 힘들어하는 사람이 많이 있다. 그래서 사고하는 동안 왔다 갔다 하거나 담배를 피우거나 연필을 만지작거리는 등의 대체 행동을 한다. 생각에 몰두해 있는 동안 곁에 다른 사람들이 있다고 해도, 사고는 대체로 고독한 활동이다.

답은 고독이다

혼자 있는 능력에 대한 위니콧의 개념과 유사한 또 한 가지가 있다면 그건 기도다. 그저 자신이나 다른 사람들을 위해 은혜를

구하는 것이 기도의 전부가 아니다. 기도는 공개적으로 신을 숭배하는 행위라 할 수 있다. 그러나 곁에 신이 존재한다고 해도 기도를 하는 사람은 혼자 있다고 느낀다. 그리고 이때 내면 가장 깊은 곳에 있는 느낌과 접촉한다. 종교생활을 하면서 사람들은 기도를 해도 초자연적인 존재에게서 아무 응답을 받지 못할 수 있다고 생각한다.

기도는 신을 움직이거나 기도의 응답을 받기 위해서가 아니라 마음을 조화로운 상태로 만들기 위해서 하는 것이다. 기도와 명상을 하는 동안은 이전까지만 해도 관련이 없던 생각과 느낌이 서로 영향을 주고받으면서 하나로 연결되는 시간이기도 하다. 내면 가장 깊이 있는 생각이나 느낌이 새로운 형태로 결합하거나 연결될 시간을 갖는 것은, 긴장 완화와 정신 건강에 도움이 될 뿐 아니라 창조 과정의 중요한 부분이기도 하다.

그러므로 뇌가 가장 좋은 상태로 기능하고 개인이 각자 최고의 잠재력을 발휘하려면 혼자 있는 능력을 키우는 것이 필요하다. 자칫하면 내면 가장 깊은 곳의 욕구와 느낌에서 멀어질 수 있다. 학습과 사고, 혁신을 가능하게 하고 자신의 내면 세계와 끊임없이 접촉하게 해주는 것은 고독이다.

Chapter Four

사는 게 즐겁다고 말하는 사람들의 비밀

"상상력이 없다면 남자는 하녀 품에 안기는 것이나
공작 부인 품에 안기는 것이나 똑같이 행복할 걸세."
―새뮤얼 존슨(영국 시인·평론가)

혼자 있는 능력은 귀중한 자원이다. 혼자 있을 때 사람들은 내면 가장 깊은 곳의 느낌과 접촉하고, 상실을 받아들이고, 생각을 정리하고, 태도를 바꾼다.

상상력은 인간의 그 어떤 능력보다 고유한 능력이라 해도 과언이 아니다. 동물도 꿈을 꾸고 유인원도 뭔가를 만들지만 아무리 영리한 원숭이라 해도 그 상상력이 인간에 비할 바는 못 된다. 인간이 상상력을 발달시키는 것은 생물학적으로 볼 때 환경에 적응하기 위한 것임이 분명하다. 그런데 이런 능력 때문에 우리 인간이 대가를 치러야 했던 것 또한 사실이다. 상상력 덕에 인간은 어떤 환경에든 적응할 수 있었다. 하지만 동시에 만족하는 법을 잊어버렸다.

인간보다 낮은 진화 단계에 있는 동물들은 대개 정해진 패턴에 따라 행동한다. 이들의 행동은 마치 열쇠가 자물쇠에 맞듯 그 행동도 환경에 꼭 들어맞는다. 만약 환경이 변하지 않고 그대로라면, 생존과 번식을 위해 동물에게 필요한 것들도 자동으로 제공될 것이다. (의인화를 해서 표현하자면, 그럴 때 동물은 '행복할' 거라고 말하고 싶다.)

신성한 불만

인간은 주로 학습과 세대에서 세대로 전해지는 문화에 따라 행동한다. 상대적으로 동물보다 환경 변화에 유연하게 대처한다. 아기들은 안전하게 생존하기 위해 일정 수의 정해진 반응을 타고난다. 하지만 인간 행동의 가장 뚜렷한 특징은 대부분의 행동이 학습된 것이며 태어날 때부터 결정되는 것은 별로 없다는 것이다. 바로 이런 이유 때문에 인간은 적도에서 극지방에 이르기까지 어떤 극단적인 기후 조건에서도, 그리고 필요한 것이 거의 없거나 전혀 없는 곳에서도 생존이 가능하다. 심지어 지구 바깥 우주에서도 오랜 시간 살아갈 수 있다. 그런 환경에서 살아가려면 창의적인 능력과 기술이 필요하다. 타고난 행동 형태 대신 지능과 상상력을 발휘해야 한다.

하지만 유연성, 즉 경직되고 정해진 행동 형태의 압제에서 해방되는 것에는 치러야 할 대가가 있다. 환경에 완벽하게 적응하고 욕구가 완전하게 충족된 상태라는 의미에서의 '행복'은 잠깐 동안만 지속되는 것이 그 대가이다. "인간은 죽기 전까지는 행복하다고 말할 수 없다"고 아테네의 정치가 솔론(Solon)은 말했다. 사랑에 빠질 때, 새로운 발견을 하고 "유레카"를 외칠 때, 워즈워스가 "예기치 못한 기쁨"이라고 묘사한 초월적인 경험을 할 때, 인간은 우주와 하나가 되는 듯 더 없는 행복을 느낀다. 하지만 모두가 알다시피 그런 느낌은 금세 사라진다.

이전의 책에서 나는 존재하는 것에 대한 불만, 즉 '신성한 불만'은 인간 조건의 불가피한 부분이라고 주장했다. 영국의 시인 새뮤얼 존슨(Samuel Johnson)이 지적했듯, 현재는 순식간에 지나가기 때문에 과거나 미래와 연결 짓지 않고는 아무 생각도 할 수가 없다. 철학자 이믈락(Imlac)은 라셀라스를 데리고 피라미드에 가서 피라미드가 왜 지어졌는지를 이야기한다.

> 묘실이 비좁은 것은 이곳이 적을 피하기 위한 피신처가 아니었다는 증거일 겁니다. 보물을 숨기기 위한 곳도 아닌데, 이보다 비용을 훨씬 적게 들이고도 안전한 곳에 얼마든지 감출 수 있었을 것이기 때문입니다. 그러니 피라미드를 세운 이유는 오직 인간의 상상력이라는 갈망을 채우기 위해서였던 것 같습니다. 인간이 살아가는 동안, 이 상상력이라는 갈망은 아무리 채워도 또 새롭게 살아나 다른 것을 원하지요. 원하는 것을 다 갖는 순간, 또 더 큰 욕망이 생기게 마련입니다.[1]

존슨이 "상상력이라는 갈망"이라고 하는 것 또한 인간이 환경에 적응하는 데 필요한 특징이다. 인간이 거둔 엄청난 성공은 불만에서 비롯된다. 그 불만 때문에 인간은 상상력을 발휘한다.

언뜻 생각해도 내가 얘기한 것에는 몇 가지 예외가 있는 듯하다. 세상 곳곳에는 수세기 동안 전통적 생활방식을 그대로 유지하는 작은 공동체들이 지금도 존재한다. 그 공동체의 구성원들 내면에 어떤 상상이 있는지 알지 못하므로, 그들이 얼마나 불만스러워하는지도 알 수는 없다. 하지만 아무 문제 없이 적응하며 사는 사람이라 해도 위험에서 보호받고 고된 노동에서 해방되는 천국을 상상할지 모른다. 안타깝게도 한 가지 분명한 사실은, 그런 집단은 늘 위험에 노출되어 있다는 것이다. 미리 정해진 행동 형태에 따라 행동하는 동물들처럼, 그들 역시 서구문명의 영향에 제대로 대처할 수 없기 때문이다. 승리는 언제나 불만스러워하는 사람들의 몫이다. 서구인은 오스트레일리아 원주민들, 북아메리카와 남아메리카의 인디언들, 아프리카와 인도의 주민들, 그 밖의 많은 사람들을 섬뜩하리만치 무자비하게 다루었다. 하지만 서구인들의 마르지 않는 독창성을 생각해보면, 그들이 고의로 인종차별과 인종 말살을 행하지 않았다 해도 전통적인 인간 집단의 대체는 불가피했을 것이다.

프로이트의 몽상

이처럼 사람은 불만을 느낄 때 상상력을 발휘한다. 환경을 정복하고 지배하려는 충동도 더 크다. 이런 논리라면 불만을 느끼는 자체가 곧 환경에 적응하는 것이라 할 수도 있을 것이다. 얼핏 이 주장은 프로이트의 공상 개념과 일치하는 것처럼 보인다. 프로이트는 그의 논문 〈창의적인 작가들과 몽상〉에서 이렇게 말했다.

> 행복한 사람은 공상이라는 것을 절대 하지 않으며 만족하지 못하는 사람만이 공상을 하는 것인지도 모른다. 공상의 원동력은 충족되지 않은 소망이며, 공상의 내용은 하나같이 소망의 충족, 마음에 들지 않는 현실의 정정이다.[2]

하지만 프로이트는 공상을 본질적으로 현실 도피라 생각한다. 공상을 나처럼 현실을 원하는 방향으로 바꾸기 위한 사전 준비로 보기보다는 현실을 피하는 것으로 여기는 것이다. 프로이트는 공상이 놀이에서 비롯되며, 이 두 가지 모두 어린 시절에 해당될 뿐 아니라 현실 부정이라고 생각했다.

> 아이가 자라서 놀이를 멈춘다 해도 실제 대상과 연결되는 놀이를 포기하는 것뿐이다. '노는' 대신 이제 '공상'을 한다. 허공에 성을 짓고 '몽상'이라는 것을 한다.[3]

프로이트는, 아기는 원래 쾌락 욕구 원칙, 즉 고통을 피하고 쾌락을 얻으려는 욕구에 지배된다고 믿었다. 음식과 온기, 안락함에 대한 본능적인 욕구가 채워지지 않아 불만스러울 때, 아이는 원하는 것을 환각으로 느끼면서 반응한다는 것이다.

지금도 우리가 매일 밤 꿈을 꿀 때 그러는 것처럼, 생각하거나 갖고 싶어 하는 것은 뭐든 환각 속에서 나타났다. 그러다 기대하던 것만큼 만족하지 못하고 실망을 하다 보면 그제야 환각이라는 방법으로 만족을 얻으려는 시도를 포기했다. 그 대신 신체기관을 이용해 외부 세계를 있는 그대로 인식하고 진짜 변화를 이루기 위해 노력했다. 이제 정신기능의 새로운 원칙을 따라, 좋은 것이 아닌 실재하는 것을 생각하는 것이다. 이처럼 '현실 원칙'을 따르는 것이 중요한 단계가 되었다.[4]

프로이트는 이처럼 현실 원칙이 쾌락 욕구 원칙을 점차 대신한다고 생각했다. 하지만 한번 마음에 자리 잡은 내용은 완전하게 삭제되지 않으므로, 쾌락 욕구 원칙의 흔적도 마음속에 머물다가 꿈에서뿐만 아니라 놀이에서도 나타난다고 프로이트는 믿었다. 앞서 얘기했듯, 프로이트는 아이가 자란 후에도 놀이를 하면서 공상을 드러낸다고 생각했다.

또한 프로이트는, 진짜 세계는 완전한 만족을 제공할 수 있거나 제공할 수 있어야 하며, 이상적으로 말하자면 성숙한 사람은 공상을 완전히 버릴 수 있어야 한다고 생각하는 것 같다. 프로이트는 그러면서도 굉장히 현실적이고 냉철하고 비관적인 사람이어서 이런 이상이 실현될 거라고 믿지는 않았다. 하지만 성숙한 사람이라면 외부 세계에 이성적으로 적응해야 하며, 그러면서 공상에서도 차츰 벗어나야 한다는 믿음은 여전했다.

상상은 내면 세계와 외부 세계 사이의 다리

한마디로 프로이트의 개념 틀에서 공상은 환각, 꿈, 놀이와 관련되었다. 그는 이런 모든 형태의 정신 활동을 현실 도피로 보았다. 그리고 이런 정신 활동을 '1차적 과정'이라고도 했는데, 현실 원칙보다는 쾌락 욕구 원칙을 따르는 어린아이의 정신기능 형태에 좌우되는 현실 도피 방식이라는 것이다. 엄격하다고 할 수도 있는 프로이트의 시각에서 보면, 성숙하고 적절하게 세상에 적응한다는 것은 신중한 사고와 이성적인 계획에 따른다는 의미였다.

아마도 프로이트는 오늘날 우리가 하는 주장, 그러니까 우리들 내면에 존재하는 공상의 세계는 인간의 생물학적 특질의 일부분이며 이 내면의 세계와 외부 세계 사이의 불가피한 모순 때문에 인간의 창의력과 상상력이 풍부해진다는 주장에 동의하지 않을 것이다.

하지만 프로이트 자신의 업적이 내 주장의 증거가 되어주었다. 프로이트는 여든세 살의 나이로 세상을 뜰 때까지 이론이나 견해를 계속 수정했다. 자신이 새로운 학문의 기본원칙을 발견했다고 믿으면서도 정신분석 체계가 완성되었다고는 생각하지 않았다. 예술가든 과학자든 창의적인 사람들이 다 그렇듯, 프로이트 역시 이미 얻은 성공에 안주하지 않았다. 그가 바라는 심리 분석의 모습과 실제 모습 사이에는 언제나 메울 수 없는 간극이 있었다.

만일 우리가 프로이트와 달리 상상이라는 내면의 세계가 인간의 생물학적 자질의 한 부분이며 인간의 성공이 상상력에 달려 있다고 가정한다면, 프로이트의 주장처럼 공상을 이성으로 대체하려고 애쓸 필요가 없을 것이다. 그보다는 상상이라는 내면 세계와 외부 세계 사이에 다리를 놓기 위해 공상이라는 능력을 사용해야 할 것이다.

이성과 결합된 공상

본래의 행동 형태에 따라 생활주기가 대부분 결정되는 동물의 경우에도 그렇겠지만, 위에서 말한 두 세계는 절대 일치하지 않는다. 하지만 아쉬워할 일은 아니다. 이해할 수 없는 영역에까지 닿으려는 노력을 하지 않는다면, 우리는 인간다운 모습도 잃게 된다. 공상하는 능력이 없다면 물질적인 면에서 더 나은 삶을 상상할 수 없을 뿐만 아니라 종교, 음악, 문학, 그림도 나올 수 없다. 고야는 이렇게 말했다.

공상이 무시된 채 이성만 남으면 괴상한 괴물이 태어난다. 이성과 결합된 공상은 예술의 어머니며 경이로운 예술품의 원천이다.[5]

과학 역시 프로이트가 인정한 것 이상으로 공상에 좌우된다. 많은 과학이론이 번뜩이는 상상력에서 시작되었다. 처음에는 터무니없어 보이는 상상의 산물이 철저한 조사와 상세한 증거를 거쳐 과학이론으로 탄생한다. 중력이 어디에서나 적용되는 보편 법칙이라는 뉴턴의 개념은 상상의 비약이었으며 수학적으로 증명이 될 때까지는 그저 어처구니없이 보였을 것이다. 19세기의 독일 유기화학자 프리드리히 케쿨레(Friedrich Kekule)는 꿈속에서 탄소 원자와 수소 원자가 사슬처럼 연결되다가 어느 순간 뱀이 자신의 꼬리를 물고 똬리를 트는 모양이 되는 것을 보고 유기화합물의 고리형 구조를 발견했다고 한다. 아인슈타인의 탁월한 상대성 이론은 관찰자가 빛의 속도로 움직일 때 우주가 어떻게 보일지를 상상한 것에서 탄생했다. 이 세 가지 모두 상상의 산물인 공상이 외부 세계를 명확하게 밝히고 설명하려는 노력을 통해 그 외부 세계와 연결된 예들이다.

이에 반해 공상이 그저 과학적 가설로만 끝나는 것은 외부 세계와 연결되지 않았기 때문이다. 상상의 산물이 결국 망상으로 끝나는 것이다. 예를 들어 18세기에는 연소를 플로지스톤 이론으로 설명했다. 플로지스톤은 가연성의 물질적 원리라 여겨졌다. 어떤 것이 타면, 무게가 없는 액체라고 생각된 플로지스톤이 빠져나간다고 가정되었다. 하지만 플로지스톤은 상상 속에서 존재할 뿐이며 외부 세계의 어떤 것에도 해당되지 않는다는 사실이 결국 입증되었다.

그러므로 과학의 영역에는 두 가지 종류의 공상이 있다고 할 수 있다. 첫 번째는 외부 세계와 지속적으로 연결되고 그 세계에서 실제로 작용해 결국에는 유익한 이론으로 탄생하는 공상이다. 두 번째는 외부 세계와 전혀 연결되지 않아 망상으로 끝나고 마는 공상이다.

두 가지 원칙의 화해

이러한 두 가지 종류의 공상은 예술에서도 명확하게 나타난다. 톨스토이 같은 위대한 작가가 상상력을 이용해 독자에게 이야기를 들려주고 진한 감동을 주는 불멸의 인물들을 만들어낼 때, 그의 공상은 외부의 실체와 연결되어 있으며 그 실체를 우리 독자에게 분명하게 보여준다고 해야 옳은 말이다. 반면 '스릴러물'이나 '로맨스 소설'에서 나타나는 군소작가들의 공상은 실제 세계와 별 관계가 없을 뿐더러 실제 세계를 벗어나려는 시도에 지나지 않아 보인다.

프로이트의 논문 〈정신 기능의 두 가지 원칙에 대한 설명〉의 한 부분을 보면, 프로이트도 내 주장에 어느 정도 동의하는 것 같다.

예술은 특정한 방식으로 두 가지 원칙 간의 화해를 이루어낸다. 예술가는 원래 본능의 충족을 거부해야 하는 현실을 받아들일 수 없어 현실을 피하는 사람이며, 공상의 삶에서 자신의 성적인 욕구와 야망을 마음껏 채우는 사람이다. 하지만 그는 공상을 새로운 종류의 진실로 만드는 특별한 재능을 발휘해 공상의 세계에서 현실로 돌아오는 길을 찾는데, 사람들은 이 재능을 현실을 반영하는 일만큼이나 귀중하게 평가한다. 그러므로 예술가는 외부 세계에서 이리저리 변하는 긴 우회로를 따르지 않고 자기만의 방식으로 영웅, 왕, 창조자, 그 외 자신이 되고 싶었던 사람이 정말로 된다. 하지만 그가 이렇게 할 수 있는 것은 다른 사람들도 그와 마찬가지로 본능의 충족을 거부해야 하는 현실에 불만을 느끼기 때문이며, 현실 원칙이 쾌락 욕구 원칙을 대신하는 것에서 비롯되는 불만 자체가 현실의 일부이기 때문이다.6)

성숙한 성인이라면 공상이 아닌 냉철하고 합리적인 생각을 해야 한다는 주장을 프로이트가 고수하기 때문에 특히 이 과정에서 혼란이 생긴다. 프로이트 또한 공상을 "새로운 종류의 진실"로 만드는 예술가를 언급하면서 공상이 전적으로 현실 도피적인 소망 성취는 아니라고 인정하면서도 명확하게 결론을 맺지는 못한다. 만일 프로이트가 명확한 결론을 내렸다면, 어떤 종류의 공상은 현실 도피인 반면 또 다른 공상은 외부 세계의 현실에 적응하는 새롭고 유익한 방법이라고 정리했을 것이다.

독립심의 시작

인간은 현실이라는 외부 세계와 연결되더라도 상상이라는 내면 세계를 잃지 않는 구조로 되어 있다. 이런 사실을 입증할 만한 생물학적인 근거들이 충분히 있다. 두 세계가 서로 다를 때 창의적인 상상력이 생긴다. 자신에게 창의적인 잠재력이 있음을 인식하는 사람들은 내면 세계와 외부 세계 사이에 끊임없이 다리를 놓는다. 그들은 외부 세계의 객관성도 그들 자신의 주관성도 부인하지 않는다.

내부 세계와 외부 세계 사이의 상호 작용은 놀이를 하는 아이들을 관찰해보면 쉽게 확인된다. 아이들은 외부 세계에 있는 진짜 대상들을 이용하면서도 이 대상에 상상의 세계에서 비롯되는 의미를 부여한다. 이런 과정은 아주 어린 나이에서부터 시작된다. 어린아이들은 대부분 특정 대상에 강렬한 애착을 나타내는데, 위니콧은 정신분석 전문의로서는 처음으로 그런 애착의 중요성에 관심을 가졌다. 이에 대해서는 그의 논문 〈과도기적 대상과 과도기적 현상〉에 잘 나와 있다.[7] 이 현상은 독립심의 시작과 혼자 있는 능력에 밀접하게 연결되어 있다.

위니콧에 따르면, 어린아이들이 처음 외부의 대상에 애착을 보이는 나이는 다양하며, 태어난 지 녁 달 만에도 그럴 수 있다고 한다. 처음에 아이들은 위안을 주는 물건으로 자신의 엄지손가락이나 주먹을 사용한다. 그러다 나중에는 담요, 냅킨, 손수건 등을 사용한다. 특별한 담요나 깃털 이불, 더 나이가 들면 인형이나 봉제 곰이 아이에게 아주 중요한 물건이 되는데, 특히 잠자리에 들 때 그렇다. 이런 물건은 불안을 막아주는 역할을 한다. 엄마의 가슴을 대신하거나 확실한 애착 인물인 엄마를 대신해 위안을 주는 물건인 것이다. 아이들은 이런 물건을 좀처럼 손에서 놓지 않으려 한다. 어떤 때는 엄마보다 더 중요하게 여기기도 한다.

위니콧은 그런 물건을 "과도기적 대상"이라고 했는데, 물건에 대한 아이의 애착을 엄마에 대한 애착과 나중에 만나는 '대상들', 다시 말해 아이가 사랑하고 의지하게 되는 사람들에 대한 애착 사이의 중간 단계로 보았기 때문이다. 위니콧은 그런 물건들이 상상이라는 내면 세계와 외부 세계 사이를 조정한다고 생각했다. 담요, 인형, 봉제 곰은 분명 아이에게서 분리되어 존재하는 실제 물건이다. 그런데도 그 물건에는 아이의 내면 세계에 속하는 주관적 감정이 많이 부여된다. 내면 세계와 외부 세계 사이의 조정 과정은 아이가 처음으로 하는 창조 활동이라고도 할 수 있다.

위니콧은 아이가 과도기적 대상을 사용한다고 해서 문제가 있는 것은 아니라는 점을 특히 강조한다. 그런 대상이 아이에게 안정감과 위안을 주면서 엄마의 대체물 역할을 한다고 해도, 엄마가 제 역할을 못하기 때문에 아이가 그런 대상을 사용하는 것은 아니라는 것이다. 아이가 과도기적 대상에 지지와 사랑을 줄 수 있기 때문에 그런 물건을 사용하는 것뿐임을 지적한다. 그런 지지와 사랑을 줄 수 있으려면 아이는 실제로 지지와 사랑을 받아 보았어야 한다. 아이가 엄마를 적어도 부분적으로라도 좋은 대상으로 받아들여야만 지지나 사랑을 과도기적 대상에 투사할 수 있다. 그러므로 혼자 있는 능력이 내향성의 표현이라기보다 안정감의 표시이듯, 과도기적 대상에 애착을 표현하는 능력은 박탈감이 아닌 건강함의 신호다. 사람에 대한 애착을 형성하는 능력이 훼손되었을 수도 있는 보호시설 아이들이 귀여운 장난감에 대해서도 좀처럼 애착을 보이지 않는다는 관찰 결과가 이 사실을 뒷받침한다.[8]

뿐만 아니라 좀 더 자라서 주변의 장난감이나 다른 물건에 큰 관심을 보이는 아이들 또한 안정된 아이들이다. 앞에서 말했듯, 안정감을 느끼는 아이들은 독립적으로 주변을 탐색하고 조사하지만, 확실한 애착을 느끼지 못하는 아이들은 불안해하며 엄마에게 매달린다.

감정이입과 창조

아이가 과도기적 대상을 사용한다는 것은 상상의 긍정적인 기능이 아주 일찍부터 나타난다는 의미로 해석할 수 있다. 서문에서 말한 것처럼, 인간 본성에는 두 가지 서로 다른 충동이 존재한다. 다른 사람들과 친밀하게 지내려는 충동과 독립적이고 자주적이 되려는 충동 말이다. 과도기적 대상에 보이는 관심이 바로 독립적이고자 하는 충동의 첫 번째 표시가 아닐까? 왜냐하면 그런 대상들을 사용한다는 것은 아이가 적어도 일시적으로는 엄마에게 매달리지 않고도 지낼 수 있음을 입증하기 때문이다. 그러므로 과도기적 대상의 사용은 혼자 있는 능력과 상상력의 발달 모두와 연결된다.

또한 과도기적 대상의 존재는 사람은 인간관계뿐만 아니라 인간관계 이외의 것에도 끌린다는 서문의 주장을 뒷받침한다. 어린아이가 인격이 없는 대상에 의미를 부여하는 것은 사람이 본래 사랑만을 원하는 건 아니라는 증거다. 어릴 때 과도기적 대상에 부여하던 의미를 나중에 자라서는 과학적 탐구의 대상에, 혹은 외부 세계의 여러 관심사에 부여할 수 있다.

아이들은 나이를 먹으면서 과도기적 대상에 대한 흥미도 점차 잃게 된다. 이때부터 아이들은 놀이를 할 때 어떤 대상을 여러 다른 대상으로 연상하기 시작한다. 아이들의 마음속에서는 빗자루가 말로, 안락의자가 집으로 쉽게 변한다. 이처럼 대상이 필요한 놀이가 좀 더 시간이 지나면 공상으로 대체되는데, 이 단계에서는 공상을 마음대로 펼치는 데 어떤 외부의 대상도 필요치 않다.

인생이 살 가치가 있다고 느끼도록 만드는 것은

프로이트가 놀이와 공상을 연결한 것은 옳았지만, 합리적이 되려면 놀이와 공상을 버려야 한다고 주장한 것은 분명 잘못 되었다. 내가 앞에서 자신에게 창의적 잠재력이 있음을 아는 사람들이 내면 세계와 외부 세계 사이에 끊임없이 다리를 놓는다는 말을 했는데, 그건 예술 작품의 창조나 과학적 이론의 확립만을 뜻하는 것이 아니며 위니콧이 적절하게 칭한 "창의적 통각"에도 해당된다. 창의적 통각은 주관적인 것과 객관적인 것의 연결, 외부 세계를 상상력이라는 따뜻한 색으로 칠하는 것과 연관된다. 위니콧은 이렇게 주장했다.

> 인생이 살 가치가 있다고 느끼도록 만드는 것은 다른 무엇보다 창의적 통각이다.[9]

창의적인 세상에는 예외 없이 놀이의 요소가 있는 듯하다. 이 놀이의 요소가 사라질 때 즐거움도 함께 사라지며, 새로운 것을 만들어낼 수 있다는 느낌 또한 사라진다. 창의적인 사람들은 마치 새로운 것을 창조하는 능력이 그들에게서 사라져버린 것만 같은 절망의 시간을 종종 경험한다. 어떤 대상에 굉장히 중요한 의미를 부여했는데 그것과 노는 일이 이제는 불가능해질 때 그런 기분을 느끼게 된다. 기번의 표현대로 "작가의 허영심"이라는 것 때문에 작가가 자신의 작품을 지나치리만큼 진지하게 대한 나머지, 그것을 가지고 '노는 일'이 불가능해지는 때가 있다. 케쿨레는 위에서 언급했던 유기화합물의 고리형 구조를 발견하게 해준 형상을 설명하면서 이렇게 말했다. "여러분, 꿈꾸는 법을 배웁시다." 그의 말을 이렇게 바꿀 수도 있을 것이다. "여러분, 노는 법을 배웁시다."

자신의 내면 세계만을 강조하면서 외부의 현실을 무시하는 사람이 있다. 사람들은 그런 사람을 미쳤다고 한다. 그런가 하면 위니콧이 지적하듯, 외부의 현실에 지나치게 순종하면서 자신의 내면 세계를 억압하는 사람도 있다. 만일 어떤 사람이 외부 세계를 자신이 주체적으로 뭔가를 성취할 수 있는 곳이 아닌 오직 적응해야 하는 곳으로만 여긴다면, 그의 개인성은 사라지며 삶은 무의미하고 무익해진다.

공상이라는 내면 세계는 생물학적 부분으로 간주되어야 한다. 환경에 아주 잘 적응하고 아무 불만 없이 행복한 사람이라도, 그 내면에서는 상상력이 꿈틀거린다.

Chapter Five

혼자서만 느낄 수 있는 충족감

"자신의 인생을 고독으로 다채롭게 만들지 못하는 사람이라면
지성이라는 능력도 펼쳐 보이지 못할 것이다."
—토마스 드 퀸시(영국의 소설가·평론가)

공상은 모든 인간의 내면 세계에 존재하며 셀 수 없을 만큼 다양한 방식으로 표현된다. 달리기를 하거나 텔레비전으로 축구 경기를 열심히 보는 남자는 뭔가를 창조하거나 생산하지는 않지만 마음속으로는 공상을 마음껏 펼친다. 취미와 관심사로 한 사람의 개성이 아주 명확하게 규정되고 현재의 모습이 만들어질 때가 흔히 있다. 상대가 어떤 사람인지 알려면 그가 무엇에 관심이 있는지 알아야 한다. 단체경기를 할 때처럼 관심을 행동으로 옮기려면 다른 사람들과 상호 작용을 해야 하는 때도 있다. 하지만 대개 관심은 그 사람이 혼자 있을 때 혹은 다른 사람들과의 교류와 상호 작용이 극히 적을 때 나타난다.
　영국에서는 주말이면 강둑과 운하에 낚시꾼들이 줄지어 있는 모습을 볼 수 있다. 그들은 서로 적당히 떨어져 서서 얘기를 거의 나누지 않는다. 혼자 해야만 하는 스포츠도 있는데, 이런 스포츠를 할 때는 신경이 외부로 쏠리지 않아 공상이 아주 활발해진다. 정원 가꾸기도 마찬가지고, 특별히 '창의적'이든 그렇지 않든 기본적인 신체적 욕구가 충족된 사람들이 여가시간에 관심을 갖고 하는 여러 활동도 그렇다. 모든 사람은 인간관계뿐 아니라 관심사도 필요로 한다. 관심사도 인간관계 못지않게 개인의 정체성을 규정하고 삶에 의미를 주는 데 중요한 역할을 한다.

인간의 삶

인간의 삶은 친밀한 애착을 중심으로 전개된다는 보울비의 설명이나 특정한 관계가 삶에 가장 큰 의미를 부여한다는 피터 매리스(Peter Marris)의 주장에는, 관심사가 삶에서 아주 중요한 역할을 한다는 사실 그리고 많은 사람들이 삶을 의미 있게 해주는 조직, 종교, 철학 혹은 이데올로기를 필요로 한다는 사실에 대한 고려가 없다. 「치료의 개념The Concept of Cure」이라는 글에서 나는 정신분석을 할 때 신경증 환자의 회복을 앞당길 수 있는 두 가지 중요한 요소가 있다고 주장했다.

첫 번째 요소는 환자가 자신의 문제를 이해하기 위한 사고체계를 갖추는 것이며, 두 번째 요소는 환자가 다른 사람과 유익한 관계를 맺는 것이다.[1]

두 가지 요소 모두 우리 삶의 일부이지만, 성향에 따라 어떤 사람들은 주로 인간관계에서 삶의 의미를 발견하려 하며 또 다른 사람들은 흥미, 믿음, 사고의 형태에서 삶의 의미를 발견하려 한다.

창조의 재능이 있는 사람에게는 인간관계가 아무리 중요해도, 인간관계보다 그가 노력을 쏟는 특별한 분야가 훨씬 더 중요할 때가 많다. 그의 삶에 의미를 주는 것은 인간관계보다는 일이다. 그가 자신의 일에서 성공을 거두면 사람들은 이 평가에 동의한다. 사람들은 뛰어난 독창성을 보이는 예술가들의 사생활에 흥미를 보이면서도 그들의 인간관계보다는 창작물을 훨씬 더 중요하게 생각한다. 그들이 배우자나 연인, 친구들을 모질게 대할 때, 우리는 보통 사람들보다 더 너그럽게 그들을 보는 경향이 있다. 바그너는 부도덕하기로 악명 높았다. 하지만 그의 성이나 돈과 관련된 악행은 위대하고 독창적인 작품 앞에서 무색해진다. 스웨덴의 소설가이자 극작가 요한 아우구스트 스트린드베리(Johan August Strindberg) 역시 세 아내와 수많은 옛 친구들에게 끔찍할 정도로 악랄하게 행동했다. 하지만 〈아버지〉나 〈율리에 아가씨〉 같은 희곡에서 그가 호전성과 여성에 대한 증오심을 얼마나 탁월하게 묘사했는지를 알게 되면 작가의 개인적인 성향은 그만 잊고 싶어진다.

정신분석 전문의들은 친밀한 관계를 맺기 어려워하는 이들의 얘기를 듣는 사람들이다. 그런 점에서 20세기의 가장 뛰어난 두 정신분석의가 쓴 자서전에 아내와 가족 얘기가 거의 나와 있지 않다는 것은 의외다. 그들은 책에서 각자의 견해를 제시할 뿐 다른 내용은 거의 싣지 않았다. 프로이트의 『나의 이력서』와 융의 『기억, 꿈, 사상』을 보면, 저자가 다른 사람들과 어떤 관계를 맺었는지에 대해 별다른 정보를 얻을 수가 없다. 그들의 선택을 이해하고 사생활을 지키고 싶다는 바람에 공감하긴 하지만, 자신에 대해 별 얘기를 안 한다는 사실이 그들의 마음이 어디에 집중되어 있는지를 증명한다고 해도 틀린 말은 아닐 것이다.

사실 창의적인 사람 중 다수가 성숙한 인간관계를 맺지 못하며 때로는 지나치리만치 고립되어 지낸다. 그런데 창의력이 잠재되어 있는 사람은 어느 정도 고립되어 지낼 때, 어린 시절의 분리나 사별로 생긴 외상이 동력이 되어 창작의 방향으로 개인성이 발달하기도 한다. 그렇기 때문에 고독하고 창의적인 일을 하는 것 자체를 병적이라고 봐서는 안 된다. 아주 만족스러운 인간관계를 맺고 있는 사람들이라 해도 뭔가를 성취하려면 인간관계 이상의 것이 필요하다.

상상력의 발달 덕에 인간은 자기 계발의 주요한 수단, 자아실현으로 가는 중요한 과정으로 인간관계뿐만 아니라 인간관계 이외의 것까지 활용할 수 있게 되었다. 사실 모든 사람에게는 잠재력이 있다. 다만 그 잠재력이 배아 형태로 존재하고 있을 뿐이다.

개인 이전의 시대

자기 계발이 중요한 일이라는 개념은 인간 역사에서 비교적 최근에 나타났다. 그리고 예술이 자기표현의 수단이라거나 자기 계발이라는 목적에 기여할 수 있다는 개념은 그보다도 훨씬 나중에 등장했다. 역사가 시작되었을 때 예술은 확실히 기능 위주였다. 그것도 예술가 개인이 아닌 공동체를 위한 것이었다. 구석기 시대 예술가가 동굴 벽에 동물을 그리고 색칠을 했던 것은, 세상을 바라보는 그의 시선이 담긴 예술작품을 만들기 위해서가 아니라 마법을 걸기 위해서였다. 미술사가 제르맹 바쟁(Germain Bazin)은 이렇게 말한다.

원시시대 예술가는 그림으로 마력과 주문의 힘을 발휘하는 마법사였다.

바쟁은 고대 인류가 제물을 풍족하게 얻기 위해서, 제물을 덫으로 유인하기 위해서, 목적을 이루기 위한 힘을 얻기 위해서 자연물을 그리고 조각했다고 설명한다.[2] 시인이면서 예술 비평으로도 유명했던 허버트 리드(Herbert Read) 역시 동굴 벽화가 "마력이 발휘될 대상을 '알고자 하는' 소망"을 표현한 것이라고 말한다.[3]

그리는 행위는 화가의 지각을 예민하게 한다. 이 개념은 예술 평론가 존 러스킨(John Ruskin)이 열렬히 주장했는데, 그는 예술가가 외부 세계를 형태와 색으로 표현하려고 노력할 때 비로소 그 외부 세계를 이해하는 법을 배울 수 있다고 생각했다. 예를 들어 고대인이 제물로 쓸 동물을 정확하게 그렸다면, 그만큼 자신이 그리고 있는 동물을 잘 '알았다'는 뜻이다. 그리고 잘 알수록 사냥에 성공할 가능성도 높아졌다.

바쟁의 주장처럼, 대상에 이름을 붙이는 것이 첫 번째 창조적 행동이라면 그 대상을 그리는 것은 두 번째 창조적 행동이다. 그림을 그리는 것은 관념을 형성하는 것과 비슷하다. 그림을 그리는 동안 화가는 처음 관심을 가졌던 대상을 여러 가지 형상들로 표현해보고 그러면서 대상을 지배한다는 의식을 갖는다. 이집트의 조각가들이 죽은 사람의 상을 만든 이유도 형상의 힘을 믿었기 때문일 것이다. 그 형상이 사후의 삶을 이어가게 한다고 믿었던 것이다. 바쟁은 나일 계곡에서 조각가는 '영원히 살아 있도록 하는 자'로 알려졌다고 말한다.[4]

오늘날 여러 문화의 예술을 연구하는 인류학자들은 예술이 사회적인 특징을 띤다고 설명한다. 그중 뉴질랜드의 민족학자 레이먼드 퍼스((Ramond Pirth)의 이야기는 흥미롭다.

> 원시시대 예술가와 대중은 본질적으로 같은 가치를 공유한다. ……
> 서구 사회의 일반적인 경우와 달리 원시시대 예술가는 대중과 분리되지 않는다.[5]

대부분의 산업화 이전 사회에서는 엄밀한 의미로 '예술'을 뜻하는 단어가 존재하지 않았던 것 같다. 물론 노래나 조각같이 특정한 예술 활동을 뜻하는 단어들이 있기는 했다. 서구문명이 발달하면서 형상이 마력을 지닌다는 믿음은 점차 희미해졌지만, 그림과 조각은 여전히 개인의 이익보다 공동체의 이익을 위해 이용되었다. 예술가는 독창성을 발휘하는 사람이 아니라 고객의 주문을 처리하는 장인이었다. 그들의 주된 임무는 문맹이 대부분인 숭배자들에게 기독교의 교리를 알리는 것이었다. 그러기 위해 교회 벽에 그리스도와 성자들의 삶을 벽화로 그렸다. 중세의 예술가는 사회의 하층계급으로 구성되었다. 그림과 조각에 육체노동이 필요했기 때문에 시각예술은 문학이나 이론과학보다 열등한 것으로 취급되었다. AD 13세기 중반 무렵이 되어서야 화가 개개인의 이름이 기록되기 시작했다.

또한, 화가가 특별한 사람의 초상화를 그릴 때는 대상의 개성보다 사회적 지위나 직책을 더 중요하게 표현했다. 중세사학자 콜린 모리스(Colin Morris)는 이렇게 말한다.

> 1200년 이전의 초상화를 우리가 생각하는 의미에서 개인에 대한 그림이라고는 확신할 수 없음을 인정해야 한다.[6]

스위스의 예술사학자 야코프 부르크하르트(Jacob Burckhardt)는 유럽에서 처음 개성을 의식한 곳은 이탈리아라고 주장한다.

> 중세에 인간 의식의 양면—겉으로 드러난 의식의 면과 속에 감춰진 의식의 면—은 꿈을 꾸고 있거나 반쯤 깬 채 공통의 베일 아래 있었다. 베일은 신앙, 착각, 유치한 편견으로 짜여 있어서 그 베일을 통해 볼 때 세상과 역사는 이상한 색의 옷을 입은 것처럼 보였다.

인간은 자신을 종족, 국민, 단체, 가족, 조합의 일원으로만, 그러니까 어떤 포괄적인 범주 안에서만 인식했다. 이탈리아에서 처음으로 이 베일이 흔적도 없이 사라졌다. 국가와 이 세상 만물을 '객관적'으로 대하는 것이 가능해졌다. 동시에 '주관적인' 면도 똑같이 중요하게 강조되었다. 인간은 영적인 개인이 되었고 스스로를 그렇게 인식했다.[7]

유명한 사람을 사실적으로 그리는 초상화라는 예술이 크게 발달하다가 점차 자화상이 유행하기 시작했다. 미술교육학자 피터 앱스(Peter Abbs)가 그의 논문 〈서구 문화에서 자서전의 발달The Development of Autobiography in Western Culture〉에서 지적하듯, 르네상스 시대 예술가는 의뢰받은 그림을 그릴 때 그림 속 인물들 속에 화가 자신도 넣거나 성자나 성스러운 인물들을 그릴 때 그중 하나는 자신을 모델로 삼았다. 하지만 자기 탐구의 수단 혹은 내면을 있는 그대로 대담하게 묘사하는 수단으로서 자화상은 15세기 후반에 그리기 시작했고 17세기 렘브란트의 수많은 자화상에서 절정에 이르렀다.

음악 역시 공동체의 목적에 기여하는 것으로 시작되었다. 저명한 진화생물학자 에드워드 윌슨(Edward Wilson)은 새가 울음소리로 다른 새들에게 자신에 대한 정보를 전하는 것처럼 인간의 음악 역시 원래는 여러 부족을 결합하는 역할을 했다고 주장한다. "노래와 춤은 집단 구성원들을 하나로 모으고, 사람들의 정서를 이끌고, 협동하게 하는 역할을 한다."[8] 레이먼드 퍼스는 여러 공동체를 연구한 결과를 다음과 같이 설명한다.

> 일반적으로, 음악이라 해도 듣고 즐길 목적으로만 만드는 것은 아니다. 장례식 때 연주하는 만가, 춤의 반주, 사랑하는 사람에게 부르는 세레나데처럼 여러 용도가 있다.9)

여기에 리듬이 근육 활동을 조화롭게 하고 육체노동의 고통을 줄여주고 피로를 풀어준다는 말을 덧붙였을 수도 있다. 서구 음악은 교회의 유산이다. 여러 세기에 걸쳐 도시와 마을마다 교회가 만남의 중심 장소였다. 여기에서 음악은 예배 과정의 한 부분으로서 사람들의 정서를 환기하는 역할을 했다.

산업화 이전 사회들에서는 한 사람을 개별 실체로 인식하는 법이 거의 없었다. 나이지리아 정신과 의사에게 들은 얘기인데, 나이지리아 시골 마을에 처음 정신병원이 생겼을 때만 해도 환자가 올 때마다 가족이 항상 따라와서는 의사 면담 시간에도 옆에 있겠노라고 고집했다고 한다. 전통적인 시골 마을 사람들은 환자가 가족과 분리된 개인이라는 생각, 환자에게 다른 사람에게 들려주고 싶지 않은 개인적인 문제가 있을 수도 있다는 생각을 하지 못했던 것이다. 저서 『사회 인류학Social Anthropology』에서 문명비평가 에드먼드 리치(Edmund Leach)는 이렇게 언급한다.

> 개인주의라는 특성은 현대 서구 사회에서는 아주 중요하지만, 사회 인류학자들이 연구하는 사회 대부분에서는 확실히 결여되어 있

다.10)

개인의 탄생

개인주의의 발달, 그에 따른 예술가에 대한 현대적 관념의 발달은 종교 개혁으로 촉진되었다. 루터는 부와 사치를 비난한 금욕주의자이면서 동시에 개인의 양심의 우위를 역설한 개인주의자였다. 16세기까지 인간의 제도와 행동의 궁극적인 기준은 종교에 따라 정해졌을 뿐만 아니라 일반적인 가톨릭교회에서 공표하기도 했다. 『종교와 자본주의의 발흥Religion and the Rise of Capitalism』에서 리처드 H. 토니(Richard H. Tawney)는 사람들이 시시때때로 개인의 탐욕과 야망을 드러낸다 해도 행동 '수칙'에 대해 일반적으로 합의된 개념은 엄연히 존재했다고 하는데, 이는 설득력 있는 주장이다. 중세에는 가난의 경감을 의무로 여겼고 개인의 재산 축적을 영혼의 타락으로 여겼다. 때문에 누구든 법의 테두리만 넘지 않는다면 얼마든지 부를 추구할 수 있다는 의식이 자리 잡지 못했다.

종교 개혁으로 인해 칼뱅주의가 성장하고 프로테스탄트 윤리가 확립되었다. 그로부터 오래 지나지 않아 가난은 게으름이나 무책임에 대한 벌로, 부의 축적은 근면과 절약이라는 미덕에 대한 보상으로 인식되었다.

이후에 프랑스 사회학자 에밀 뒤르켐은 개인주의의 성장이 노동 분화와도 관련된다고 지적했다. 사회의 규모가 커지고 복잡해질수록 직업이 전문화하면서 개인이 더 뚜렷이 구별되었다. 도시가 성장하면서 사회적 관계는 더 느슨하고 덜 친밀해졌다. 그리고 사람들은 소규모 사회의 특징이라 할 수 있는 친밀한 관계에서 해방되면서 자유를 얻은 반면 '아노미', 그러니까 어떤 전통적 규범에도 더 이상 속하지 않는 데서 생기는 괴리감을 느껴야 했다.

앞에서 언급했던 논문에서 앱스는 『옥스퍼드 영어 사전Oxford English Dictionary』에 따르면 1674년이 되어서야 '자기self'라는 단어가 '연속적이고 다양한 의식을 지닌 영속적인 주체'라는 현재의 의미를 띠었다고 설명한다. 그러면서 비슷한 시기에 이 단어와 다른 단어가 합해져 형성된 복합어들을 나열한다.

> 자급자족할 수 있는(Self-sufficient), 자기인식(self-knowledge), 자수성가한(self-made), 이기적인 사람(self-seeker), 이기적인(selfish), 자기성찰(self-examination), 자기중심(selfhood), 이기주의(self-interest), 자각하고 있는(self-knowing), 자기기만(self-deception), 자기결정(self-determination), 자의식의(self-conscious).[11]

앱스는 또한 '개인의individual'라는 단어가 원래 '분할할 수 없는indivisible'을 의미했으며, 예를 들어 '삼위일체'나 '부부'처럼 나뉠 수 없다는 뜻으로 쓰였다고도 말한다.

'개인의'라는 단어의 의미가 '분리될 수 없고 집합적인'에서 '나누어지고 구별되는'으로 점차 변하면서 '자의식'도 역사적으로 발달했다. 이런 의미 변화는 개인을 그의 세계와 분리해 자의식적인 존재로 만드는 복합적이고 역학적인 변화, 즉 르네상스 시기 동안 세상과 무의식적으로 융합되어 있다는 느낌에서 개체를 의식하는 상태로 옮겨가는 감각 구조의 변화를 나타낸다.[12]

지금까지 살펴본 것처럼 화가든 조각가든 음악가든 소설가든, 예술가의 역할이 통념을 표현함으로써 공동체에 기여하는 것이었던 사회에서 예술가의 재주는 평가를 받았지만 개성은 그렇지 못했다. 그러나 오늘날 사람들은 예술가에게 독창성을 보여주기를, 그리고 예술가가 창조하는 작품에 그만의 확실한 자취가 있기를 바란다. 진짜 티치아노의 작품을 보면서 감탄하다가도, 어떤 미술사학자가 그것은 복제품에 불과하다고 하면 아무리 아름답다고 해도 본체만체 한다. 예술은 곧 개인의 표현이 되었고, 예술가에게 작품은 자아실현을 추구하는 수단이 되었다.

자서전은 원래 참회에서 시작되었다. 성 아우구스티누스의 『고백록』이 그 원형이다. '자서전'이라는 단어가 쓰인 것은 훨씬 나중이 되어서였다. 『옥스퍼드 영어 사전』에 이 단어가 처음 실렸을 때 그 용례로 로버트 사우디(Robert Southey)가 1809년에 쓴 글이 인용되었다. 처음에는 자서전이라는 단어가 한 인물과 신의 관계에 대한 이야기였지만, 몇 세기를 지나면서 자서전은 정신분석과 비슷한 작업으로 변했다. 자서전 작가는 어린 시절 생활환경이 어땠으며 어떤 과정을 통해 성격이 형성되었고 어떤 관계에 가장 큰 영향을 받았으며 어떤 동기로 활동을 했는지를 책 속에서 이야기했다. 그러니까 자서전 작가는 책 속에서 자신의 삶을 처음부터 끝까지 이야기했고, 아마도 그 과정에서 삶의 의미를 발견하기를 바랐을 것이다.

오늘날의 정신분석의도 그런 식으로 환자의 인생 이야기를 일관되게 이해하려 한다. 이것은 치료에서 중요한 부분이다. 정신분석을 한다고 해서 반드시 신경증을 없애거나 성격의 기본구조를 바꿀 수 있는 것은 아니지만, 개인 삶의 혼란스러운 면을 듣고 이해해주려고 하는 작업 자체만으로도 사람들은 마음을 열려고 한다.

개인의 자아와 집단 자아

원시 사회에서는 개인적인 의견이나 다양한 견해가 좀처럼 고려되지 않았다. 집단 연대 유지를 가장 중요하게 여기는 집단에서는 독창성이 질식당할 수 있다. 브루노 베텔하임(Bruno Bettelheim)은 키부츠(이스라엘의 생활공동체)에서 자란 이스라엘의 청소년들을 연구했고, 집단 감정의 공유에 높은 가치를 두는 환경이 창의성을 해친다는 결과를 얻었다.

그곳에서는 집단의 견해와 다른 지극히 개인적인 견해를 갖거나 창의적인 글로 자신을 표현하는 것이 불가능에 가까웠던 듯한데, 왜냐면 그런 환경에서는 감정만 억압당하는 것이 아니라 자아가 파괴되기 때문이다. 개인의 자아가 곧 집단 자아일 때, 개인의 자아를 집단 자아와 구별하는 것은 충격적인 경험이다. 개인의 자아는 너무 허약하게 느껴져서 강력한 집단 자아가 사라지면 존재할 수가 없다.[13]

옛 소련에서 유행한 육아 안내서를 보면, 어린아이는 어른 말에 순종해야 하며 순종은 "가장 귀중한 자질인 자제력을 기르는 기초가 된다"고 강조한다. 저자는 계속해서 이렇게 묻는다.

그렇다면 아이들의 독립심을 계발하는 문제는 어떤가? 우리는 이렇게 대답할 것이다. 아이가 순종하지 않고 다른 사람들을 고려하지 않는다면, 그의 독립심은 언제나 흉한 모습을 띨 것이다.[14]

옛 소련 아이들은 대체로 서구의 또래 아이들보다 더 얌전하게 행동하고, 덜 공격적이며, 부지런하다는 보고가 있다. 그 아이들이 독창성이 부족한지 어떤지는 내가 대답할 수 없는 문제다. 하지만 과거 소련의 화가들과 음악가들이 집단기준에 순응하던 방식으로 판단해보면, 집단의식을 기초로 하는 사회에서 독창성이 존중받거나 장려되지는 않을 것 같다.

필요 이상의 불행

타인과의 친밀한 애착을 중심으로 삶이 전개된다는 보울비의 주장에 아주 창의적인 사람들만 진심으로 동의하지 않는 것은 아닙니다. 종교적인 사람들, 특히 직업 때문에 독신으로 살아야 하는 사람들도 인간에 대한 애착보다는 신에 대한 애착을 더 중요하게 여긴다. 그런 사람들이 이웃을 내 몸처럼 사랑한다고 해도, "네 마음을 다하고 목숨을 다하고 뜻을 다하여 주 너의 하나님을 사랑하라"라는 계명이 진실로 "크고 첫째 되는 계명"이다.[15] 유럽의 역사 대부분을 아우르는 기록을 보더라도, 궁극적인 행복은 인간관계와 제도가 아니라 신과의 관계에서 비로소 찾을 수 있다고 나와 있다.

실제로 신앙심이 깊은 사람들 중 다수가 인간관계는 신과의 교류에 장애가 된다고 믿었다. 수도원 운동의 창시자들은 이집트 사막에서 은둔생활을 하는 자들이었으며, 완벽이라는 그들의 이상은 속세의 거부, 금욕과 고행, 명상과 엄격한 계율의 고독한 삶을 통해 도달할 수 있는 것이었다. 누구나 은둔자의 삶을 살 수 있는 건 아니라는 사실을 사람들은 아주 일찍부터 깨달았다. 그래서 수도원의 전통이 생겼으며, 거기에서 수도사들은 이제 혼자 지내는 것이 아니라 공동체를 이루면서 하나님을 향한 헌신의 삶을 살았다. 수도원의 벽 안에서 지내는 수도사들도 친밀한 애착과 친밀한 애착에 대한 바람을 아주 모르지는 않았다. 하지만 이런 감정은 모두 마음을 어지럽히는 것이라 여기고 단호하게 물리쳤다.

수도원 생활에 학습이 꼭 필요한 것은 아니었지만, 수도원의 도서관에서는 과거의 학습 분위기가 그대로 유지되었기 때문에 그곳으로 학문에 흥미를 가진 수도사들이 모여들었다. 12세기와 13세기에 수도사들은 지성의 부활을 일으켰고 역사와 전기문학에서 두각을 나타냈다.16) 아마도 수도원의 계율과 친밀한 인간관계가 없는 분위기 때문에 수도사들은 신과의 관계에 몰두했을 뿐만 아니라 학문에서도 발전을 이루었던 것 같다.

다른 사람들과의 관계보다 신과의 관계를 더 중요하게 여긴다고 해서 그런 사람들이 이상하다거나 신경증이 있다고 생각한다면 완전히 잘못이다. 인간관계에 실패했기 때문에, 책임을 지기 싫기 때문에, 혹은 세상으로부터 안전한 천국을 원하기 때문에 등등 '잘못된 이유' 때문에 수도원의 삶이나 금욕적인 삶을 선택하는 사람들도 분명 일부 있기는 하다. 하지만 모든 사람이 그런 것은 아니다. 그리고 설령 그렇다고 해도, 타인과의 친밀한 애착을 중요하지 않게 여기는 사람의 삶이 꼭 불완전하거나 열등한 것은 아니다.

종교적인 사람들은 정신분석 전문의들이 친밀한 애착을 이상화했다고 주장할지 모른다. 또한 인간의 본성 때문에 인간관계는 필연적으로 불완전할 수밖에 없는데도, 인간관계에서 완전한 충족감을 찾도록 사람들을 부추기면, 이득보다 해악이 더 크다고 주장할지도 모른다. 내가 서문에서 말했듯, 오늘날 현대 사회에서 이혼이 증가하는 이유는 결혼을 하면서 기독교의 규범을 따르는 사람들의 숫자가 줄었기 때문만이 아니라 '딱 맞는' 사람과 이상적인 관계를 맺을 수 있을 것이라는 기대 때문이기도 하다.

 죽을 때까지 변함없이 친밀한 관계를 맺고 그런 관계에서 행복을 느끼는 운 좋은 사람들도 많이 있다. 하지만 아주 친밀한 관계라 해도 분명 결점과 약점이 있게 마련이며, 사람들이 그런 사실을 받아들이지 않기 때문에 필요 이상으로 불행해하고 서로를 포기하려 하는 것이다. 어떤 관계도 완벽할 수 없다는 사실을 받아들인다면, 사람들이 인간관계가 아닌 다른 영역에서 충족감을 얻으려 하는 이유가 쉽게 이해된다. 이미 보았듯, 창조 활동을 하는 사람들은 고립되어 살면서 자아실현과 자기 계발, 혹은 삶을 관통하는 일관된 형태를 찾는 것에 관심을 기울인다. 이런 창조 활동이 개인의 삶에서 어느 정도로 우선하느냐는 그 사람의 개성과 재능에 따라 달라진다. 누구에게나 어느 정도의 인간관계가 필요하다. 하지만 동시에 혼자서만 느낄 수 있는 충족감도 필요하다. 주변에 친구와 지인이 있고 또 자신에게 중요한 일에 열정적으로 몰입할 수 있다면, 그 사람은 주변 사람들과 아주 친밀한 관계를 맺지 않는다 해도 행복할 것이다.

Chapter Six

절실하게 그립지만 절박하게 두려운

"외향성과 내향성은 명확하게 상반되는 두 가지의 선천적 태도나 성향이며
괴테는 이를 팽창과 수축으로 표현하기도 했다."
-칼 구스타프 융

대부분의 정신과 의사와 심리학자는 인간의 기질이 저마다 다르며, 어릴 적 환경과 살아가면서 겪는 일들로 억압되거나 조장되기도 하지만, 기질의 차이는 대개 타고나는 것이라는 데 동의한다. 고독에 대한 개인의 반응을 놓고 보면 특히 그렇다. 잠을 자는 동안에는 누구나 혼자다. 하지만 깨어 있을 때 인간관계를 비롯한 경험을 얼마나 가치 있게 여기는지 또 혼자일 때 일어나는 일을 얼마나 가치 있게 여기는지는 사람에 따라 전혀 다르다.

융은 1921년에 처음 출간된 『심리학적 유형』에서 '외향성'과 '내향성'이라는 용어를 소개했다. 1913년에 프로이트와 절교한 이후 융은 오랜 동안 정신적으로 큰 변화를 겪었는데, 그 변화가 너무도 강렬해서 스스로가 "정신병에 위협당한다"고 할 정도였다.[1] 이 일에 대해서는 그의 자서전에 자세하게 기록되어 있다. 그러고 나서 8년 동안 융은 책을 거의 출간하지 않았는데, 이성이 제대로 기능하지 못할 정도로 연이어 나타나는 환영, 꿈, 공상을 기록하고 해석하는 데 몰두했기 때문이다. 하지만 이런 혼란을 겪으면서 융은 자신만의 독특한 견해를 형성할 수 있었다. 그 첫 번째 결실이 『심리학적 유형』이었다.

주체와 객체

융은 지그문트 프로이트와 알프레트 아들러(Alfred Adler)가 제시한 인간 본성에 대한 새로운 해석을 이해하려고 노력하면서 유형 문제에 관심을 갖게 되었다고 말한다. 이 두 정신분석 전문의는 같은 심리 요소의 기원과 의미에 대해 어떻게 그처럼 서로 다른 설명을 할 수 있는가? 융은 특정한 사례를 놓고 전개되는 두 사람의 견해 차이를 다음과 같이 설명한다.

아무 편견 없이 두 이론을 검토한다면, 두 이론 모두에 중요한 진실이 있다는 사실을 부인할 수 없다. 그러니 두 이론이 다르다고 해서 서로 모순된다고 간주해서는 안 된다. …… 두 이론이 대체로 옳기 때문에, 다시 말해 두 이론 모두 신경증의 요소를 설명하기 때문에, 신경증에는 두 가지 상반되는 면이 있으며 그중 하나는 프로이트의 이론으로 또 하나는 아들러의 이론으로 설명할 수 있다고 이해해야 한다. 한 사람의 연구자가 한 면밖에 볼 수 없다면, 자신의 견해만이 타당하다고 주장할 이유가 없지 않겠는가?[2]

두 연구자가 주체와 객체의 관계를 생각하는 방식에서 기본적인 차이가 있다고 융은 결론지었다. 융의 견해에 따르면, 프로이트는 주체가 의미 있는 객체, 정확히 말하면 부모를 비롯해 어린 시절에 중요한 영향을 주는 사람들에게 의존하고 대체로 그에 따라 성향이 결정되는 것으로 보았다. 그러므로 환자가 대상관계에서 겪는 어려움은 태어나서 몇 년 동안 형성된 행동 형태 때문이다.

그런가 하면 아들러는 주체를 중요한 객체들의 과도한 영향에 맞서 스스로를 보호해야 하는 존재로 본다고 융은 말한다.

> 아들러는 억압받고 열등하다고 느끼는 주체가 '저항', '조정', 그리고 부모나 선생, 규칙, 권위, 상황, 제도 등에 대등하게 맞설 수 있는 적합한 장치들을 통해 실체가 없는 우월성을 확보하기 위해 노력한다고 생각한다. 성 역시 이 장치에 속한다. 아들러의 견해에서는 주체가 지나치게 강조되며, 이때 객체의 특징과 중요성은 완전히 사라진다.[3]

융은 또 이렇게도 말한다.

> 분명히 두 연구자 모두 주체와 객체를 관련지어 생각한다. 하지만 그 관계의 형태는 전혀 다르다! 아들러는 객체가 무엇이든 자신의 안전과 우위를 찾으려 하는 주체를 강조하는 반면, 프로이트는 주체의 쾌락 욕구를 촉진하거나 방해하는 특징을 띠는 객체를 전적으로 강조한다.[4]

외향성과 내향성

프로이트와 아들러를 이렇게까지 범주화하는 것에 반대 의견이 분명 있을 것이다. 그렇지만 융은 프로이트의 태도에 대해 주체가 객체를 찾고 객체를 향해 움직이는 것으로 인식하는 외향적 태도라고 명확하게 설명한다. 반면 아들러는 주체가 자율과 독립을 확립할 필요가 있고 따라서 주체는 객체에게서 멀어진다고 생각하는 내향적 태도를 취한다.

융은 외향성과 내향성을 사람이 태어날 때부터 작동하는 기질 요소며 그 정도는 다르다 해도 모든 사람에게 존재하는 것으로 설명했다. 당연한 얘기지만, 두 가지 태도가 균형 있게 나타나는 것이 이상적이나 실제로는 내향적 태도 혹은 외향적 태도가 두드러지게 나타난다.

융의 견해에 따르면, 신경증은 외향성 혹은 내향성이 과해질 때 생긴다. 외향성이 과도해지면 개인은 다른 사람들과 사건들의 압박에 정체성을 잃고 만다. 내향성이 과도하면 개인은 외부의 실체와 접촉하지 못하고 자신에게만 열중할 위험이 있다.

이런 식으로 어느 한쪽의 성향이 두드러지게 나타날 때, 그 개인의 일방적인 태도를 보상하려는 무의식적인 과정이 작동한다. 이와 관련된 융의 설명을 더 자세히 알아볼 필요까지는 없다. 대신 자기조절체계로서의 '정신 구조'에 대한 융의 견해를 뒤에서 다시 언급할 것이다. 이것이 개별 실체인 개인의 내적 계발과 상당히 깊은 관계가 있고 따라서 이 책의 중심 주제와도 연관되기 때문이다.

추상과 감정 이입

다른 연구자들도 개인성의 여러 특성들을 강조하면서 나름의 구분 방식을 제시하지만 그 역시 외향성과 내향성이라는 구분과 밀접하게 관련되어 있다.

독일의 미술사가 빌헬름 보링거(Wilhelm Worringer)는 1906년에 그의 유명한 논문집 〈추상과 감정 이입〉을 썼다. 〈추상과 감정 이입〉이 원래는 『심리학적 유형』 내 한 장의 주제였지만 그 자체로도 읽을 만한 가치가 충분히 있다. 보링거는 현대 미학이 감상하는 주체의 태도에 바탕을 두고 있다며 다음과 같이 설명했다.

> 미학적 즐거움을 향유하는 것은 대상화된 자신의 모습을 즐기는 것이다. 미학적으로 즐긴다는 말은 자신을 그 자신과 별개의 감각적인 대상으로 즐기는 것, 대상에 자신의 감정을 이입하는 것을 의미한다.[5]

하지만 보링거는 감정 이입이라는 개념이 미술사에 적용된 것이 오래된 일은 아니며 모든 종류의 예술에 적용되는 것도 아니라는 사실을 분명히 했다.

감정 이입에 대한 아르키메데스적 기준점은 인간의 예술 감각의 한쪽 극에 있다. 이것이 반대 극에서 나온 선들과 결합할 때 비로소 포괄적인 미학체계의 형태가 갖춰진다.

우리는 이 반대쪽 극을 인간의 감정 이입에 대한 충동에서 비롯된 미학이 아니라 추상에 대한 충동에서 비롯된 미학이라고 간주한다. 감정 이입에 대한 충동을 미학적 경험의 전제로 삼으면 유기체의 아름다움에서 만족을 얻을 수 있듯, 추상에 대한 충동은 생명을 부인하는 무기체, 결정체, 또는 추상법과 필연성 전반에서 아름다움을 찾는다.6)

보링거는 추상이 불안에서 비롯된다고 생각했다. 예측할 수 없는 자연의 힘에 스스로가 지배된다고 느끼는 세계 속에서 인간이 질서와 규칙을 만들어내려고 노력하면서 추상이 생긴다는 것이다. 감정 이입과 추상이라는 양극 중 하나는 자연에 대한 믿음이고 또 하나는 자연에 대한 두려움이다. 보링거는 감정 이입이 지나치면 '자신을 잃어버리게' 된다는 사실을 깨달았다. 앞에서 과도한 외향성을 설명할 때 그 위험성을 이미 언급한 바 있다. 이와 다른 한편에서는 기하학적인 형태를 이용해 자연에 존재하지 않는 추상적인 규칙을 표현한다. 보링거는 원시인에 대해 이렇게 말했다.

그는 반드시 필요하고 논쟁의 여지가 없는 기하학적인 추상에서 위안을 찾았다. 추상은 감상하는 주체 자신뿐만 아니라 외부 세계 사물에 대한 모든 의존성이 제거된 것처럼 보였다. 그것이야말로 인간이 생각하고 도달할 수 있는 단 하나의 절대적 형태였다.[7]

따라서 추상은 잠재적으로 위험한 대상으로부터의 분리, 안전, 개인의 완전함과 힘에 대한 인식과 관련되어 있다. 추상은 또한 과학자가 자연과의 만남에서 경험하는 일종의 만족감이다. 과학자가 가설을 근거로 사건을 예측하는 새로운 법칙을 만들어내는 것은 규칙을 인지하고 자신이 연구하는 현상으로부터 자신과 자신의 주관적 느낌을 분리하는 능력에서 시작된다. 그러므로 추상은 자기 보호, 객체로부터 거리를 두려는 아들러의 내향적 태도, 독립, 그리고 더 나아가 통제와도 관련되어 있다.

분산형 사고와 집중형 사고

이 두 가지 태도, 즉 인간 본성의 양극은 인간의 성향을 분산형과 집중형으로 구분한 심리학자 리암 허드슨(Liam Hudson)의 이론에서도 나타난다. 허드슨은 독창적인 학생들이 예술과 과학 중 어느 쪽을 선호하는지 조사했다. 그 결과는 사람들이 과학자와 예술가를 구별하면서 열거하는 성격 특징들과 어느 정도 관련이 있었다.

집중형 사고를 하는 사람들은 주로 '딱딱한' 과학이나 고전을 전공하며 질문 하나에 단 하나의 정답이 있는 전통적인 지능검사에서 좋은 점수를 얻는다. 그들은 다양한 대답이 가능한 자유 해답식 시험에는 익숙하지 않다. 집중형 사고를 하는 사람들은 여가 시간이면 기계나 전문지식과 관련된 취미에 몰두하면서 다른 사람들의 삶에는 별 흥미를 보이지 않는다. 그들은 권위에 얽매이고 감정을 억제하며 꿈에 대해 생각하는 법이 거의 없다.

반대로 분산형 사고를 하는 사람들은 좋아하는 과목으로 예술이나 생물학을 선택한다. 그들은 전통적인 지능검사에 익숙하지 않고 창의적인 공상이 필요한 자유 해답식 시험에 더 능숙하다. 그리고 여가 시간에는 무생물보다는 사람들과 어울린다. 권위에 얽매이지 않고 감정을 억제하지 않으며 꿈에 대해 자주 생각한다.

오늘날에는 심리학 교재에 정의된 개념 그대로의 외향성과 내향성을 측정하기 위해 정교하게 구성된 시험 방식이 사용되는데, 사람들의 짐작과는 달리 외향성과 분산형, 그리고 내향성과 집중형에 밀접한 유사성이 반드시 존재하는 것은 아니라는 결과가 나와 있다. 그런데 여기에는 눈여겨볼 만한 중요한 사실이 하나 있다. 바로 주체와 객체의 관계다. 외향적인 사람들처럼 분산형 사람들 역시 다른 사람들에게 쉽게 공감하고 마음을 여는 경향이 있다. 그런가 하면 내향적인 사람들과 마찬가지로 집중형 사람들 역시 다른 사람들과 거리를 두며 사람보다는 무생물이나 추상적인 개념을 상대할 때 더 편안해한다.

이것은 양극단의 일반화다. 실제로 완전히 집중형이거나 완전히 분산형인 사람은 없다. 하지만 이런 태도는 어린 시절에 두드러지게 나타나 계속 이어진다.

형태 관심형과 이야기 관심형

방금 설명한 것과 유사한 이분법은 미국의 심리학자 하워드 가드너(Howard Gardner)의 저서에서도 찾아볼 수 있다. 아이들의 그림의 중요성을 설명한 이 책에서, 하워드 가드너는 아이들을 '형태 관심형'과 '이야기 관심형'이라는 두 가지 유형으로 구분한다. 하워드 가드너는 두 그룹 아이들 모두 똑같이 지능과 매력을 지녔지만 "매일의 경험에 확연히 다른 태도를 취한다"고 설명한다. 이 차이는 아이가 세 살 반 정도 되면서 나타나기 시작한다. 아이가 단순히 자신에게 일어나는 일을 뭐든 마음대로 낙서하는 것이 아니라 주변의 세상을 실제로 인식하는 것과 그림 그리는 행위를 연결하기 시작할 무렵부터다. 가드너는 이렇게 말한다.

우리는 '형태 관심형'에 속하는 아이들을 만났다. 이 아이들은 그들이 구분할 수 있는 외형, 마주치는 형태와 규칙, 그리고 무엇보다 대상의 물리적 특징인 색, 크기, 모양 등으로 주로 세상을 분석한다. 이 아이들은 하나의 블록 위에 또 하나의 블록을 열심히 쌓고, 식탁 위나 그들의 그림에 있는 형태로 끊임없이 실험을 하며, 물건들을 쉴 새 없이 배열하거나 두 개나 세 개씩 짝을 맞춘다. 하지만 이 아이들은 놀이를 할 때 다른 아이들과 친하게 어울려 노는 일이 별로 없고, 다정하게 얘기를 나누지도 않는다. 그래도 다른 사람들이 하는 말을 분명히 이해는 한다.

'이야기 관심형'에 속하는 아이들은 이 아이들과 확연하게 구분된다. 이야기 관심형 아이들은 흥미진진한 사건이 벌어지는 공상 이야기뿐만 아니라 주변에서 벌어지는 일, 그러니까 사람들의 세상에서 일어나는 사건, 모험, 충돌, 갈등에도 큰 관심을 기울이며 이런 얘기를 몇 번이고 들려달라고 한다. 형태 관심형 아이들이 그림, 점토 만들기, 숫자 배열 등에 매달리는 반면, 이야기 관심형 아이들은 모방 놀이, 이야기하기, 어른들이나 또래들과 대화하고 어울리기를 더 좋아한다. 그 아이들에게 큰 즐거움 하나는 다른 사람들과 끊임없이 어울리고 인간관계의 다양한 모습을 즐기는 것이다. 반면 형태 관심형 아이들은 사회적 관계의 세계를 거의 다 배제하고 대신 눈에 보이는 형태의 세계에 빠지고 몰두하는 걸 더 좋아하는 듯하다.[8]

가드너가 이 용어들을 직접 사용하지는 않지만, 나는 형태 관심형 아이들이 내향적인 사람들의 성향을 두드러지게 보이며 집중형 사람들의 성향을 지니고 있고, 이야기 관심형 아이들은 외향적 성향을 보이고 분산형 사람들의 성향을 지니고 있다고 확신한다. 사람들에게 별로 관심이 없고 심지어 사람들을 피하기도 하는 형태 관심형 아이들은 질서를 발견하고 정하는 데 관심이 많다는 점에서 집중형 사람들과 비슷하다. 이야기 관심형 아이들은 사람들에게 관심이 많고 사람들과 이야기하는 걸 좋아한다는 점에서 분산형 사람들과 비슷하다.

자신과 세계를 이해한다는 것

여기서 중요한 사실이 하나 있다. 가드너의 주장은 인간관계를 정신 건강의 주요한 결정 요소로 강조하는 오늘날의 견해가 잘못일 수도 있음을 보여주는 또 하나의 지표라는 것이다. 가드너의 설명에 따르면, 내향적인 아이들, 인간관계보다는 형태 만들기에 더 관심을 갖는 아이들이 신경증 문제가 있다거나 정상이 아니라고 생각할 이유가 없다. 리암 허드슨의 집중형 사람들에 대해서도 마찬가지다. 다른 사람들의 지나친 관여에서 물러나 있는 능력, 삶을 일관되게 꾸려가는 능력 또한 마음의 평화를 얻고 정신 건강을 지키는 중요한 요소일 것이다.

앞 장에서 설명했듯이, 신경증 환자의 회복을 위한 요소는 다음 두 가지이다. 첫 번째 요소는 환자가 자신의 문제를 이해하기 위한 사고체계를 갖추는 것이며, 두 번째 요소는 환자가 다른 사람과 유익한 관계를 맺는 것이다.

물론 자신의 경험을 이해하는 것은 신경증 때문에만 필요한 것은 아니다. 이것은 한 사람의 인간으로 살아가는 데 아주 중요한 부분이다. 지능과 의식이 발달하고 본능적 행동 형태의 지배에서 어느 정도 벗어나면서, 인간은 외부의 현실 세계와 내면에 있는 상상의 세계 모두를 해석하고 그 세계에 질서를 부여할 필요를 느끼는 성찰적 존재가 된다.

결국 조언자에게서 아무리 도움이 되는 지도를 받는다 해도 스스로 삶을 이해해야 한다. 세상의 객관적인 사실에 대해 어떤 견해가 다른 견해에 비해 더 가깝다고 말할 수는 있겠지만, 정해진 행동 형태가 꼭 '진실'로 입증되는 것은 아니다. 하지만 행동 형태가 필요한 것은 사실이다. 그리고 만일 어떤 행동 형태가 외향적인 사람들, 분산형 사람들, 이야기 관심형 사람들보다 내향적인 사람들, 집중형 사람들, 형태 관심형 사람들의 심리에서 더 명확하게 나타난다고 해서 그것이 전자에 존재하지 않는다는 의미는 아니다. 아무리 내향적인 사람들이라 해도 어느 정도의 인간관계는 필요하며, 아무리 외향적인 사람이라고 해도 어느 정도 정해진 행동과 질서는 필수적이기 때문이다.

혼자 있어야 할 '필요'

사람들의 기질 차이가 주로 유전으로 결정되긴 하지만 개인이 성장하면서 접하는 다양한 환경 요인에도 당연히 영향을 받는다. 지금까지 '정상'인 사람들의 다양한 기질을 이야기했지만, 신경증이나 정신질환으로 보이는 태도 역시 정상인의 어떤 경향이 과하게 나타나는 것일 뿐이다. 오늘날에는 아주 내향적인 사람을 아주 외향적인 사람보다 더 병적이라고 여기곤 한다. 이것은 대상관계를 강조하고 사람들이 혼자 있을 때 일어나는 과정을 경시하기 때문이다. 그런데 외향성과 내향성, 그리고 병리학적이라고 분류될 수 있는 두 가지 유형의 개인성 간에는 연관성이 있다. 여기서 병리학적인 것은 약간의 까다로움부터 정신병까지 정도가 다양하다. 나는 이 두 가지 개인성을 '우울증적' 개인성과 '분열적' 개인성이라고 부른다. 사실 개인성을 이렇게 분류하는 것은 부적절하다. 이런 분류로는 인간의 무한히 다양한 면을 올바로 평가할 수 없기 때문이다. 하지만 수많은 종류의 사람이 세상을 경험하는 다양한 방식을 이해하려면 지침이 될 분류가 필요하다.

지금 여기서 말하고자 하는 것은 두 유형의 사람들 모두 이유는 서로 다르다 해도 혼자 있을 필요가 있다는 것이다. 혼자 있어야 할 '필요'는 다른 사람들의 방해나 간섭, 위협의 암시가 있다는 점에서 혼자 있는 '능력'과 구분된다.

'원래의 자신'으로 되돌아가는 시간

얼핏 생각하면, 외향적인 사람들은 언제 어디서든 타인과 신뢰할 수 있는 관계를 맺는 개방적이고 사교적인 사람들이므로, 그들이 혼자 있을 필요를 말하는 것이 이상해보일지도 모른다. 하지만 앞에서 잠깐 얘기했던 것처럼 외향적인 사람들은 상대와 지나치게 깊은 관계를 맺거나 그 관계에 몰두해 내적 욕구를 의식하지 못하는 경우가 있다. 내가 '우울증적' 개인성이라고 부르는 외향적인 사람들이 특히 그렇지만, 대부분의 사람들이 겪는 일이기도 하다.

오늘날 많은 사람들은 행사나 모임에 참석해 피곤해하다가, 다시 혼자가 되면 기운을 회복하고 '원래의 자신'으로 되돌아오면서 기분이 좋아지는 경험을 하게 된다. 사회가 제대로 돌아가려면 누구나 때로는 마음과 다르게 행동해야 한다. 피곤한데 반기는 척해야 하고 투덜거리고 싶을 때 미소를 지어야 하는 등 말이다. 하지만 그런 상황은 사람을 지치게 한다.

빅토리아 시대에 여성은 매일 오후 시간에 혼자만의 공간으로 가 '휴식'을 취했다. 그 시대 여성은 관습에 따라 자신의 욕구와는 상관없이 언제나 다른 사람들에게 뭐가 필요한지 살피는 데 신경을 집중해야 했다. 오후의 휴식시간은 충실한 청취자와 구원의 천사라는 역할, 자신의 마음을 절대 표현해서는 안 되는 역할에서 벗어나는 시간이었다. 단순한 구원의 천사와는 거리가 멀었던 플로렌스 나이팅게일마저도 가정일이라는 짐에서 벗어나 공부하고 글을 쓰려면 신경증을 키워 혼자 침실에 있는 방법밖에는 없다고 생각했다.

페르소나 뒤로 숨기

겉치레란 순종하는 모습을 보이기 위해 '거짓 자아'라는 장치를 일시적이고 의도적으로 사용하는 것이다. 위니콧은 어린 시절부터 이런 가면을 습관적으로 사용하느라 내면의 진짜 느낌과 접촉하지 못하는 그래서 진짜가 아닌 삶을 살고 있다는 것을 의식 못하는 환자들에게 관심을 가졌다. 하지만 대부분의 예의 바른 어른들은 어떤 모임에서는 평소보다 더 고분고분해야 한다고 생각하며, 그들이 사람들에게 보이는 '페르소나'는 진짜 느낌을 나타내는 게 아니라는 것을 잘 알고 있다. 사람들에게 보이는 얼굴과 혼자 있을 때의 얼굴은 어느 정도 차이가 있다.

다른 이들과 같이 있을 때 자신의 진짜 자아를 어느 정도로 보일 수 있는가는 사람들마다 굉장히 다르다. 아주 어릴 때부터 낯선 사람들과 함께 있어도 거절당하거나 비난받거나 반박당하거나 바보 같은 느낌이 들 거라는 두려움 없이 뭐든 느끼는 대로 표현할 수 있는 그야말로 부러워할 만한 사람들도 있는 것 같다. 이런 종류의 안정감은 위니콧이 말하는 경험 즉, 아기일 때 엄마가 곁에 있다는 걸 알기만 하면 불안해하지 않고 혼자 있었던 경험, 그리고 조금 더 자라서는 사랑받고 절대적으로 인정받는다고 느꼈던 경험을 반복하면서 생긴다.

어떤 사람들은 배우자, 연인, 아주 가까운 친구나 친척들과 있을 때도 진짜 자신이 되기를 어려워한다. 이런 사람들은 일부러 진짜 자아를 완전히 감추고 거짓 자아를 만드는 정도까지는 아니라 해도 지나치리만치 혼자 있고 싶다는 충동을 자주 느낀다. 아직 입증되지는 않았지만 있을 법한 가능성 한 가지는, 어린 시절에 경험한 불안한 애착이 성인이 되었을 때 혼자 있을 필요를 유독 많이 느끼는 한 가지 이유가 된다는 것이다. 확실하고 믿을 만한 유대를 형성하지 못한 아이는 부모에게 그리고 나중에는 다른 사람들에게 여러 다양한 방식으로 반응할 수 있다.

불운에 맞설 수 있는 내적 능력

나는 이런 다양한 반응의 바탕에는 두 가지 기본 주제가 있다고 생각한다. 하나는 '회유', 또 하나는 '회피'다. 나는 회유가 우울증적 개인성의 발달과 관련되어 있으며, 회피가 분열적 개인성의 발달과 관련되어 있음을 밝히려 한다.

아기가 확실하게 애착을 느끼는지의 여부를 결정하는 모든 요인을 아직은 판단하기가 어렵다. 애착은 성격과 강도가 다양하다. 어머니가 아이를 제대로 돌보지 않고 애정을 주지 않고 거부했다고 해도, 아이가 느끼는 불안한 애착이 전적으로 어머니의 책임은 아니다. 아이들은 유전적으로 다르며, 어머니가 아무리 아이를 충분히 사랑하고 돌본다 해도 안전한 애착을 느끼지 못하는 경우도 있다. 자라서 '자폐증'을 보이는 몇몇 아이도 그렇다.

아이가 불안해하고 부모에게 지나치게 순응할 때 부모와 아이의 상호 작용에서 그 원인을 찾아볼 수 있다. 부모가 아이를 무시하거나 학대하는 일이 전혀 없지만, 아이는 그런 부모의 사랑이 조건부라고 느낄 때가 있다. 그러면서 계속 부모의 사랑을 받으면서 안전하게 지내려면, 진짜 모습이 아닌 부모가 원하는 모습을 보여야 한다고 믿는다. 아이에게 이런 믿음을 갖게 하는 부모를 보면, 대개 아이의 행복에 관심이 크면서도 '착한' 행동에 대해 지나치게 높은 기준을 요구하곤 한다. 이럴 때 아이는 본능적인 충동과 자연스러운 반응은 잘못된 거라고 생각하게 된다. 부모가 이런 태도를 보일 때, 극단적인 경우 아이는 부모 마음에 꼭

드는 거짓 자아를 만들고 진짜 자아는 철저하게 억누른다. 그렇게까지는 아니라 해도, 다른 사람들과 있을 때는 진짜 자아를 감춰두고 거짓 자아를 보이다가 혼자 있을 때 비로소 진짜 자아를 드러낸다. 이것이 아이가 유독 혼자 있고 싶어 하는 한 가지 이유가 되기도 한다.

부모가 자신을 조건 없이 언제까지나 사랑해줄 거라고 확신하는 아이들은 내면에서 스스로의 가치를 인식하지만, 불안감을 느끼며 순응하는 아이들은 그렇지 못하다. 자신이 이 세상에서 하나밖에 없는 가치 있고 중요한 존재라는 확신은 누구라도 지닐 수 있는 아주 귀중한 자산이다. 이런 확신이 유전적인 요인과 관계가 있든 없든, 부모가 아이에게 베푸는 사랑에 따라 더 분명해지거나 희미해진다.

자신의 진짜 천성을 일부 부정하거나 억압하면서까지 순종해야 한다고 느끼는 아이들은 자아 존중감을 지키기 위해 외부 요소에 언제까지나 의존해야 한다. 그런 아이는 어른이 되어서도 성공하거나 선해지거나 모두에게 인정을 받아야만 자신이 가치 있는 사람이라고 느낀다. 그리고 누구나 살아가면서 맞닥뜨리는 역경, 시험이나 구직 실패, 실연, 사별 등의 상실에 유독 취약해질 수밖에 없다. 그런 시련을 겪으면 누구나 잠시 동안은 화가 나거나 의기소침해지거나 아니면 두 가지 감정을 다 경험한다. 하지만 자아 존중감이 희박한 사람들은 심각한 우울증이라는 소용돌이 속으로 걷잡을 수 없이 빠져든다.

비난이나 실패, 상실을 겪을 때 너무도 심하게 낙담한 나머지

'병'의 증세까지 보이는 사람은 불운에 맞설 수 있는 내적 능력이 부족한 것이다. 다른 사람들은 도전으로 받아들일 법한 시련에도 그들은 완전하게 절망하고 무너진다. 어떤 사업가는 파산하고 나서 새로운 사업을 시작한다. 그런가 하면 어떤 사람은 파산했을 때 13층 건물에서 창문 밖으로 몸을 던진다. 후자 같은 사람들은 인생에서 다시는 기회가 없는 것처럼 행동한다. 그들은 과거에 누린 행운이나 미래의 가능성은 전혀 생각하지 않으며, 오로지 지금 하고 있는 일에서 성공을 거둬야 자아 존중감이 지켜지는 것처럼 행동한다. 과거에 받은 사랑이나 인정은 아무 소용이 없는 것 같다. 그들 내면에는 의지할 수 있는 것이 하나도 없으며 '본질적으로' 중요한 것이 무엇인가에 대한 의식도 없는 듯하다.

자기를 비난하는 사람들

정신병으로 분류될 정도로 심각한 우울증을 앓는 환자들은 공허함을 느낀다고, 뭔가가 빠져 있다고, 절대 채워지지 않는 공간이 있다고 하소연을 하곤 한다. 특히 기질성 질환을 염려하면서 이런 하소연을 하면, 다른 사람들은 건강 염려증 때문에 생긴 망상이라며 대수롭지 않게 넘긴다. 하지만 마음속 진실을 돌려서 표현하는 것으로 이런 말을 받아들여야 한다. 심각한 우울증 환자들의 내면에는 좀 더 저항력이 강한 사람들이 가지고 있는 어떤 것, 말하자면 한 인간으로서 자신의 가치에 대한 명확한 인식이 결여되어 있다.

　이렇게 심각한 우울증에 빠질 수 있는 사람들은 앞에서 '우울증적 개인성'으로 분류된 사람들이다. 이 용어가 우울증에 걸릴 수 있는 모든 사람에게 해당되는 것은 아니지만, 상황에 대체로 취약한 성격에 적용할 수 있다는 것은 분명하다.

　이런 기질, 즉 이런 정신 병리학 증세를 보이는 사람들은 다른 이들의 의견에 이의를 제기하거나 다른 이들의 기분을 상하게 하거나 그들에게 비난을 들을 수도 있는 일은 하지 않으려 하기 때문에 가능하면 회유적인 태도를 취한다. 인정을 받으려면 순종해야 하고 그러려면 진짜 자신은 어느 정도 감춰야 하기 때문에, 이런 사람들은 남을 기쁘게 해야 하는 의무에서 벗어나고 싶어 혼자 떨어져 있으려 한다.

　타인에게 '피학적', 순종적인 태도를 보이려면 공격성을 억압해야 한다. 다른 사람들에게 용감히 맞서질 못하거나, 당연히 그래야 할 때라도 자기 의견을 주장하지 못하는 사람은 자신의 적개심을 억누른다. 그럴 때 다른 사람들에 대한 그의 적개심은 방향을 잃고 자기 비난의 형태로 스스로에게 향한다. 프로이트가 그의 탁월한 논문 〈애도와 우울증〉에서 설명했듯, 감정을 억압하는 사람이 스스로에게 퍼붓는 비난은 사실은 가까운 누군가에게 돌리고 싶었지만 자신에게는 그의 사랑이 중요하므로 반감을 살까봐 두려워 감히 표현하지 못한 비난일 때가 많다.[7]

회피의 이유

혼자 있으려 하는 성향이 두드러진 두 번째 종류의 사람은 내향적인 사람인데, 이들이 불안이나 명백한 병리적 증세를 보일 때 '정신 분열증 환자'로 분류된다. 이런 성격은 애착 이론가들이 '회피'라고 부르는 어린아이의 행동과 연관될 수 있다고 앞에서 이야기했다. 다시 한 번 말하지만, 연관성이 있다는 것은 이론일 뿐이며, 설령 연구 결과로 입증된 이론이라고 해도, 개인성의 유형이 어느 정도나 천성으로 결정되고 또 어느 정도나 성장 과정으로 결정되는지의 문제에 대한 해답은 되지 못한다.

아이가 한동안 엄마와 떨어져 있다가 다시 있게 되었을 때, 아기들은 엄마로부터 시선과 등을 돌리고 접촉을 피하는 회피 반응을 보인다. 이때 아이를 안아 올리면 아이는 비명을 지르고 몸부림치다가 내려놓아야 비로소 멈춘다. 혹은 몸부림치고 비명을 지르는 대신, 다른 대상에 몰두하기도 한다. 이런 회피 행동은 대개 일시적으로 나타났다가 시간이 지나면 사라지는데, 그 시간은 분리가 지속된 기간과 아이와 엄마의 이전 관계에 달려 있다.

회피 행동을 야기하는 환경이 분리만은 아니다. 미국의 발달 심리학자인 메리 메인(Mary Main)과 도나 R. 웨스턴(Donna R. Weston)에 따르면, 아이가 태어나고 처음 3개월 동안 엄마가 아이와 신체 접촉을 꺼리면, 그 해가 끝나갈 즈음 아이가 회피 행동을 할 가능성이 있다고 한다. 엄마가 아이에게 화를 내거나 겁을 줘도 아이들이 회피 행동을 할 수 있다.

아이가 피하는 엄마를 관찰해보면, 그런 엄마는 아이를 무시하거나 아이에게 빈정거리며 말하거나 아이를 놀리는 말을 했다. 아이를 노려보는 엄마도 있었다.[10]

폭력을 쓰는 엄마 밑에서 자란 아이들은 일반 아이들에 비해 다음과 같은 반응을 보인다.

친근하게 대하는 또래 친구나 보호자들을 피하고, 그들을 공격하거나 공격하겠다고 위협하며, 보호자들에게 예측 불가능하고 공격적인 행동을 보이는 성향이 더 강하다.[11]

또한 엄마가 아이를 보고 좋아하지도 않고 아이가 못되게 굴 때조차 아무 반응을 보이지 않는 식으로 냉담하고 둔감하게 대할 때도 아이가 회피 행동을 보인다. 하지만 지금까지 예시한 엄마의 행동 중 어떤 것도 아이의 회피 행동의 유일한 원인이 되지는 않는다. 유전적 차이나 뇌 손상이 영향을 미칠 수도 있다.

행동 분열

회피 행동의 생물학적 목적을 확실하게 규명하려면 더 많은 연구가 필요하다. 그렇지만 특히 이 책의 주요 주제와 관련된 흥미로운 견해 한 가지가 있다. 아이가 회피 행동을 하는 것은 자신의 행동을 통제하고, 유연하게 행동하고, 체계적인 행동을 하기 위해서라는 것이다. 캘리포니아에서 아동의 애착 행동을 연구한 메리 메인과 도나 R. 웨스턴은 이렇게 말했다.

> '행동 분열'이란 무엇인가? 환경 변화와 상관없이 행동이 양극단을 오가거나 필요 없는 상황에서 어떤 행동이 반복될 때 행동이 분열되었다고 한다.[12]

엄마가 아이에게 겁을 주고 아이와 신체 접촉을 거부하면 아이는 그 상황을 견디지 못한다. 어떤 이유에서든 아이가 겁을 먹으면 애착을 강렬하게 원하는데, 애착의 주된 기능이 위험으로부터의 보호이기 때문이다. 그런데 그 위험의 원천이 아이가 보호를 청해야 하는 바로 그 사람이라면, 아이는 해결할 수 없는 갈등에 직면한다. 그런 상황에 놓였을 때 아이는 접근, 회피, 분노 사이를 오락가락한다. 이러한 행동의 분열을 줄이려면 아이가 엄마와 할 수 있는 모든 걸 피하는 수밖에 없는 것이다.

엄마와의 관계에서 회피 행동을 보이는 아이는 순응 행동을 보이는 아이보다 더 큰 혼란을 느끼고 있는 것이다. 이것은 아이의 발달단계에서 회피가 순응이라는 복잡한 행동보다 더 일찍 나타난다는 사실과 관련된다. 회피는 상대가 자신을 미워해 해치거나 파괴할 거라는 두려움과 연관된다. 순응은 상대가 나를 사랑하지 않을 거라는 두려움과 관계된다. 회피는 상대가 나를 사랑하는지를 의심한다는 것을 의미한다. 순응은 상대가 나를 사랑한다는 사실은 인정하지만 그 사랑이 지속될 것인지를 의심하는 것을 의미한다.

편집-분열적 자리와 우울적 자리

이런 행동 형태는 '정신 분열증'이나 '우울증'으로 분류되는 병리학적 유형의 사람들에게서 아주 명확하게 나타나지만, 타인에 대한 '정상'인들의 태도에서도 어렴풋이 탐지되는 요소다. 멜라니 클라인(Melanie Klein) 저서의 연구자들은 이런 개념들을 또 하나의 이분법, 그러니까 멜라니 클라인이 "편집-분열적 자리"와 "우울적 자리"로 설명한 유아의 발달단계와 연결한다.

멜라니 클라인의 개념 중 다수가 아직 입증되지 않은 상태고 입증될 수도 없지만, '정상'인 사람도 어느 정도는 '정신병적' 기제를 갖고 있고, 그 영향이 감정 표현에 드러난다는 견해는 설득력 있다. 다시 말해 정상적인 사람이라 해도 마음 한 구석 깊은 곳에는 편집증의 가능성이 숨어 있다는 사실을 인정할 때, 마녀 처형과 나치의 유대인 대학살을 일으킨 과대망상이 설명된다.

많은 수의 정상인이 마녀와 유대인들에 대해 지니고 있는 믿음이 만일 공동체 전체가 아닌 한두 사람에 의해 표현되었더라면 편집망상으로 묵살되었을 것이다. 평소에는 이성으로 가려지고 통제될 뿐, 우리 모두의 마음속에도 원시적이고 비이성적인 정신력이 작동하고 있다.

그것은 정신병이 있다고 여겨지는 사람들의 행동에서 주로 명확하게 나타나지만, 위협 등의 여러 가지 스트레스를 받을 때는 정상인의 행동에서도 드러난다. 다른 사람들과의 관계에서 회피 행동이나 순응 행동을 전혀 하지 않을 정도로 세심하고 온전한 사람은 없다.

카프카의 불안과 두려움

정신과 의사들이 정신 분열증 환자로 분류하는 사람들의 가장 두드러진 특징 하나는 그들이 다른 이들과 친밀한 관계 맺기를 두려워한다는 것이다. 전형적인 정신 분열증 환자의 딜레마는 사랑을 절박하게 필요로 하면서 동시에 친밀한 관계 맺기를 똑같이 절박하게 두려워한다는 것이다. 카프카는 이 딜레마를 극단적인 형태로 생생하게 보여주었으며 어른이 되어서는 '행동 분열'을 막기 위해 글쓰기라는 회피 행동을 한 작가였다.

짧은 생애를 사는 동안 카프카에게는 그를 진심으로 좋아하고 존중해주는 수많은 친구가 있었지만, 정작 카프카는 절친한 친구며 나중에 전기 작가가 된 막스 브로트(Max Brod)와도 오랜 시간 마주앉아 속마음을 터놓는 대화를 한 번도 해보지 못했노라고 말했다. 낯선 사람들은 그에게 언제나 두려운 존재였다. 1913년 6월의 편지에서 카프카는 이렇게 말했다.

익숙지 않은 장소에서 수많은 낯선 사람들 혹은 낯설게 느껴지는 사람들과 있으면 방 전체가 가슴을 짓눌러 나는 움직일 수조차 없으며, 내 존재 전체가 그들을 정말로 화나게 하는 것 같아 모든 것이 절망스러워집니다.[13]

어린 시절과 청소년 시절에 카프카는 자신의 몸이 보기 흉할 정도로 바짝 마르고 약하다고 여기며 수치스러워했다. 스물여덟 살이 돼서야 당황하지 않고 공공 수영장에 갈 수 있었다고 한다. 자신의 몸에서 느끼는 괴리감, 정신 분열증 환자에게서 나타나는 특징인 그 괴리감은, 자기 존재의 타당성에 대한 의심과 다른 사람들이 자신을 난처하게 하거나 파괴할 것이라는 두려움의 원인이 되었다. 복통으로 고생할 때도 누군가가 자신을 곤봉으로 공격해서 통증이 생기는 것으로 상상했다.

　이런 편집증적 공상은 멜라니 클라인이 편집증 분열 단계에 머물러 있는 어린아이에게 있다고 생각한 그것과 아주 비슷하다. 멜라니 클라인의 설명을 보면, 아이는 그저 실망스러워할 정도의 일 앞에서도 무력감 때문에 박해를 받고 있는 것처럼 반응하고, 강한 부모에게 의지하면서도 그 부모 때문에 자신이 파괴될까봐 두려워한다. 클라인의 견해에 따르면, 어린아이는 자신의 심리에 분명하게 존재하는 강렬한 파괴충동이 자기를 돌봐주는 사람들에게도 있다고 생각한다. 즉 편집증적 투사라는 심리 기제를 사용하는 것이다. 자라면서 고통을 겪을 때 어린 시절의 이런 정서가 되살아나며, 그래서 그 고통을 내적 경험이 아니라 외부에서 자신에게 가해지는 공격으로 받아들인다.

아주 어린 아이의 정신 구조에 대한 멜라니 클라인의 견해가 옳든 그르든, 낯선 사람들과 자신의 고통에 대한 카프카의 반응을 보면, 그의 심리에 편집증적 투사가 지속적이면서도 중요한 역할을 했음을 분명히 알 수 있다.

가장 필요한 사람이 가장 위협적인 존재

카프카의 기질을 생각해볼 때, 그가 여자들과 관계를 맺는 데 어려움을 겪은 것은 당연한 일이다. 카프카는 5년 동안 펠리체 바우어라는 여성과 진지하게 사귀다가 1913년 6월에 청혼을 했다. 하지만 이 기간 내내 두 사람은 각각 프라하와 베를린에 떨어져 살면서 아홉 번이나 열 번 정도밖에 만나지 못했고, 그나마 만나는 시간도 한두 시간을 넘지 않았다. 두 사람은 주로 편지로 관계를 이어 나갔다. 카프카는 편지에서 펠리체가 어디에 있는지 심지어는 뭘 먹고 뭘 입고 있는지까지 걱정하며 안달해서 편지를 읽는 사람을 불편하게 했다. 카프카는 매일 편지를 보내면서 펠리체에게 즉각 답장을 해달라고 졸랐고, 만일 답장을 받지 못하면 심하게 괴로워했다. 하지만 정작 펠리체가 곁에 있는 것은 두려워했다. 그런 심리가 다음 편지에도 나타난다.

언젠가 당신은 내가 글을 쓰는 동안 곁에 앉아 있고 싶다고 말했어요. 그런데 당신이 그렇게 한다면 나는 아무것도 쓸 수가 없어요. 글을 쓴다는 것은 나 자신을 모두 드러내는 걸 의미하니까요. 자신을 있는 그대로 드러낼 때 다른 이들과 가까이 있으면 자신을 잃어버리는 느낌이 들어요. 그러니 제정신인 사람이라면 당연히 그런 상황을 피하려고 하겠지요. 누구나 숨이 붙어 있는 한은 제대로 살고 싶어 하니까요. 글을 쓰기에는 부족하다 싶을 만큼 자신을 드러낼 때도 마찬가지예요. 깊은 샘이 다 말라버리고 다른 방법이 없을 때 존재의 표면에서 나오는 글쓰기는 아무것도 아니며, 진실한 정서가 그 표면을 흔드는 순간 붕괴하고 말아요. 그래서 글을 쓸 때 사람은 철저하게 혼자여도 부족하고, 주위에 정적이 흘러도 부족하며, 캄캄한 밤이라도 부족해요.14)

두 사람은 결혼하지 못했다. 얼핏 보면 카프카가 글을 쓰는 동안 혼자 있으려 한 것은 '과도하게' 드러나는 자아를 누군가에게 들키거나 비난받지 않기 위해서라고 해석할 수 있다. 너무 강하게 개인적이라고 느끼는 부분은 사랑하는 펠리체가 그걸 읽기 전에 고치고 손질해야 한다고 생각했을 것이다.

그의 불안은 이 정도에서 그치지 않는다. 누군가가 곁에 있으면 자신의 취약한 정신 구조가 무너질까봐 두려워했다. 카프카는 정신병의 언저리를 맴돌았다. 영국의 수필가 에리히 헬러(Erich Heller)는 이렇게 말한다.

이것은 광기와 유사한 기질이다. 필기용 책상, 분리될 수밖에 없어

보이는 것들을 결합할 수 있는 상상력, 번뜩이는 지성 때문에 광기가 되지 않을 뿐이다.15)

종이 위에서는 사랑하는 사람과 정서적으로 강렬하게 얽히고 실제로는 거리를 두는 이런 행동 형태는 나중에 밀레나 예젠스카와의 관계에서도 그대로 되풀이되었다. 카프카는 말년에 폐결핵으로 죽어갈 때가 되어서야 도라 디아만트라는 여인과 실제로 함께 살 수 있었다. 그때도 카프카는 이 상황을 다음과 같이 표현했다.

나폴레옹의 러시아 원정만큼이나 거대한 역사적 사건에 비교될 무모한 행동.16)

카프카의 두려움은 누군가와 가까운 관계를 맺으면 그의 정신을 온전히 지켜주는 한 가지, 내면에서 서로 갈등하는 요소들을 글을 통해 한데 모으는 자신의 능력이 훼손될 거라는 데 있었다. 그것이 없다면 "모든 것이 붕괴된다. 중심이 흔들린다."17) 카프카에게 가장 필요한 바로 그 사람이 그를 끊임없이 위협하는 존재인 셈이었다.

분열성 딜레마

내향적이거나 정신 분열증을 보이는 사람들 가운데 창조적 능력을 가진 사람들은 스토리텔링보다는 형태 만들기에 관심을 갖기 때문에 소설보다 철학이나 자연과학에 이끌리는 듯하다. 카프카가 이 가설에 딱 들어맞아 보이는 사람은 아니라 해도, 내가 분열성 딜레마라고 설명한 증상을 카프카가 그대로 보여주어서 그의 얘기를 꼭 인용하고 싶었다.

카프카의 놀라운 소설 세계는 현실의 사람들과 거의 관련이 없다. 그의 소설 속 인물 대부분은 이름도 없이 문지기, 교도관, 장교 등의 역할로만 구분된다. 카프카의 세계는 본질적으로 그가 이해할 수도 없고 정복할 수도 없는 인간 외적인 힘에 위협받는 인간의 세계다. 보링거의 설명을 따르자면, 감정 이입보다는 추상을 만들어낸 상황이다.

또 하나의 의문이 남는다. 펠리체나 밀레나 예젠스카와의 관계에서 카프카가 서로 상반되는 감정들을 보이는 모습은 자신이 가장 의존하는 바로 그 사람을 두려워하는 회피형 아이를 연상시킨다. 그런데 성인의 개인 성향을 유아기의 행동과 연결 짓는 것이 정말로 타당할까? 나는 그렇다고 생각한다. 아이들은 여러 해에 걸쳐 다양한 환경에 반응하면서 현저하게 변할 수 있다는 사실이 연구 결과로 증명되었음을 알고 있지만 말이다.

이 문제와 관련해 주목해볼 만한 흥미로운 역설이 하나 있다. 유전학자들과 다수의 심리학자들은 성인의 개인성을 결정하는 데 환경보다 유전이 훨씬 중요하다고 생각한다. 그런가 하면 정신분석 전문의들은 환경 요소, 특히 아기 때와 아주 어린 시절의 환경 요소가 그 사람의 됨됨이 형성에 가장 큰 역할을 한다고 생각한다. 하지만 양쪽 모두, 이런 여러 가지 요소가 아주 일찍부터 한 개인에게 영향을 미쳐 어른이 되었을 때의 모습을 결정한다는 데 의견을 같이하면서도, 아동기와 청소년기에 겪는 사건들 역시 성인의 개인성을 결정하는 중요 요소가 된다는 점은 별로 염두에 두지 않는다.

Chapter Seven

고독한 창조자들

"동물들에게로 가서 동물들과 함께 살 수 있었다고 나는 생각한다.
동물들은 굉장히 평온하며 자급자족한다.
나는 오래도록 서서 동물들을 바라본다."

— 월트 휘트먼(미국의 시인)

우리는 공상하지 않고 살아갈 수가 없다. 혹여 그게 가능하다면, 인간을 다른 동물들과 구분하는 여러 특징들이 사라지고 만다. 하지만 대부분의 사람들이 알고 있듯, 이런저런 이유로 상상력은 얼마간 외로운 어린 시절을 보낸 재능 있는 사람들에게서 특히 발달하는 경향이 있다. 이미 말했지만, 고독은 상황에 따라 해로운 영향을 미치기도 하고, 이로운 영향을 미치기도 한다. 상황이 지나치게 열악해서 정신 분열을 일으킬 정도만 아니라면 인간관계가 아예 없거나 얼마간 부족한 것은 오히려 상상력의 밑거름이 된다.

일반적으로 상상력은 어린 시절에 특히 활발하게 작용하며, 다른 아이들을 만날 수가 없거나 또래 친구들과 어울리지 못해서 혼자 많은 시간을 보내는 아이들에게서 특히 뚜렷하게 나타나는 자질이다. 나중에 어른이 되어 상상력이 중요한 역할을 하는 일에 종사하며 사는 사람들을 보면, 어린 시절에 분리나 상실, 강제적인 고립을 겪으면서 상상력을 키운 경우가 많다. 고립된 아이들은 흔히 가공의 친구를 만든다. 어떤 아이들은 거기서 더 나아가 다양한 가공의 사람들이 나오는 이야기를 만들어낸다.

 어린 시절에 여러 박탈을 경험하다 보면 친밀한 애착관계를 맺기가 어려워진다. 이럴 때 상상의 세계는 불행에서 비껴나고 상실을 보상받게 해주며, 미래 창조 활동의 기반이 되어준다. 사별을 경험하거나 극도로 고립된 아이들은 지속적이고 친밀한 애착관계를 맺으려는 희망을 포기하고 별로 가깝지 않은 관계만을 맺으려 한다. 창의력이라는 재능을 지닌 사람들이 맺는 관계는 폭이 좁고 불완전하거나 격렬해질 수 있다. 창조적인 예술가들은 본질적으로 가치 있는 관계보다는 작업에 도움이 되는 관계를 선택하는 경향이 많으며, 그렇기 때문에 그들의 배우자는 상대가 부부관계를 별로 중요하지 않게 여긴다고 생각할지도 모른다. 하지만 이러한 일련의 현상은 불변하는 게 아니다. 어린 시절에 고립된 삶을 살았어도 어른이 되어서는 가까운 관계를 맺는 사람들도 있다. 창의적인 사람들이 친밀한 관계를 맺을 때 창조의 동력을 얼마간 잃는다는 것 또한 알려진 사실이다.

고독한 창조자, 앤서니 트롤럽

 19세기 영국의 소설가 앤서니 트롤럽(Anthony Trollope)은 자신의 상상력을 키운 것이 고독했던 어린 시절이었다고 밝혔다. 자서전에서 트롤럽은 해로, 윈체스터 등에서 겪은 불행한 학창시절을 이야기한다. 트롤럽의 아버지는 가난 때문에 아들의 학비를 대주지 못했고 용돈도 끊었다. 그런 사정을 트롤럽의 학교 친구들도 모두 알게 되었다. 덩치가 크고 숫기 없고 볼품없었던 트롤럽은 그의 표현대로라면 "버림받은 사람", 친구도 없고 주위 사람들에게 경멸만 당하는 사람이었다. 그는 공상에서 위안을 찾았다.

> 학생이었을 때도 그랬고 심지어 어릴 때도 그랬는데, 나는 늘 나만의 세계에 빠져 지냈다. 언젠가 학창시절 얘기를 하면서 아이들이 나와 놀지 않으려 했다는 얘기도 한 적이 있다. 나는 혼자였으므로 마음속 나만의 놀이를 만들어야 했다. 그때 내게는 어떤 놀이가 필요했고 그건 나중에도 마찬가지였다. 공부는 적성에 맞지 않았고 그렇다고 아무것도 안 하고 있자니 신이 나질 않았다. 그래서 언제나 마음속에 튼튼한 성을 지어놓고 놀곤 했다.

트롤럽은 학교를 떠나 우체국에서 일을 시작하기 전까지 6~7년 동안 이처럼 외로움에 대한 보상으로 마음속에 공상의 세계를 지었으며, 일을 시작하고 나서도 그랬다고 얘기한다.

이것은 굉장히 위험한 정신 연습이라고 나는 생각한다. 하지만 이런 연습이 없었다면 내가 소설을 쓸 수 있었을지 의심스러울 때가 많다. 나는 가공의 이야기에 흥미를 갖고, 나의 상상으로 만든 작품

을 찬찬히 관찰하고, 물질 세계와 완전히 동떨어진 세계에서 사는 법을 이런 식으로 배웠다.[1]

자신의 몽상을 '위험'하다고 비하하는 트롤럽의 이야기를 듣노라면, 공상을 유치한 현실 도피로 여기는 프로이트의 엄격한 시각이 떠오른다. 하지만 트롤럽의 공상 속 삶은 시간이 지나면서 외부 세계와 아주 밀접하게 연관되어서, 어떤 비평가들은 그의 소설을 세속적이고 진부하며 상상력이 부족하다고 평가절하하기도 했다. 하지만 그 유명한 C. P. 스노 경은 트롤럽을 "19세기 소설가들 중 가장 탁월한 심리 분석 능력을 지닌 작가"로 평가했다.[2]

스노는 트롤럽의 감정 이입 능력이 불행한 어린 시절에서 비롯된 것으로 정확히 이해했다. 다른 경우에서도 알 수 있듯, 상대가 나를 거부한다고 느껴지면 그를 조심스럽게 관찰하게 된다. 상대를 기쁘게 하지 못하면 그가 내게 더 큰 고통을 줄 수도 있을 거라 생각하면서, 그의 기분과 행동을 면밀히 살피는 것이다. 이런 식으로 그 신예 소설가는 사람들을 관찰하고 그들의 동기를 파악하는 법을 배웠다.

베아트릭스 포터의 암호 일기

작가이자 화가였던 헬린 베아트릭스 포터(Helen Beatrix Potter)

의 이야기도 흥미롭다. 베아트릭스 포터는 별로 불행하지는 않았다 해도 굉장히 외롭게 자란 탓에 어른이 되어서도 사람들 앞에서 지나치게 수줍어하고 제대로 말을 하지 못했다. 마거릿 레인(Margaret Lane)이 쓴 베아트릭스의 전기 『베아트릭스 포터 이야기The Tale of Beatrix Potter』 초판이 1946년에 발간되었는데, 전기 작가 험프리 카펜터(Humphrey Carpenter)는 『비밀의 화원 Secret Gardens』에 실린 베아트릭스 포터에 관한 장에서, 그 작가가 어릴 적 겪은 외로움과 인간관계의 어려움을 과장했다며 마거릿 레인을 비난한다.3) 1946년이라면 베아트릭스 포터가 암호로 적은 일기가 해독되기 전이라며, 만일 그 일기를 볼 수 있었다면 마거릿 레인이 베아트릭스 포터를 달리 표현했을 거라고 주장한다. 그러다 1968년에 마거릿 레인의 전기 두 번째 판이 출간되었고, 이 책에서 마거릿 레인은 베아트릭스 포터의 일기를 상당 부분 인용하면서 일기의 암호를 해독한 다음 9년에 걸쳐 일반 언어로 바꿔 써준 레슬리 린더에게 진심어린 감사를 전한다.

베아트릭스 포터는 1866년 7월 28일에 태어났고 5년 후 동생이 태어날 때까지 혼자였다. 아이를 배려하는 부모라면 아이를 유치원에 보내고 집에 친구들을 초대해 외동으로 자라는 아이의 외로움을 없애주고 동년배와 어울릴 기회를 만들어주기도 한다. 하지만 베아트릭스 포터의 부모는 그럴 필요를 느끼지 않았다. 스코틀랜드인 보모가 베아트릭스 포터를 돌봐주면서 방에서 점심을 먹이고 오후에는 산책을 시켜주었다. 켄싱턴의 유복한 환경에서 자란 중산층의 아이에게 이 이상 뭐가 더 필요하겠는가?

베아트릭스 포터는 학교에도 가지 않았고, 부모와 함께 있는 시간도 별로 없었으며, 사촌들을 가끔 만나는 것 말고는 다른 아이들과 어울릴 기회도 전혀 없었다. 그녀의 부모는 집에 손님들을 초대하지도 않았다. 집안 분위기는 숨이 막힐 정도로 엄숙했다. 그리고 아이들이 원하는 것을 해주는 일도 좀처럼 없었다. 베아트릭스 포터는 열아홉 살이 넘어서야 근위 기병, 해군성 건물, 화이트홀을 구경했다. 포터의 마차는 사우스켄싱턴 주위를 떠나는 법이 거의 없었다. 그러니 그녀가 자라서 사람들과 있기를 불편해한 것은 당연한 일이다. 사촌의 표현대로 "빅토리아 시대의 묘지"에서 포터가 벗어나는 것은 해트필드 근처에 사는 친할머니를 방문할 때, 이따금 다른 친척들을 방문할 때, 매년 스코틀랜드로 가족 휴가를 떠날 때뿐이었다. 가족 휴가지에서 포터는 동물들의 삶에 관심을 갖기 시작했고 동물들의 삶을 중심으로 공상 세계를 만들어냈다. 그리고 스코트(Scott)의 웨이벌리 소설을 보며 읽는 법을 배웠다. 그녀의 첫 번째 문학작품은 찬가와 "스코틀랜드 경치의 감상적인 묘사"였던 것 같다.[4]

얼마 지나지 않아 남동생 버트럼이 태어났지만, 학교에 갈 나이가 되자 기숙학교로 떠나야 했다. 가정교사인 해먼드가 자연과 그림을 좋아하는 포터를 곁에서 격려해주었지만, 포터가 10대 초반이 되자 학생이 이미 자신을 추월했다고 말하고는 떠나버렸다. 방문 가정교사가 포터에게 독일어와 프랑스어를 가르치러 왔을 뿐, 베아트릭스 포터는 대부분의 시간을 사람들하고 어울리는 일 없이 혼자서 보냈다. 그래도 애완동물을 키울 수는 있었다. 토끼

한 마리, 생쥐 한 쌍, 박쥐 몇 마리, 그리고 뱀 일가족이었다. 마거릿 레인은 이렇게 쓴다.

> 독방에 감금된 죄수가 생쥐와 친구가 되듯, 포터는 토끼, 고슴도치, 생쥐, 작은 물고기들과 친구가 되었다.[5]

재미있는 사실은, 포터의 암호 일기가 마침내 해독되었을 때 거기에는 비밀스러운 내용이 전혀 없었다는 것이다. 마거릿 레인은 이 점을 아주 예리하게 이야기하고 있다.

> 어떤 은밀한 자신과의 대화도 어떤 비밀스러운 공상도 없고, 심지어 불평도 거의 없다. 포터는 자신의 능력을 사용하고, 마음을 긴장시키고, 중요한 것은 그 무엇도 새어나가지 않게 하고, 뭔가를 창조하려는 무모한 충동에 사로잡혀 자신도 모르게 오랫동안 이 작업에 매달렸던 것 같다.[6]

베아트릭스 포터는 그 일기를 서른 살이 될 때까지 썼다. 내용이 의외로 시시했지만, 포터가 일기를 그렇게 오랫동안 부지런히 썼다는 사실은 일기 쓰기가 그녀에게는 한 인간으로서 자신의 정체성을 확인하는 중요한 작업이었다는 뜻이다. 아이를 하나의 인격체로 인정하지 않는 집안 분위기에서 그런 식으로 스스로의 정체성을 확인하는 일은 부모에 대한 저항으로 보일 수도 있었으므로 포터는 암호로 일기를 썼을 것이다.

베아트릭스 포터의 또 다른 창작 활동은 그림 그리기였는데, 책에서 보는 것처럼 그녀의 그림은 밝고 유쾌했다.

베아트릭스 포터는 열일곱 살이 되자 애티 카터에게 독일어를 배웠고, 두 사람은 아주 가까워졌다. 카터가 결혼하고 나서도 포터는 그녀와 계속 연락을 주고받으면서 아이들에게도 관심을 보였다. 카터의 맏아이 노엘은 오랫동안 병을 앓고 있었다. 포터는 노엘을 기쁘게 해주고 싶어 피터 래빗의 모험 이야기를 삽화로 그려 넣은 긴 편지를 보내주었다. 1901년에 이 편지가 자비로 출간되었고, 다음 해인 1902년에 워언 출판사가 정식으로 출판했다.

『피터 래빗 이야기The Tale of Peter Rabbit』의 뒤를 이어 10년 동안 『다람쥐 넛킨 이야기The Tale of Squirrel Nutkin』, 『제미마 퍼들덕 이야기The Tale of Jemima Puddleduck』 등 몇 세대가 지나도록 아이들에게 사랑받은 매력적인 동물 이야기들이 나왔다. 베아트릭스 포터의 동물 그림은 아주 뛰어나서 몇 년 전에는 런던에서 특별 전시회까지 열렸다. 그런데 재미있는 사실은, 포터가 그린 사람 그림은 동물 그림만큼 수준이 높질 못했다는 것이다. 이유가 뭘까? 그때까지 사람은 포터가 마음을 주고 가까이에서 관찰했던 작은 애완동물들만큼 그녀의 인생에서 중요한 의미가 되지 못했기 때문이다.

베아트릭스 포터가 활발하게 창작 활동을 한 기간이 10년 남짓 밖에 되지 않았다는 사실 또한 흥미롭다. 1913년에 포터는 부모의 극심한 반대에도 불구하고 변호사와 결혼을 하고 레이크 디스트릭트에서 농사에 전념했다. 포터가 마흔일곱 살이 되던 해였다.

방랑자의 삶

험프리 카펜터(Humphrey Carpenter)는 베아트릭스 포터를 이렇게 기록하고 있다.

후기 빅토리아 시대와 에드워드 시대의 어린이 작가에 대해 사람들이 흔히 생각하는 전형이 있다. 사람들이 상상하는 그 시대 작가는 고독하고 수줍어하고 내성적이며 정상적인 인간관계를 맺지 못하는 사람, 그래서 아이들에게 이야기를 하거나 아이들 책을 쓰는 방법을 통해서만 내면 깊숙한 곳의 느낌을 전달하는 사람들이다.[7]

카펜터처럼 나 역시 그런 식의 정형화가 마음에 들지 않는다. 그렇긴 하지만 동년배들과 관계 맺는 것을 어려워하는 사람들이 어른이 되면 작가가 되든 되지 않든 아이들이나 동물들과 있을 때 더 편안해하는 경우가 흔히 있다. 어린 시절 부모에게서 분리되었던 경험 때문에 방금 말한 성격과 정서가 형성되었고 직업 선택에도 그 경험이 어느 정도 영향을 준 작가들을 잠깐 살펴보기로 하자.

익살맞은 시와 그림으로 100년 이상 어른들과 아이들 모두의 사랑을 받은 에드워드 리어(Edward Lear)는 스무 남매의 막내로 태어났다. 아버지가 진 빚 때문에 그의 가족은 뿔뿔이 흩어져야 했다. 리어가 네 살 되던 해에 어머니는 짐을 덜 마음으로 그를 누나 앤에게 맡겼다. 그때부터 어머니는 리어를 키우는 일에 더 이상 관여하지 않았다. 전기 작가 비비언 녹스(Vivien Noakes)는 이렇게 이야기한다.

볼품없고 근시이고 정이 많은 아이였던 리어는 영문도 모른 채 어머니에게 거부당하자 마음의 상처를 받고 어쩔 줄 몰라 했다.[8]

누나가 다정하게 보살펴주었고 나중에는 가족과 다시 합쳤는데도 리어는 어머니와 아버지 어느 쪽과도 가까운 유대관계를 맺지 못한 듯하다. 일곱 살이 넘으면서부터는 그 스스로 "병적"이라고 표현한 우울증의 공격에 끊임없이 시달렸다. 심리적 장애는 간질과 천식 때문에 더 복잡해졌다. 어른이 되고 나서도 고독했으며, 동성애 성향을 보이긴 했지만 그 욕망을 채우진 않았던 것 같다.

리어가 원했던 것은 육체적 사랑이 아니라 그를 한 사람의 인격체로 보아줄 누군가였다. 어린 시절에 부모는 한 번도 리어를 그렇게 대해주지 않았다. 타고난 감수성과 매력 때문에 그는 친구들에게 인기가 좋았다. 아이들이 그를 좋아했고 그런 감정을 표현해주었기 때문에 리어도 그들과 어울리는 걸 좋아했다. 하지만 그가 간절히 원하면서도 결국 얻지 못한 것은 다른 사람과 진정 영적으로 관계를 맺는 것이었다.[9]

비비언 녹스는 이 전기에 "방랑자의 삶The Life of a Wanderer"

이라는 부제를 붙였는데, 리어가 삶의 대부분을 여행으로 보내면서 그림으로 생계를 꾸렸기 때문이다. 정신적인 박탈감을 경험한 사람들이나 이런저런 이유로 '가정'을 꾸리는 것을 힘들어하는 사람들은 대개 끊임없이 여행을 하거나 자주 이사를 한다. 리어는 그 매력과 사랑스러운 성격 덕에 친구들이 많았지만 본질적 외로움을 끝내 극복하지 못했다.

행복은 자신이 만들어야 한다는 깨달음

조지프 루디야드 키플링(Joseph Rudyard Kipling) 역시 어린 시절에 겪은 박탈과 불행의 영향을 오래도록 심각하게 받은 작가의 대표적인 예다. 키플링은 1865년 12월 30일 인도 뭄바이에서 태어났다. 그의 아버지, 존 로크우드 키플링은 뭄바이 소재 미술학교의 교장이었다. 1871년 4월 15일, 키플링의 아버지와 어머니는 1868년 6월 11일에 태어난 키플링의 여동생과 키플링을 데리고 영국으로 돌아와 여섯 달 동안의 휴가를 보냈다. 당시 인도에 사는 영국 사람들은 교육 문제로 아이들을 고국에 보내곤 했다. 인도의 무더운 날씨 때문에 아이들이 병에 걸리거나 사망하는 일이 많아서이기도 했지만 속물적인 이유 때문이기도 했다. 아이들이 인도의 '가정부들' 손에서 자라다 보면 영국 중산층의 습관과 예절을 익히기가 어려웠던 것이다.

여섯 번째 생일을 앞두고 키플링은 여동생과 함께 퇴직한 해군

대위인 할러웨이 부부 집으로 들어갔다. 키플링의 부모는 아이들을 남겨두고 인도로 돌아갈 거라는 얘기를 하지 않았다. 키플링은 그때부터 1877년 4월까지 어머니를 만나지 못했다. 나중에 키플링은 할러웨이의 집을 "황량함의 집"이라고 표현하기도 했는데, 그곳에서 보낸 5년은 그에게 평생 상처로 남았다. 키플링은 그보다 여섯 살 정도 많은 할러웨이 부부의 아들에게 괴롭힘을 당했고, 그를 끔찍하게 싫어했던 할러웨이 부인에게 구타와 강제 격리라는 무자비한 벌을 받았다. 뿐만 아니라 그 지역 통학 학교에 다니면서도 괴롭힘을 당한 탓에 공부도 제대로 하지 못했다. 매일 밤이면 하루를 어떻게 보냈는지 추궁까지 당해야 했다. 졸리고 겁에 질려 앞뒤가 안 맞는 말을 하면 괘씸하게도 일부러 거짓말을 했다는 이유로 또 벌을 받아야 했다. 키플링의 전기 작가인 찰스 캐링턴(Charles Carrington)은 할러웨이 집에서 보낸 오랜 고통의 시간이 그에게 가르쳐준 것이 있다고 말한다.

행복은 자신이 만들어야 하며, 스스로를 지탱할 수 있는 능력이 있다면 어떤 어려움도 견딜 수 있다는 냉철한 가르침이었다.[10]

끔찍한 불행의 병리학

키플링은 자전적 글 「매애, 매애, 검은 양 Baa, Baa, Black Sheep」에서 끔찍하게 불행했던 그 시절을 이야기한다. 작가 앵거스 윌슨(Angus Wilson)은 이렇게 적고 있다.

> 키플링이 이 글을 쓰는 동안 알라하바드에 있는 친구 힐 부인의 집에 머물렀기 때문에, 글 쓰는 과정이 그에게 얼마나 고통스러웠는지는 힐 부인의 이야기를 통해 알 수 있다.[11]

키플링은 할러웨이 부인이 그에게 한 짓을 두고 "계획적인 고문"이라고 표현했다. 그러면서도 그때의 영향으로 거짓말을 해야 할 때마다 신중하게 생각하게 되었으며 이것이 그의 문학 작품의 토대가 되었다고 결론지었다.

키플링은 어른이 되어서도 여전히 혼자 있으려 하고 남의 눈을 피했다. 사생활이 들춰지는 것에 분개하면서 오직 글로만 평가받기를 원했다. 그가 결혼을 한 이유도 창의적인 사람들이 대개 그렇듯 친밀감을 원해서가 아니라 방해받지 않고 창작 활동을 하고 싶어서였다. 키플링은 1892년에 결혼했는데, 그의 아내 캐리 발레스티어는 키플링이 방문객들에게 방해받지 않도록 보호해 주고, 가계를 책임지고, 키플링의 사무적인 일과 편지를 처리해 주는 유능한 여성이었다. 키플링은 명성을 즐기고 많은 사람들과 교제하면서도 여전히 내향적이었고 다른 사람들과 있을 때면 공상 속으로 도망치곤 했다. 결혼으로 득을 본 사람은 아내보다 키플링이었다고 캐링턴은 말한다.

키플링이 느낀 긴장은 불면증과 십이지장궤양으로 나타났다. 에드워드 리어처럼 키플링도 아이들과 있을 때 가장 편안해하고 즐거워했다. 그는 또한 다른 사람들이 속내를 털어놓도록 하는 데 탁월한 능력을 보였다. 사람들은 키플링이라면 끝까지 비밀을 지켜줄 거라고 확신하면서 자신의 고충을 털어놓았다.12)

키플링의 그런 모습은 상대의 입장에서 생각하고 상대에게 '공감'하는 특별한 능력 때문이었다. 그리고 이런 능력은 대개 어려서부터 다른 사람들의 기분을 살펴야 할 때 생기는데, 키플링 자신도 얘기했듯 그 또한 어려서부터 주변 사람들의 기분을 살펴야 했다. 키플링은 늘 조심하고 경계했으며, 언제 폭발할지 모르는 어른들의 기분 변화에 민감했다. 이처럼 다른 사람들의 기분과 감정 표현 방식을 살피고 알아차리는 능력이 나중에 글을 쓸 때에 유리하게 작용했을 것이다.

하지만 벌을 받을까봐 두려워하면서 자란 아이들만 이런 경계심과 불안을 느끼는 것은 아니다. 늘 우울한 어머니나 건강이 좋지 못한 어머니와 지내야 하는 아이들 또한 지나치게 불안해하며 주위의 눈치를 본다. 그런 아이들은 자신의 감정은 드러내지 않으면서 다른 사람의 기분은 금방 알아차린다. 또한 여느 아이들처럼 어머니나 다른 보호자에게 쉽게 기대지 못한다. 늘 경계하고 조심하는 아이들이 어른이 되면 다른 사람들의 말을 잘 들어주고 다른 사람들에게 의지가 되어주면서도 정작 자신은 그들처럼 감정을 드러내지 못하고 제대로 된 관계도 맺지 못한다. 이와 비슷한 기질을 심리학자들과 의사들에게서도 드물지 않게 발견할 수 있는데, 그들 역시도 상대에게는 속마음을 털어놓게 하면서 자신은 그렇게 하지 못한다.

외로움의 사제

'사키'라는 필명으로 알려진 H. H. 먼로(H. H. Munro)는 어린 시절 부모와 사별한 후로 부모의 사랑을 받지 못하고 정서적으로 고립되어 자란 탓에 상상력을 키울 수 있었던 작가의 대표적인 예다. 사키는 키플링이 태어나고 5년쯤 후인 1870년 12월 18일에 태어났다. 키플링처럼 그도 외국에서 태어났다. 인도는 아니고 미얀마였는데, 그곳에서 사키의 아버지는 영국 헌병대 장교였다. 1872년 겨울, 그의 가족이 영국에서 휴가를 보내는 동안 임신 중이던 어머니가 고삐 풀린 소에 부딪치는 사고를 당했다. 이 예기치 않은 사고로 사키의 어머니는 뱃속의 아이와 함께 세상을 떠났다. 아버지가 미얀마로 돌아가고 나서 사키는 형과 누나와 함께 친할머니 집에 남았다. 세 남매는 미망인이었던 할머니와 무시무시한 두 고모, '톰'이라고 알려진 샬럿 고모와 오거스타 고모 손에서 자랐다.

이 무시무시한 고모들은 둘 다 엄격한 규율주의자였으며 끊임없이 서로 다퉜다. 특히 오거스타 고모는 아이들에게 벌을 줄 때면 신까지 들먹여가며 이성을 잃을 정도로 화를 냈다. 세 남매 중 맏이인 에설은 오거스타 고모를 이렇게 묘사한다.

> 그녀는 화를 참지 못했고, 좋고 싫은 것을 극단적으로 표현했으며, 거만하면서도 다른 사람의 비난을 두려워하는 겁쟁이였고, 특별히 얘기할 만한 지혜가 없었고, 미개한 기질을 타고난 사람이었다. 아

이들을 맡아서는 절대 안 되는 사람이었다.[13]

사키는 글 속에서 두 고모에게 끊임없이 복수했는데, 그 복수심이 가장 강렬하게 표현된 것은 「스레드니 바쉬타르Sredni Vashtar」였다. 열 살짜리 콘라딘의 보호자가 콘라딘의 애완동물인 족제비에 물려 죽는 내용인데, 보호자의 모델은 당연히 오거스타 고모였다.

사키는 근사하게 자랐고 동성애자가 되었다. 시나리오 작가이자 영화배우인 노엘 카워드(Noel Coward)처럼, 그 역시 냉소라는 보호 가면 속에 자신의 감정을 감췄다. 많은 사람들에게서 사랑을 받았지만 누구와도 친하게 지내지 않았다. 『보들리 헤드 사키The Bodley Head Saki』의 서문에서 J. W. 램버트(J. W. Lambert)는 이런 면을 날카롭게 지적한다.

> 친구들(군대 친구들은 예외겠지만)이 하는 칭찬조차 별 관심도 없으면서 듣기 좋으라고 예의상 건네는 말 같다. 세상 사람들은 그에게 무의미한 말들의 온상이었다. 그 공격에서 돌아서면 사키는 외로움의 사제가 된다. 프란체스카 배싱턴과 그녀의 아들을 묶어 무력하게 만드는 그 엉킨 줄 말고는 그의 작품 어디에도 친밀한 인간관계가 없다(『참을 수 없는 배싱턴The Unbearable Bassington』을 보라).[14]

키플링이나 리어처럼 사키도 어른들보다 아이들과 있는 것을 좋아했다. 세 사람 모두 동물을 좋아해서 자신의 이야기에 동물들을 끼워 넣었다.

사키와 키플링은 신체 학대에도 특별한 관심이 있었으며, 이런 학대는 키플링의 '스탤키' 이야기들과 사키의 『참을 수 없는 배싱턴』 등에서 역겨운 모습으로 나온다. 특히 사키의 『참을 수 없는 배싱턴』에는 학교에서 남자아이를 회초리로 때리는 코모스가 나온다. 사키와 키플링 모두 가학적 성향을 지닌 어른으로 자랐는데, 대개의 경우가 그렇듯 두 사람의 이런 성향도 어린 시절에 자신을 괴롭힌 사람들에게 복수하고픈 욕망에서 비롯되었을 것이다. 소설은 난폭한 감정을 용인된 방식으로 배출하게 해주는 역할을 한다. 천진하고 힘없는 사람을 공격하는 것으로 기분을 푸는 사람들에게 소설이라는 형태로 감정을 표현할 재능이 있다면 얼마나 좋을까!

"엘리베이터 보이에게 무슨 말을 해야 할지 모르겠어"

이번에는 전혀 다른 종류의 작가인 P. G. 우드하우스(P. G. Wodehouse)의 이야기다. 우드하우스는 1881년 10월 5일에 태어났다. 영국에서 태어나긴 했지만 두 살이 될 때까지는 주로 홍콩에서 살았다. 아버지는 그곳의 치안판사였다. 우드하우스가 두 살 때 그의 어머니는 네 살, 여섯 살이던 두 형과 함께 우드하우스를 영국으로 보내 로퍼 양이라는 낯선 사람의 손에 맡겼다. 로퍼와 함께 3년을 지내고 나서 세 형제는 두 자매가 운영하는 크로이던의 학교로 갔고, 다음에는 건지에 있는 학교로 갔다. 우드하우스는 자신이 이 사람 손에서 저 사람 손으로 옮겨 다녔으며 돌아갈 집이 없는 이상한 삶을 살았다고 표현했다.

하지만 우드하우스는 그렇게 불행하지 않았다. 말년에 한 어느 인터뷰에서, 그는 아주 행복한 어린 시절을 보냈노라고 말하면서 키플링과는 비교도 안 될 정도로 운이 좋았다고 했다. 그래도 오래도록 변함없고 다정한 유대관계가 없었던 어린 시절은 그의 삶에 어쩔 수 없이 영향을 주었다. 우드하우스의 전기 작가인 프랜시스 도널드슨(Frances Donadson)은 이렇게 말한다.

> 그는 차갑고 냉정한 세계에서 물러나 공상 속으로 도망쳤다. 아주 어린 나이일 때부터 혼자 있을 때 가장 행복했으며, 가족과의 삶도, 정서를 자극하는 일도 없이 고독 속에서 상상을 키웠다. 그는 작가가 되겠다는 생각을 하지 않았던 때를 단 한 순간도 기억할 수 없다고 말했으며, 글을 쓰기 전부터 이미 이야기를 만들었다.[15]

아흔한 살 때 〈파리 리뷰Paris Reviews〉와 한 인터뷰에서 우드하우스는 다음과 같이 얘기했다고 한다. "다섯 살 때 이야기를 쓰고 있었다는 건 알겠어요. 그런데 그전에는 뭘 했는지 모르겠어요. 그냥 빈둥거렸던 것 같아요."[16]

우드하우스는 학교를 또 한 번 옮긴 후에 이번에는 덜위치 칼리지로 갔다. 프랜시스 도널드슨은 말한다. "여기에서 그는 처음으로 제자리를 찾은 듯한 안정감을 느꼈다."[17]

우드하우스에게 덜위치 칼리지는 정상적인 환경에서 자란 아이들이라면 '가정'에서 느꼈을 바로 그 정서를 느끼게 해준 곳이었다. 우드하우스는 학교를 떠난 후 40년 동안이나 그 학교의 풋볼 경기를 여전한 열정을 가지고 보러 다녔다. 그는 덜위치에서 보낸 몇 년을 천국에서 보낸 시간이었다고 말했다. 그 학교에서 우드하우스는 여러 경기에서 두각을 나타냈고, 성적도 꽤 좋았으며, 기숙학교의 분위기 덕에 다른 사람들과 억지로 가까이 지내지 않아도 되었다. 프랜시스 도널드슨의 말처럼 "누구의 강요도 받지 않고 스스로 참여할 수 있었다."[18]

열다섯 살 되던 해에 다시 어머니와 살게 되었지만 절대 가까워지지는 못했다. 그리고 훗날 여성들과의 관계에서도 여전히 감정을 억제했으며 의존적이었다. 어머니와 제대로 된 관계를 맺지 못하고 자란 사람들이 으레 그렇듯, 우드하우스도 연상의 여성들에게 마음이 끌렸다. 우드하우스는 1914년에 결혼했다. 아내 에설이 우드하우스의 재정 문제를 전적으로 떠맡았고 그 자신은 약간의 용돈을 받아 썼다. 에셀은 세상으로부터 우드하우스를 보호했으며, 사교활동에 참여하라고 이따금 다그치면서도 그가 원할 때면 혼자 있도록 해주었다. 이런 점에서 우드하우스의 결혼생활은 키플링과 많이 비슷했다.

우드하우스는 나이가 들어서도 사람들과의 접촉을 두려워했고, 인터뷰당하는 것을 싫어했으며, 클럽을 혐오했고(많은 클럽에 속해 있긴 했지만), 다른 사람들에게 줄 수 없었던 애정을 동물들에게 아낌없이 주었다. 아내가 뉴욕에서 아파트를 구하고 있었을 때, 그는 1층에 있는 집으로 구해달라고 부탁했다. 아내가 이유를 묻자 그는 이렇게 대답했다고 한다. "엘리베이터 보이에게 무슨 말을 해야 할지 모르겠어."[19)]

학교로 딸을 찾아갔을 때는 누구의 도움 없이 혼자서 교장 선생님을 만나는 것이 두려워 딸이 나올 때까지 밖에서 기다리기도 했다. 상냥하고 친절하고 조금은 어린아이 같았던 우드하우스는 글 쓰는 일을 세상으로부터의 도피처로 삼았고 그 결과 엄청나게 다작을 했다. 아흔여섯 권의 책을 출간했을 뿐만 아니라 뮤지컬 코미디 가사를 비롯해 수많은 글을 썼다.

흔히 사람들은 자신의 고난을 농담처럼 아무렇지 않게 이야기하는 사람을 대단하게 평가하곤 한다. 그런데 우드하우스는 현실 인식에 문제가 있다고 여겨질 정도로 모든 일을 가볍게 넘겨버렸다. 가령 담배나 새 타자 리본을 살 잔돈 말고는 돈 문제에 무관심했던 탓에 과세 당국과 끊임없이 마찰을 겪어야 했다. 2차 세계대전 동안 나치에 의해 프랑스에 억류되었을 때는 대영방송을 통해 억류자의 경험을 이야기하라는 요구를 별 생각 없이 받아들여 명성에 큰 오점을 남기기도 했다. 정치 감각까지는 아니더라도 최소한 정상적인 현실 인식 능력을 갖춘 사람이라면 그런 행동이 나치에 대한 지지로 비칠 거라는 판단을 했을 테지만, 우드하우스는 배신자로 낙인찍힐 거라는 생각도 못한 채 방송을 그저 영국 국민과 계속 접촉하고 그에게 물건을 보내준 미국 친구들에게 감사할 기회로만 여겼던 것이다.

세상으로부터의 도피

키플링, 사키, 우드하우스는 어린 나이에 '다른 사람의 손에 맡겨지고', 보통의 가정이 주는 편안함과 애정과 지지를 경험하지 못했다는 공통점을 갖고 있었다. 그 결과, 세 사람 모두 나이를 먹어서도 가까운 관계를 맺는 데 어려움을 겪었고 어른들에게보다는 동물이나 아이들에게 더 많은 애정을 보였다.

그리고 세 사람 모두 세상으로부터의 도피처로, 그리고 세상에 이름을 떨치는 우회적인 방법으로 상상력을 사용할 줄 알았다. 키플링과 사키는 자신을 버리고 자신이 낯선 사람 손에서 학대받도록 한 이들에게 느끼는 분노를 소설 속에서 표현했다. 학대를 받지는 않았지만 이 사람 저 사람 손으로 옮겨 다녀야 했던 우드하우스는 폭력도, 증오도, 섹스도 없으며, 그렇다고 깊은 느낌도 없는 상상의 세계를 만들어냈다. 리어의 시 몇 편에서 폭력이 익살맞게 표현되기도 하지만, 그가 만든 상상의 세계 역시 섹스도 없고 심오한 정서도 없다.

위의 예들을 보면서, 이들이 그처럼 복잡한 상상의 세계를 만든 것은 평범한 가정 환경에서 자란 아이들이 부모나 다른 보호자들과의 관계에서 느끼는 정서적 충만감을 느끼지 못했기 때문이라고 결론지을 수 있다. 이 작가들(여기에 나는 베아트릭스 포터와 에드워드 리어도 포함시키는데, 이들은 신체적으로는 아니어도 정서적으로는 부모의 보호를 받지 못했기 때문이다)은 창작을 하면서, 그리고 사람에 대한 사랑을 동물에 대한 사랑으로 어느 정도 대체하면서 고립된 삶을 채워 나갔다.

불행한 소명

  고립되어 사는 사람들 모두가 소설이나 동물의 왕국에 의존하는 것은 아니다. 그들에게 재능이 있다고 해도 그렇다. 그리고 관계를 맺는 데서 느끼는 어려움이 꼭 어린 시절의 불행한 환경 때문인 것도 아니다. 사람들은 가정환경도 다 다르지만 유전적 기질도 다르다. 어린 시절에 아무리 많은 애정을 받아도 타인과 가까운 관계를 맺지 못하는 사람들이 있다. 인간관계의 부족한 부분을 소설 창작보다는 부를 쫓으면서 메우는 사람들도 있다. 인간의 창조 활동을 한 가지 표제로 묶으려 하는 것은 순진한 발상이다.
  그럼에도 한 인간을 작가로 만드는 재능은 상실과 고립 속에서 싹틀 수 있다는 사실을 위의 예에서 확인할 수 있다. 〈파리 리뷰〉와의 인터뷰에서 심농이 다음과 같이 말한 이유도 납득이 간다. "글쓰기는 직업이 아니라 불행한 소명입니다."[20]
  같은 인터뷰에서 심농(Simenon)은 젊은 시절 두 사람 사이의 완전한 의사소통은 불가능함을 절실하게 느꼈다고 고백한다. 그 때문에 느끼는 고립감과 외로움 때문에 비명이라도 지르고 싶은 심정이었다고도 말한다. 심농에게 이야기를 만들어내는 뛰어난 능력을 준 것은 말할 것도 없이 이 외로움이었다. 강박적인 여성

편력도 외로움 때문이었을 것이다.

무너진 애착에 대한 보상

우드하우스는 예외라 해도, 이 장에서 논의된 다른 작가들은 어린 시절에 불행했고 그럴 만한 충분한 이유가 있었다. 그렇다면 그들은 언제까지 불행했을까? 어린 시절의 경험 때문에 다른 사람들과 관계를 맺을 때 오는 행복감을 느끼지 못한 것인가? 만일 그렇다면, 상상력이라는 재능을 발휘하면서 또 다른 종류의 행복을 느꼈던 것인가?

이 질문들에 대답하기는 쉽지 않다. 에드워드 리어는 일평생 걸핏하면 심각한 우울증에 빠졌고, 많은 사람들에게 사랑을 받았는데도 감정적으로는 늘 고립되었다.

트롤럽 역시 우울증에 잘 빠졌고, 울적한 기분을 몰아내기 위해 강박적으로 일했다. 그래도 트롤럽은 결혼생활이 행복했노라고 말했고 정말 그랬던 것처럼 보인다. 중년에 만난 케이트 필드를 사랑한 것도 그 사실과 무관하지 않다. 그는 거짓 가면 아래 감정을 숨기려고 노력한 예민한 사람이긴 했지만, 많은 친구를 사귀었고 어른이 되어서는 고립되어 살았다고 할 수 없었다. 소설이 가져다준 명성은 어린 시절에 받은 경멸과 거부를 꽤 많이 보상해주었다.

트롤럽에 비해 키플링은 사람들과 그리 친밀한 관계를 맺지 못한 듯한데, 당연히 사생활을 어떻게든 지키고 싶어 하는 그의 성향 때문이었다. 그래도 그의 풍부한 매력 덕에 인생에서 오래도록 중요한 역할을 해준 친구를 여럿 사귈 수 있었다. 그는 결혼으로 안정을 찾았다. 그리고 작가로서의 명성으로 자아 존중감을 지킬 수 있었다. 그런데도 트롤럽처럼 키플링 역시 걸핏하면 우울증에 빠졌고, 앵거스 윌슨의 표현대로 신경쇠약의 두려움에 괴로워하면서 자기성찰을 회피했다. 글을 쓸 때 키플링이 담으려 했던 것은 주로 외부 세계에 대한 관찰이었으며 자기성찰에는 가능한 한 눈을 돌리지 않았다. 바로 이 자기성찰의 회피 때문에 키플링이 최고의 작가 대열에 올라서지 못했지만, 동시에 그 때문에 어느 작가도 시도하지 못한 주제들을 다룰 수 있었다고 앵거스 윌슨은 말한다.

이 장에서 언급된 작가들 중 가장 고립된 삶을 산 작가는 사키일 것이다. 불행한 어린 시절 때문에 그는 다른 이들과 친밀한 관계를 쉽사리 맺지 못했고 동성애 성향 때문에 어려움은 더 커졌다. 당시에 동성애는 사회에서 용납되지 않는 범죄였다. 사키는 글쓰기로 어느 정도 세상의 인정을 받았지만, 그의 글이 보여주는 한계, 사랑의 배제, 아이러니, 잔인함 때문에 폭넓게 사람들과 공감하는 작가들이 마땅히 누리는 명성이 그에게는 허용되지 않았다.

그가 쓴 편지들을 보면, 삶에서 가장 행복했던 때는 1차 세계대전 동안이었던 것 같다. 전쟁이 시작되었을 당시, 사키는 마흔세 살이었다. 그는 건강이 좋지 않았는데도 용케 영국 기병대에 사병으로 입대했다. 그가 전쟁을 낭만적 모험으로 생각하고 남자들끼리의 우정을 즐겼다는 것이 그의 편지에서 나타난다. 아마도 살아남아야 한다는 절박함이 없어서였겠지만 그는 지뢰 부설을 위한 야간 원정의 위험마저도 즐겼다. 사키는 1916년 11월 14일에 저격병의 탄환을 맞고 죽었다.

허공 위의 피난처

지금까지 이야기한 작가들 중 우드하우스의 작품이 공상을 현실 도피라고 보는 프로이트의 시각에 가장 들어맞는다. 우드하우스의 인간관계는 대체로 피상적인 수준에 머물렀던 것 같다. 그의 삶이 전개되는 중심은 친밀한 애착이 아닌 자신의 작품이었다. 하지만 상상의 세계를 만들면서 느끼는 희열, 독창성, 말솜씨, 세속적 성공으로 그는 많은 사람들이 부러워할 만한 행복을 누렸다.

베아트릭스 포터는 결혼하기 전부터도 나름대로 행복을 맛보았다. 억압적인 가족에게서 벗어나서 레이크 디스트릭트에 사둔 농장에서 혼자 살 수 있었기에, 그녀는 농사일을 하고 글을 쓰면서 만족해했다. 그리고 당연히 결혼으로 훨씬 더 큰 성취감을 맛봤다. 하지만 결혼하기 전 8년 또한 행복했다는 그녀의 전기 작가 얘기를 의심할 이유는 없다. 이때는 포터가 힐탑 농장에서 혼자 지내는 삶을 즐기면서 작가로서도 전성기를 누린 시기였다.

이 작가들의 상상력과 창작력이 친밀한 애착에 대한 보상으로 발전했다는 개념에는, 그런 재능이 차선이라는 의미, 마땅히 누렸어야 할 가깝고 애정 어린 관계를 대신하는 보잘것없는 대체물이라는 의미가 함축되어 있다. 어린 시절에는 그럴 수 있을 것이다. 하지만 어린 시절을 벗어나면 그 어떤 것도 친밀한 애착을 완전하게 보상할 수는 없다.

어쨌든 박탈에 대한 보상으로 시작된 것이 그들 삶의 중요한 요소가 되었다. 마음의 상처가 남았을지는 모르지만, 이 작가들은 모두 성공을 거두었다. 사키와 리어는 예외겠지만, 나머지 작가들은 어린 시절에 그들처럼 박탈을 경험하지 않은 대부분의 사람들 못지않게 만족스러운 관계를 맺었다. 관계의 강도와 친근함에서는 달랐다고 해도 말이다. 친밀한 애착의 대체물이던 것이 그 무엇 못지않게 유익하고 재미있는 삶의 방식이 되었다. 그들 삶의 중심이 친밀한 애착이 아니라고 해서 그 삶이 충만하지 않다고 생각할 이유는 없다.

Chapter Eight

불행을 극복하는 창조적 상상력

"글쓰기는 치료의 한 형태다. 글을 쓰거나 작곡을 하거나
그림을 그리지 않는 사람들은 인간의 상황에 내재해 있는 광기, 우울증,
극도의 두려움을 어떻게 피하는지 궁금해지곤 한다."
―그레이엄 그린(영국 작가)

"하지만 나처럼 우울한 순간에 가장 강렬한 감정을 느끼는 사람이라면
우울증 치료가 강렬함까지 파괴해버리는
궁여지책이 되지 않을까 진지하게 생각하게 된다."
―에드워드 토머스(영국의 시인)

지금부터는 상상력이 단순히 불완전한 관계를 보상받으려고 허공에 성을 쌓는 것, 즉 불행으로부터 도망칠 피난처를 짓는 것 이상의 역할을 한다는 이야기를 하려 한다. 이 장의 제사에서 그레이엄 그린(Graham Greene)도 말했듯, 창조적 상상은 치료 역할을 한다. 예술가는 시를 비롯한 예술작품에서 일체감을 만들어내는 과정을 통해 외부 세계에 실제로 존재하는 작품을 창조한다. 뿐만 아니라 정신 구조라는 내면 세계에서도 잃어버린 일체감을 회복하거나 새로운 일체감을 찾으려 한다. 실제로 창의적 잠재력을 지닌 사람들은 외부의 실제 세계와 정신 구조라는 내면 세계 사이의 간극을 끊임없이 메우려 한다. 위니콧이 말한 대로 "창의적 통각"은 "인생이 살 가치가 있다고 느끼도록 만드는 것"이다. 그리고 재능을 가진 사람들은 그렇지 못한 대부분의 사람들에 비해 상징적인 방식으로 상실을 치료하는 능력이 뛰어나다.

인간은 주관적인 상상의 세계에서 새로운 균형을 찾거나 상실을 회복하면 외부 세계에서도 더 나은 쪽으로 변화한다고 느끼며, 반대로 외부 세계에서 균형과 회복을 이루면 내면 세계도 변화한다고 느낀다. 이처럼 객관적인 세계와 주관적인 세계를 연결 짓다 보면 이해력의 한계에 다다르게 된다. 하지만 나는 인간이 창의력을 발휘해 삶에 적응하는 동력은 바로 이런 한계에서 비롯되는 거라고 생각한다. 상상력의 한계를 느낄 때, 인간은 외부 세계에 대한 이해의 지평을 넓히고 외부 세계와 새롭게 연결되고자 하는 자극을 받는데, 이는 다시 말하면 내면에서 통합과 통일에 대한 갈망을 느끼는 것이다.

나는 사랑받고 있을까?

어떤 아이든 양쪽 부모에게서 분리되면 외상을 겪게 마련이지만, 부모가 살아 있다는 것을 아는 한은 부모와 다시 만날 것이라는 희망을 아마도 계속 품을 것이다. 하지만 부모와 사별한 아이는 사후를 믿지 않는 한 애초에 그런 희망을 가질 수가 없다. 그처럼 가혹하고 부당하고 불가해한 박탈을 경험할 때, 아이는 이 세상을 자신이 어떻게도 해볼 수 없는 예측 불가능하고 불안한 장소로 볼 가능성이 있다. 어릴 적에 부모를 잃은 경험이 나중에 나이를 먹어 겪는 정서적인 문제와 종종 연관되는 것은 어찌 보면 당연한 얘기다. 좀 더 구체적으로 말하자면, 어릴 적에 부모와 사별하면 나중에 심각한 우울증으로 고통 받을 위험이 커진다는 것이다.

어린 시절에 사별을 겪었다는 이유만으로 이후에 우울증에 더 쉽게 걸리는지에 대해서는 논쟁의 여지가 있다. 사별의 영향은 여러 가지로 나타난다. 그리고 어린 시절에 경험하는 사별이 외상으로 남는 것이 분명하다 해도, 유전적으로 우울증 소인을 지닌 사람들에게는 그저 하나의 계기로 작용할 수도 있다.

이 주장은 어린 시절에 부모와 사별한 정신과 환자 집단과 사별을 경험하지 않은 정신과 환자 집단을 비교한 연구에서도 입증되었다. 단, 연구 대상이 된 두 집단 중 사별을 경험하지 않은 환자의 수가 더 많았다. 연구 결과, 어린 나이에 사별을 겪은 사람들은 나중에 어른이 되었을 때 병의 종류에 관계없이 그 증세가 심각하게 나타났다. 다시 말해 우울증이나 정신 분열증처럼 특정 종류의 정신병 증세를 보이는 것이 아니라, 그저 처음 입원했을 때 병의 심각성이 비교집단에 비해 더했다.

하지만 어쨌든, 어린 시절에 사별한 환자들이 사별의 경험이 없는 사람들에 비해 더 어려움을 느끼는 것은 확실했다.

> 그들은 강렬하고 불안정한 인간관계를 맺었으며 만성적인 공허감과 권태를 호소했다.[1]

위 주장을 근거로 한다면, 공허감이 우울증에서 가장 흔히 나타나는 증상이므로 어린 시절에 사별을 경험한 환자 중 일부는 만성적인 우울증 증세를 보인다고도 할 수 있다. 정신과 의사 조지 브라운(George Brown)과 티릴 해리스(Tirril Harris)는 노동자 계급 여성들의 우울증을 연구했는데, 그 결과 열한 살이 되기 전에 어머니와 사별한 여성은 이후에 상실을 경험할 때 심각한 우울증에 빠질 가능성이 더 크다는 결론을 내렸다.

무조건적인 사랑을 받는다는 느낌이 내면에 확실하게 자리 잡고 있을 때 자아 존중감이 생긴다고 이미 얘기했다. 어린 시절에 내게 무조건적인 사랑을 주는 존재는 어머니이기 때문에, 어머니와 사별하고 나면 사랑받는다는 느낌을 내면에 간직하기가 어렵고, 그 결과 자아 존중감을 형성하거나 유지하는 것 또한 힘들어진다.[2]

그런데 또 다른 연구에서는, 어린 시절에 부모와 사별한 경험 자체가 우울증에 취약해지는 성향을 강하게 만드는지에 대해 의문을 제기했다. 최근 다양한 형태의 우울증 환자들을 대상으로 한 연구에서도, 열다섯 살 이전에 부모와 사별한 것이 우울증의 주된 원인이라는 증거는 없다고 주장했다.[3] 그보다는 어린 시절에 부모와 따뜻한 관계를 맺지 못한 것이 성인기에 나타나는 우울증의 주된 요인이라고 주장하는데, 이런 주장은 자아 존중감이 제대로 형성되지 않은 사람들이 우울증에 잘 걸린다는 주장과도 일치한다. 부모가 세상을 떠났을 때 아이는 사랑받는다는 느낌을 내면화할 수가 없다. 하지만 부모가 아이를 거부하고 오랫동안 곁을 떠나 있을 때도 아이는 사랑받는다는 느낌을 갖지 못하며 따뜻한 관계를 맺지 못해 혼란스러워한다.

나는 왜 이렇게 무능한 걸까?

자아 존중감은 사랑받는다는 느낌뿐 아니라 유능하다는 느낌과도 관계된다. 이혼을 하거나 배우자와 사별해 우울해하는 사람들은 그들을 사랑해줌으로써 자아 존중감을 갖게 해준 상대를 잃었다는 상실감뿐 아니라 혼자서 살아가면서 느끼는 무력감 때문에도 종종 실의에 빠진다. 적어도 처음에는 그렇다. 이에 대해 브라운과 해리스는 다음과 같이 말한다.

열한 살 이전에 어머니와 사별한 여성이 살아가면서 세상의 여러 가지 일에 맞닥뜨리다 보면 무력감을 느끼며 불안해지고, 그 사별이 자아 존중감에 지속적으로 영향을 주는 일이 얼마든지 있을 수 있다.

그들은 또 이렇게도 주장한다.

열한 살 정도가 될 때까지 아이는 주로 엄마를 통해 세상을 통제하는 법을 배운다. 그리고 이후에는 자신이 직접 통제력을 발휘하려고 한다. 따라서 어머니를 일찍 잃을수록 아이는 환경을 지배하는 법을 제대로 배우지 못한다. 이 환경을 지배한다는 느낌에서 긍정적인 시각이 형성되는 경우가 많다. 그러므로 열한 살 이전에 어머니를 잃으면 환경을 지배한다는 느낌과 자아 존중감이 지속적으로 줄어들며, 어른이 되어서 상실감을 겪을 때 제대로 대처하지 못하고 우울증에 쉽게 빠진다.[4]

어린 시절에 부모와 사별한 경험이 우울증에 취약한 성향으로 이어지는 것은 이처럼 환경을 지배한다는 느낌을 갖지 못하는 것과도 관련된다. 어린 시절에 부모와 사별한 환자들 중에는 계속 부모를 그리워하면서 부모와 비슷한 사람이나 의지가 되는 사람과 결혼하려 하는 이들이 있다. 정신과 의사인 존 버치넬(John Britchnell)은 열 살이 되기 전에 어머니를 잃은 여성은 그렇지 않은 여성에 비해 훨씬 더 의존적이며, 보울비의 용어를 빌리자면, 더 불안정하게 애착을 느낀다는 연구 결과를 얻었다.5)

의존적인 성향은 자신이 무능하다는 느낌, 삶의 문제에 제대로 대처하지 못한다는 느낌과도 밀접하다. 우울증의 여러 사례에서 보면 무력감과 절망감이 함께 나타난다.

부모를 대신해줄 사람과 결혼하면 혼자서는 세상을 극복할 수 없다는 의식이 더 강해진다. 의지가 되어주고 조언을 해주고 결정을 내려주는 누군가가 늘 곁에 있으면 스스로의 힘으로 극복하는 법을 배우지 않으려 한다. 배우자에게 유달리 의지했던 사람이 배우자를 잃으면 그렇지 않았던 사람들보다 무력감을 더 많이 느낀다.

이 무력감이 오래도록 지속되는 경우도 있다. 그런가 하면, 더 이상 의지할 사람이 없기 때문에 이전에는 미처 깨닫지 못한 힘을 스스로에게서 발견하는 경우도 있다. 남편이나 아내를 잃고 나서 더 행복하게 사는 듯 보이는 사람들이 있다. 이것은 그 사람의 결혼생활이 꼭 불행했기 때문만은 아니다.

혼자서는 감당하기 힘든 고통

배우자의 죽음, 이혼, 실직, 신체적 상해, 징역과 같이 힘겨운 변화를 겪으면서 이런 상황을 혼자 힘으로는 감당할 수 없다고 느낄 때, 이런 느낌이 시간이 지나면서 병으로 이어질 가능성이 상당히 높다고 연구자들은 말한다. 자신의 삶이 주로 외부의 힘에 의해 좌우된다고 느끼는 사람들은 삶을 스스로 헤쳐 나갈 수 있다고 생각하는 사람들에 비해 스트레스에 취약하고 더 크게 고통을 받는 것으로 나타났다.[6]

어떤 상실을 겪으면 과거에 다른 상실을 겪었을 때의 느낌이 되살아날 수 있다는 데 대부분의 연구자들이 동의한다. 이것은 과거 상실을 겪었을 당시에 그 감정을 완전히 '해소'하지 못했다면 특히 더 그렇다. 애도의 과정을 충분하게 거치지 않고 나서 이후에 또 다른 상실을 겪으면 더 힘겨워지는 식이다.

브라운과 해리스의 주장에 따르면, 어떤 사람이 사별이라는 상실을 겪으면 이후에 다른 종류의 상실을 경험할 때도 그 상황은 불가피하게 일어나는 것이며 자신의 힘으로는 어쩔 수 없다고 느낀다고 한다. 별로 심각하지 않은 상실이나 실패를 겪었는데 그에 비해 심각한 우울증을 보이는 경우가 이에 해당된다.[7] 예를 들면, 어린 시절에 부모를 잃은 청소년은 시험에 떨어졌을 때 과도하리만치 우울해하고 힘들어할 수 있다.

주로 인간관계에서 자아 존중감을 찾으려는 태도 역시 고통에 취약한 성향으로 이어질 수 있다. 어린아이들이 인간관계에 지나치게 의존한다면, 그들이 천재가 아닌 이상, 관심분야와 능력을 개발할 시간을 충분히 갖지 못하고 그 결과 자신의 능력에 대한 확신도 약해질 수밖에 없다. 반면 창의적인 작품에서 자아 존중감을 찾는 사람은 가까운 인간관계에 전적으로 의지하려는 사람에 비해 강점을 지닌다.

상실을 적극적으로 극복하는 하나의 방법

글쓰기를 비롯한 다양한 창작 활동은 상실을 적극적으로 극복하는 하나의 방법이 될 수 있다. 최근에 겪은 사별 때문에 상실감을 느낄 때나 여러 원인 때문에 심각한 우울증을 겪으면서 상실감과 공허감을 느낄 때나 마찬가지다.

사별을 경험하거나 여러 이유로 심각한 우울증을 겪을 때, 창조의 재능이 있는 사람이라면 그 상실을 극복할 수 있다. 이 장 첫머리에서 말했듯, 창조의 재능이 있는 사람은 그 재능을 이용해 회복 혹은 재창조의 과정을 만들어낼 수 있다. 이 과정은 상실을 부정하거나 현실에서 도망치려는 시도가 아니라 상실을 인정하고 고통을 받아들이려는 노력이다.

조울증을 앓았으며 끊임없이 우울증에서 벗어나려고 노력해야 했음을 고백한 그레이엄 그린은 글쓰기나 작곡 혹은 그림 그리기가 이런 증세를 치료하는 역할을 한다고 주장했다. 치료가 창조의 유일한 기능은 아니라고 해도, 그레이엄 그린의 주장은 타당하다. 뿐만 아니라 이런 창조 활동은 우울증으로 고통 받는 사람 자신이 치료사가 되며 그 외의 다른 치료사는 전혀 필요하지 않다. 글쓰기는 고통에 대한 반응을 외부로 향하지 않고 내부로 돌리는 시작이다.

한편 창조 활동은 대응기제, 즉 정서를 표현하는 방법일 뿐만 아니라 통제력을 발휘하는 방법이기도 하다. 사실 창작에 별 재능이 없는 사람이라도 어떤 일로 고통 받을 때 정서를 표현하면 어느 정도는 상황을 통제하는 느낌을 얻는다.

심리 치료사, 특히 융 학파에 속하는 심리 치료사들은 환자에게 분노나 절망에서 헤어나지 못할 때 자신의 느낌을 그림으로 표현하거나 상황을 글로 적어보라고 권하기도 한다. 혼자 있을 때 이런저런 방식으로 느낌을 표현할 수 있다면, 감정에 휘둘린다는 무력감에서 벗어나 어느 정도의 통제력을 얻을 수 있을 것이다.

고통을 마비시키는 마취제

뛰어난 작가 앨프리드 테니슨(Alfred Tennyson)은 자신의 재능을 이용해 상실을 극복한 사람으로 잘 알려져 있다. 테니슨은 친구 아서 핼럼이 죽었다는 소식을 듣고 며칠 만에 『인 메모리엄In Memoriam』을 쓰기 시작했다. 테니슨은 이 작품에 17년 가까이 매달렸다. 처음부터 출판을 목적으로 쓴 것은 아니었지만, 이 작품은 마침내 세상에 나오자 엄청난 성공을 거두었다.

핼럼은 테니슨의 여동생 에밀리의 약혼자였다. 핼럼과 테니슨은 또한 케임브리지 대학교 시절 가장 절친한 친구였으며 배타적인 모임인 사도회의 회원이기도 했다. 두 사람의 우정은 친밀하고 열정적이었다. 프로이트 이전 세대는 모든 사랑의 근원은 반드시 '성애적'이라는 편견 없이 동성이나 이성에 대한 '사랑'을 자유롭게 인정할 수 있었다는 점에서 우리 세대보다 운이 더 좋았다. 핼럼은 1833년 9월 15일에 빈에서 갑작스럽게 죽었다. 뇌동맥류와 뇌정맥의 기형으로 생기는 일종의 뇌졸중이 사인이었다. 그의 나이 스물세 살 때였다.

> 겉으로 보기에 테니슨은 에밀리처럼 절망에 짓눌리는 것 같지 않았지만, 아마도 그는 친구의 죽음을 마음 깊이 슬퍼했고 오랜 시간이 지나도록 그 슬픔에서 헤어나지 못했을 것이다. 평소와 다름없이 일상생활을 이어나가긴 했어도, 그는 삶에서 가장 소중한 정신적 지주를 잃었다. 이제 남은 단 하나의 위안은 시였다. 그에게 시는 한동안 의미가 없어진 삶을 잊게 해주는 마취제였다.[8]

미국의 작가 로버트 버나드 마틴(Robert Bernard Martin)이 '마취제'라는 용어를 사용한 것은 『인 메모리엄』에서 테니슨이 '몽롱한 마취제'라는 말을 썼기 때문이다.

그러나, 갈피 못 잡는 마음과 머리엔

시구가 쓸모 있으니
슬픈 글자를 맞춰 시구나 엮는 것이
몽롱한 마취제처럼 고통을 마비시킨다.9)

어떤 작품이 눈앞에 닥친 상실의 고통을 줄이는 역할을 한다는 건 아마도 옳은 말일 것이다. 『우울의 해부The Anatomy of Melancholy』에서 로버트 버턴(Robert Burton)은 독자에게 쓰는 글을 이렇게 시작한다.

> 나는 우울에서 도망치기 바쁘면서 우울에 대해 쓴다. 라시스(9세기경의 이란의 의학자–옮긴이)가 말했듯, 우울의 가장 큰 원인은 게으름이며 "가장 좋은 치료약은 일이다."10)

하지만 시 창작이 고통 받는 사람을 마취시키는 역할만 하는 것은 아니다. 시 창작을 통해 인생의 의미를 새롭게 발견하고 고통을 극복할 수 있다는 느낌을 얻을 수도 있다. 마틴은 테니슨이 상실감 속에서 『인 메모리엄』뿐만 아니라 다른 뛰어난 시들도 여러 편 썼다고 하면서 『모드Maud』에 실린 「그것은 가능했다」를 비롯해 「율리시스」, 「티레시아스」, 「아더 왕의 죽음」, 「애도자에 관하여」, 「고행자 성 시미온」 등을 열거했다. 그러면서 이 시들이 작가에게 미친 '치료 효과'를 언급하는데, 이는 시가 고통을 마비시키는 역할 이상을 한다는 사실을 그가 인정한다는 의미다.

조화를 향한 강렬한 열망

테니슨은 유전적 기질과 환경이 합해져 우울증에 걸린 대표적인 예다. 테니슨의 친할아버지는 분노와 극단적인 자기 연민을 번갈아 터뜨리는 불안정한 사람이었다. 그가 이처럼 불안정한 성격이 된 데에는 다섯 살 때 어머니를 잃었다는 사실이 어느 정도 영향을 미쳤을 것이다. 테니슨의 할아버지는 딸 둘과 아들 둘을 두었다. 맏딸 엘리자베스는 대체로 명랑했지만 "건강이 기분을 따라 주지 못했고 몸이 아플 때면 우울증에 시달리기도 했다." 어둡고 심술궂은 칼뱅주의자였던 둘째 딸 메리는, "구원이 예정된 사람이라며 몹시 기뻐하면서 식구들은 지옥에 떨어질 거라고 안타까워했다."11)

셋째, 그러니까 시인 테니슨의 아버지인 조지 클레이튼 테니슨은 몹시 불안한 기질의 성직자였다. 그는 끊임없이 재발하는 우울증뿐만 아니라 간질과 알코올 중독, 아편 중독에도 시달렸다. 넷째 아들 찰스는 다른 형제들에 비해 심리적으로 안정되었지만 간질로 고생했고, 그의 아들 하나도 간질을 앓았다.

조지 클레이튼 테니슨은 자녀가 열두 명이었는데, 시인 테니슨은 그중 넷째였다. 테니슨의 첫째 형은 태어난 지 얼마 되지 않아 죽었다. 다른 한 형제는 거의 전 생애를 정신병원에서 보내다가 조증 이후에 오는 피로 때문에 죽은 걸로 알려졌다. 그다음 형제는 "정신병 때문에 무능력자로 살다시피 했고, 셋째는 아편 중독자, 넷째는 심각한 알코올 중독자였다. 나머지 형제들도 적어도 한 가지 이상의 신경쇠약에 오래도록 심각하게 시달렸다."[12]

그중 셉티무스 테니슨은 하이 비치에 있는 매튜 앨런 병원에 몇 번이나 입원했는데, 시인 존 클레어(John Clare) 역시 그곳 환자였다. 앨프리드 테니슨도 그 병원에 머물렀지만, 그가 환자였는지 아니었는지는 정확하게 알려지지 않았다. 하지만 그가 평생 동안 우울증에 시달리기를 되풀이했다는 것은 확실하다. 그는 또 담배와 술에도 빠져 살았다. 책 후반부에서 마틴은 테니슨의 우울증과 건강 염려증을 완화하는 데 시가 한 역할을 다시 한 번 언급한다.

> 조화와 상징적 질서가 담긴 시를 짓는 동안, 테니슨은 그의 삶에 존재하는 일체감과 완전함을 잠깐이나마 인식할 수 있었고, 그 영향은 그가 죽을 때까지 남았다.[13]

테니슨의 혼란스러운 삶에서 창의력이 어떤 역할을 했는지를 날카롭게 지적한 마틴의 이 말은 시를 단순히 마취제로 본 이전의 시각에서 훨씬 발전한 것이다. 질서, 일체감, 완전함의 추구는 기질에 관계없이 모든 사람들의 삶에서 아주 중요한 동력이 된다고 나는 생각한다. 누구나 마음속에서 어느 정도는 상상을 갈망한다. 단 내면의 부조화가 클수록 조화를 찾고자 하는 충동이 더 커진다. 그리고 재능이 있는 사람의 경우에는 조화를 창조하고자 하는 충동이 더 커진다. 그래서 이 장의 제사에서 인용한 것처럼, 에드워드 토머스는 우울증 치료 때문에 글을 쓰고자 하는 강렬한 욕망까지 없어지는 것은 아닐까 염려한다.

상실을 노래한 멘델스존의 현악 4중주

독일의 음악가 멘델스존 역시 상실에 창의적으로 반응한 사람의 모습을 보여준다. 멘델스존의 누나인 파니는 멘델스존 못지않게 재능 있는 음악가였다. 남매가 서로에게 굉장히 헌신적이어서 주위 사람들은 두 사람이 결혼해야 한다는 농담을 할 정도였다.

그런 파니가 1847년 5월 14일에 마흔한 살의 나이로 갑자기 죽었다. 멘델스존은 그 일이 있기 10년 전에 결혼을 한 상태였다. 멘델스존은 누나가 죽었다는 내용의 편지를 읽으며 기절을 할 정도로 큰 충격을 받았고, 그 슬픔에서 다시는 회복되지 못했다.

여행을 할 정도로 상태가 나아졌을 때, 멘델스존은 스위스로 휴가를 떠나 그곳에서 누나 파니를 추억하며 그의 마지막 실내악인 현악 4중주 F단조(작품 80)를 작곡했다. 이 곡은 열정적인 감정이 담긴 곡, 멘델스존이 작곡가로서 한 단계 발전했음을 보여주는 곡 등으로 다양한 평가를 받는다. 하지만 운명은 멘델스존에게 애도를 마칠 시간을 허락하지 않았다. 누나 파니가 죽고 몇 달이 지나 멘델스존도 세상을 떠났다. 두 사람 모두 13년 전에 아서 핼럼의 목숨을 빼앗아갔던 뇌졸중인 지주막하 출혈로 죽었던 것 같다.

회복으로서의 창의성

테니슨과 멘델스존의 이야기는 성인기에 겪은 상실에 창작 활동으로 반응한 예를 보여준다. 그런가 하면 어린 시절의 상실에 창작 활동으로 반응한 예 또한 많이 있다.

맥마스터 대학교 영어 교수이자 정신의학과의 준회원인 앤드류 브링크(Andrew Brink)는 시의 창작에 대상관계 이론을 적용한 두 권의 책을 썼다. 첫 번째 책은 『상실과 상징적 회복Loss and Symbolic Repair』[14]이며 두 번째 책은 『회복으로서의 창의성 Creativity as Repair』[15]이다. 첫 번째 책에는 시인 쿠퍼, 던, 트러헌, 키츠, 플래스에 관한 연구 내용이 실려 있다. 두 번째 책은 첫 번째 책의 속편으로, 주제는 같지만 좀 더 폭넓은 연구 결과를 토대로 쓰였다.

문학자 데이비드 아버바크(David Aberbach) 역시 앤드류 브링크와 같은 시각으로 시에 접근했다. 그는 『비알리크와 워즈워스의 시에 나타난 상실과 분리Loss and Separation in Bialik and Wordsworth』,[16] 『자물쇠의 손잡이에서at the handle of Lock』[17]를 비롯해 이와 같은 주제를 다룬 여러 편의 논문과 책을 썼다.

브링크가 연구한 시인 중 한 사람은 윌리엄 쿠퍼(William Cowper)인데, 윌리엄 쿠퍼는 데이비드 세실(David Cecil)이 쓴 전기 『상처 입은 사슴The Stricken Deer』[18]의 주인공이기도 하다. 쿠퍼는 작품이 어린 시절에 어머니를 잃은 상처와 밀접하게 관련된 시인의 대표적인 예라 할 수 있다. 그는 또 조울증 환자이기도 했다. 앞에서 얘기했듯, 나는 어린 시절에 경험한 사별이 조울증이라는 정신병 자체의 원인이라고는 인정하지 않는다. 하지만 사별이 조울증을 일으키는 유전적 기질을 드러나게 하며 조울증이 나타날 때 더 심하게 만들 수 있다는 견해에는 동의하고 싶다.

행복한 몽상

쿠퍼는 1731년에 성직자의 아들로 태어났다. 그의 외가는 시인 존 던(John Donne) 집안과 관련이 있었다. 던이 우울증을 앓았고 네 살 때 아버지를 잃었으며 병으로 고통 받을 때마다 자살 충동을 느낀 나머지 자살을 옹호한 첫 영어 작품인 『자살론 Biathanatos』을 썼다는 사실은 흥미롭다. 던의 가족과 쿠퍼의 가족은 이른 나이에 부모를 잃는 유전적 기질을 갖고 있었던 걸까?

쿠퍼의 어린 시절은 목가적이었으며 어머니와의 관계도 각별했던 것 같다. 하지만 여섯 살 때 어머니를 잃자, 그의 세계도 무너졌다. 윌리엄 쿠퍼는 이런 글을 남겼다.

> 한때 내가 누렸던 평화로운 시간들이여!
> 그 기억은 이리도 달콤하건만!
> 하지만 그 시간들은 가슴 아픈 공허함만을 남겼고,
> 세상은 그 공허함을 절대 채우지 못하리.[19]

쿠퍼에게 어머니는 이상적인 모습으로 남아 있었다. 어머니가 죽고 47년이 지났을 때 그는 친구에게 이런 글을 썼다.

> 진심으로 말하는데, 단 일주일도(어쩌면 단 하루도) 어머니를 생각하지 않는 때가 없어.[20]

그 후 6년이 지난 1790년에는 「노퍽에서 온 어머니의 사진을 받고」라는 시를 썼는데, 브링크는 이 시를 쿠퍼의 작품 중 가장 감동적인 시라고 평가한다. 쿠퍼는 밤에 잠들기 전 마지막으로 보고 아침에 일어나서 가장 먼저 볼 수 있도록 어머니의 사진을 침실에 걸어놓았다. 이 시에서 쿠퍼는 그 사진 때문에 어린 시절에 느낀 상실감이 되살아났지만 또 한편으로는 상상력이 자극받으면서 잠시나마 위안을 얻었다고 했다. 고통 속에 있을 때 창작 활동이 상실감을 되살리면서 동시에 그 상실감을 극복하는 데 도움이 된다는 것을 보여주는 예다.

> 그 얼굴을 볼 때마다 자식인 나는 또 다시 슬픔을 느끼고,
> 공상이 만들어내는 마법으로 구원받는다.
> 나는 더 없이 행복한 몽상,
> 어머니가 곁에 있는 꿈에 잠깐 동안 잠긴다.

쿠퍼는 이런 구절로 시를 끝맺는다.

공상의 날개는 여전히 자유롭고,
나는 그 공상 속에서 어머니의 모습을 본다.
시간은 도둑질을 반밖에 하지 못했으니,
어머니를 내게서 앗아갔지만 나를 달래주는 어머니의 힘은 남겨두
었다.[21]

외부로 향하는 증오

어머니가 죽은 이후 쿠퍼는 기숙학교로 갔고 거기에서 혹독한 괴롭힘을 당했다. 쿠퍼를 유독 심하게 괴롭힌 아이가 있었는데, 쿠퍼는 그 아이를 너무 두려한 나머지 그 아이의 얼굴을 감히 쳐다보지도 못했고, 버클이 달린 신발만 보고도 그 아이를 알아보았다. 나중에는 웨스트민스터 학교로 갔는데, 다행히도 그곳에서는 별 어려움이 없었다. 스물한 살이던 1752년에 쿠퍼는 미들 템플에 정착했다. 그로부터 몇 달 되지 않아 처음으로 심각한 우울증을 앓았고 1763년에 또 한 번 발작을 일으켰다.

광기에 사로잡혀 쓰는 글
증오와 복수, 나의 영원한 일부는,
처형의 지체를 좀처럼 견디지 못한다,
초조하게 준비하면서, 언제라도
내 영혼을 잡아가기를 기다린다.

동전 몇 닢에 예수를 팔고
두 번 배신한 유다보다도
더 큰 죄인이며 불경한 나는
유다보다 더 끔찍한 지옥에 떨어질 것이다.

인간은 신을 부정하고, 신은 나를 버린다.
지옥은 내 비참함을 받아들일 수 있는 곳,
그러므로 지옥은 언제나 나를 향해
그 굶주린 입을 벌리고 있다.[22]

쿠퍼가 이런 느낌에 사로잡혀 있었으므로, 우울증에 빠졌을 때, 비록 실패하긴 했어도, 아편제를 먹거나 목을 매는 등 자살 시도를 했던 것도 당연하다. 쿠퍼는 서른두 살 때 조증에 걸렸다. 조증이 시작되면 종교적인 황홀경을 함께 느꼈다. 그 순간만큼은 현실과 상관없이 화해와 용서, 기쁨을 느꼈다. 쿠퍼는 신에게 의지하면서 어머니를 잃은 슬픔을 달래려 했다. "귀 기울여라, 내 영혼아! 여호와니라"로 시작하는 그의 「올니의 찬미가Olney Hymn」에서 예수는 말한다.

여인이 자기가 낳은 아이를
다정하게 보살피지 않을 수 있을까?
그렇다, 그 여인은 잊을 수 있을 것이다,

하지만 나는 너를 기억할 것이다.[23]

목적 없는 복종

쿠퍼는 또한 자연을 관찰하면서 위안을 얻기도 했지만, 우울증이 악화될 때는 이마저도 제대로 되지 않았다.

유리 같은 시냇물, 넓게 가지를 뻗은 소나무,
미풍에 떠는 오리나무들은,
나보다 덜 상처받은 영혼은 위로할 수 있을 것이며,
누군가를 즐겁게 해줄 수도 있을 것이다.

하지만 그처럼 언제나 변하지 않는 보살핌도
내면의 슬픔을 위로해주지는 않는다.
모든 곳에 슬픔이 있으며,
계절과 풍경도 아무 상관이 없다.[24]

아름다움을 머리로는 인식하면서도 감정적으로는 느끼지 못하는 것은 우울증의 한 가지 특징이다. 콜리지는 「실의의 노래 Dejection: An Ode」에서 그와 같은 박탈감을 정확하게 표현한다.

하늘 높이 떠 있는 구름들이 막대기 모양으로 흩어져

별들을 향해 움직인다.
구름들 뒤로 혹은 구름들 사이로 미끄러지는 별들은,
때로는 반짝이고 때로는 흐릿하지만, 절대 우리 눈에서 사라지지
않는다.
저쪽의 초승달은 구름 한 점, 별 하나 없는
푸른 호수에서 자란 것처럼 꼼짝도 하지 않는다.
이 모두가 정말로 아름다운 광경이지만,
나는 그것들이 얼마나 아름다운지 느끼지 못한다!25)

 이미 어린 시절에 부모와 사별한 사람들이 부모의 모습을 느낄 수 있는 사람들에게 애착을 느낀다는 얘기를 했다. 쿠퍼는 여러 여성들에게 의존적 애착을 느끼면서도 결혼을 하지 않았는데, 아마도 어린 시절에 경험한 사별이 반복될까봐 두려워서였을 것이다.
 쿠퍼는 여러 해 동안 연상의 유부녀인 언윈의 보살핌을 받았다. 언윈이 남편을 잃자 그녀와 결혼하기로 했지만, 1772년에서 1773년 사이에 또 우울증이 발병하자 언윈을 비롯해 모든 사람이 자신을 미워한다는 망상에 사로잡혔다. 그 때문에 결혼은 이루어지지 못했다.
 의지하던 친구들이 죽거나 떠난 후에 쿠퍼는 여러 차례 우울증에 시달렸다. 가령 1787년에 꾸준히 소식을 주고받던 남자 친구가 죽고 절친한 여자 친구가 다른 곳으로 떠나자 1월에서 6월까지 우울증에 시달렸다. 하지만 시인으로서 엄청난 다작을 하는

동안에는 꽤 오랫동안 느긋해했던 것도 같다.

앞에서 브라운과 해리스가 설명한 것처럼, 쿠퍼 역시 특히 어린 시절에 어머니와 사별한 탓에 우울증이 반복적으로 재발할 때 무력감을 함께 느낀 전형적인 예를 보여준다. 쿠퍼의 전기에서 데이비드 세실은 이렇게 얘기한다.

> 쿠퍼의 회복을 방해하는 가장 강력한 힘 하나는 악을 숙명으로 받아들이고 복종하는 태도였다. 이런 태도는 그의 삶에서 습관으로 굳어졌다. 오랫동안 그는 환경에 타성적으로 목적 없이 복종하는 존재였다.[26]

동정과 격려 사이의 균형

우울증에 빠져 있을 때는 이처럼 악의 힘에 속수무책이었지만, 글을 쓸 수 있을 때면 언제나 무력감, 즉 악의 힘과 싸울 힘이 없다는 생각에서 벗어났다. 쿠퍼의 여자 친구들 중 하나였던 오스틴 부인은 새로운 일을 시작해보라며 끊임없이 그를 자극했다.

사실 우울증에 걸린 사람에게 뭔가를 하도록 권하는 것은 위험한 일이다. 동정과 격려 사이에서 세심하게 균형을 잡아야 하는 일이다. 지나치게 동정적인 태도로 대하면 우울증에 걸린 사람은 무력감과 절망감을 더 심하게 느낄 수 있다. 반면 지나치게 적극적으로 격려하면 우울증에 걸린 사람은 자신의 절망의 깊이를 아무도 이해하지 못한다고 느낀다.

오스틴 부인은 아주 적절하게 균형을 잡았던 것 같다. 오스틴 부인이 쿠퍼에게 무운시를 써보라고 권했을 때, 쿠퍼는 마땅한 주제가 없다고 대답했다. 오스틴 부인은 "소파에 대해 써보세요"라고 했다. 쿠퍼는 그녀의 말대로 했다. 그 결과 몇 천 줄 길이의 시집 『과제The Task』가 탄생했다. 이 시에서 쿠퍼는 인간 조건에 대한 그의 느낌을 모두 쏟아냈다. 그는 이 긴 시를 쓰는 동안 시가 발휘하는 치료 효과를 인식하기도 했다.

> 자신의 내면을 돌보는 사람은,
> 그리고 심장을 지니고 있는 사람은,
> 갈망을 느끼고 그것을 채우는 사람은,
> 삶을 낭비하지 않으며 사람들과 더불어 살며
> 일하는 사람은, 비록 드러나지는 않아도
> 중요한 일을 이루었다고 느낀다.[27]

사별과 우울증

사별을 겪고 나서 심각한 우울증에 반복적으로 시달린 시인이 쿠퍼만은 아니다. 앞에서 존 던도 네 살 때 아버지를 잃었고 여러 번 자살 시도를 했다는 이야기를 했다. 윌리엄 콜린스(William Collins), 새뮤얼 콜리지(Samuel Coleridge), 에드거 앨런 포(Edgar

Allan Poe), 존 베리먼(John Berryman), 루이스 맥니스(Louis MacNeice), 실비아 플라스(Sylvia Plath) 모두 열두 살이 되기 전에 부모를 잃었고 우울증을 겪었다는 것은 잘 알려진 사실이다. 콜리지는 아편 중독자였다. 포는 습관적으로 알코올과 아편에 의존했다. 맥니스는 알코올 중독자였으며 베리먼과 플라스는 자살했다.

어린 시절에 사별을 경험하고 반복적으로 우울증을 겪은 시인들의 목록에 미켈란젤로 또한 넣어야 할 것이다. 사람들은 미켈란젤로를 뛰어난 화가와 조각가로만 기억할 뿐, 그가 300여 편의 시를 쓴 시인이기도 했다는 사실은 잘 알지 못한다. 미켈란젤로는 여섯 살 때 어머니를 잃었다. 소네트에서도 표현했듯 미켈란젤로는 평생 우울증을 심하게 앓았다. 그가 동성애 성향을 띠었다는 사실도 밝혀졌다. 그의 자기 처벌적인 금욕생활이 우울증의 원인이 되었을 수도 있다. 미켈란젤로를 비롯해 그의 네 형제 중 단 한 명만 결혼했다는 사실은 주목해볼 만하다.

위에 열거한 시인들 중 몇 사람을 보면, 우울증의 유전적 요인이 명백하게 나타난다. 그들이 어린 나이에 부모와 사별한 이유는 부모의 자살 때문이었다. 존 베리먼은 열한 살 때 아버지가 자살했다. 존 베리먼 자신은 1972년 1월 7일 쉰일곱 살 때 미시시피 강 다리에서 뛰어내려 자살했다.

루이스 맥니스의 어머니는 그 미래의 시인이 다섯 살 반이었을 때 심각한 격정성 우울증을 앓았다. 루이스의 어머니는 1913년 8월에 요양원에 들어갔고 다시는 아이들을 보지 못했다. 그리고 1914년 12월 병원에서 세상을 떠났다. 루이스 맥니스의 여동생은, 오빠가 삶이 끝날 때까지 어머니가 눈물을 흘리며 정원 길을 왔다 갔다 하던 기억에 시달렸다고 했다. 많은 재능 있는 사람들이 우울증에 걸렸던 것처럼, 루이스 맥니스 역시 알코올 중독자가 되었다.

상실이 늘 비극은 아니다

어린 시절에 사별을 겪었지만 정신병이라고 할 정도의 심각한 우울증 증세는 보이지 않았거나 심각한 우울증에 걸렸다고 알려지지 않은 시인들도 있다. 존 키츠, 토머스 트러헌(Thomas Traheme), 윌리엄 워즈워스, 스티븐 스펜더(Stephen Spender), 세실 데이루이스(Cecil Day-Lewis), 바이런 경 등이 그렇다.

스티븐 스펜더의 자서전을 보면 어머니가 늘 병약했기 때문에 어린 시절이 우울했다고 나와 있다. 스티븐 스펜더의 어머니는 또 불안정한 히스테리 환자여서 소란을 일으키고 과장되게 행동하기도 했다. 아마도 이런 이유 때문에 스펜더가 겨우 열두 살의 나이에 어머니를 잃었으면서도 이런 글을 썼을 것이다.

> 어머니의 죽음이 내게 어떤 느낌을 남겼다면, 홀가분함과 흥분일 것이다.[28]

사별과 우울증에 관해 생각할 때, 어머니의 상실이 늘 비극은 아니라는 사실을 기억해야 한다! 바이런은 극단적인 감정 변화를 보이는 불안정한 사람이었다. 키츠는 죽음에 몰두했다. 이것은 별로 놀랄 만한 일이 아니다. 키츠는 여덟 살 때 아버지를 잃었고 열네 살 때 어머니를 잃었다. 여섯 살 때 형제 하나를 잃었고 스물세 살 때 또 다른 형제가 죽었다. 외할아버지는 키츠가 아홉 살 때, 외할머니는 열아홉 살 때 돌아가셨다. 그가 열세 살 때는 삼촌이 돌아가셨다. 키츠는 편지에 이렇게 썼다.

나는 오랫동안 순수한 행복을 전혀 알지 못했다. 늘 누군가의 죽음이나 병이 내 시간을 망쳐놓았다.[29]

우울증이 부모의 상실과 관련되거나 부모의 상실로 인해 심해진다고 했다. 이 시인들에게는 우울증의 유전적 소인이 없었을지도 모른다. 하지만 그럼에도 상실감은 그들 시에서 명확한 주제가 되었다.

워즈워스는 여덟 살 때 어머니를 잃었고 열세 살 때 아버지를 잃었다. 시온주의자 시인인 하임 비알리크는 일곱 살 때 아버지를 잃었다. 두 사람 다 가족의 붕괴를 경험했다. 데이비드 아버바크는 논문에서 이 두 사람의 작품을 비교했다.

상실과 가족 붕괴의 영향은 워즈워스와 비알리크의 시에서 두드러지게 나타난다. 그들의 시에서는 어떤 존재나 대상이 끊임없이 나타나며 그 존재는 때로 부모나 부모를 대신하는 사람의 모습을 분명하게 띤다. 그런가 하면 잃어버린 낙원에 대한 열망, 아이에게 먹을 것을 주는 어머니 모습의 강조, 자연과의 결합, 고립과 거부와 우울증과 죄책감과 적개심이라는 막연한 분위기가 그들 시의 주제를 이룬다. 그들 시의 주된 특징인 '낭만' 혹은 자아의 탐험은 어린 시절 상실과 그 결과로 생긴 정서적 불안 때문에 약해진 자신을 지탱하려는 시도로 볼 수 있다.[30]

토머스 트러헌의 어머니는 그가 다섯 살 때 세상을 떠났다. 아버지에 대해서는 확실히 알 수 없지만 아무튼 트러헌은 형과 함께 친척들 손에서 자랐으니 부모 모두 잃은 셈이었다. 트러헌이 자연과 어린 시절을 이상화한 것을 두고, 앤드류 브링크는 절대 가질 수 없는 행복을 얻으려는 노력으로 해석한다. 트러헌이 주로 행복과 신의 사랑을 노래한 시인으로 알려졌지만, 브링크는 그가 불안과 공포의 순간들도 이야기했다고 밝힌다. 그러면서 다음과 같이 결론짓는다.

> 트러헌의 시와 산문은 재생(再生)의 원칙, 다시 말해 불만스러운 삶에서 더 나은 삶으로 변화하는 원칙을 제시한다.[31]

브링크는 또한 트러헌이 일체감이라는 행복한 느낌을 얻기 위해 외부의 대상에 의존했다고 설명한다.

> 트러헌의 시에서는 그가 갈망하는 대상, 온갖 곳에서 언제든 감각

을 기분 좋게 자극하는 자연의 대상에 끊임없이 손을 내미는 모습이 뚜렷하게 나타난다. 대상과 하나가 되고자 하는 열망, 마음의 만족을 위해 그 대상들을 손에 넣고자 하는 끊임없는 충동이 그가 쓴 거의 모든 시에서 나타난다. …… 아주 평범한 하늘이나 나무도 그의 기분을 움직여 황홀감을 맛보게 하며, 그는 언제라도 무아경에 빠질 준비가 되어 있다.[32]

브링크의 말처럼, 나 역시도 트러헌의 이런 모습을 정신 구조 안에 '좋은 대상'이 결핍되었기 때문이라고 해석하고 싶다. 어린 시절에 어머니의 사랑을 받지 못하여 내면에서 자아 존중감이 제대로 형성되지 않았던 것이다.

고대 로마의 철학자 보이티우스(Boethius)는 철학을 높은 곳에서 그에게 지혜를 가져다주는 여성으로 의인화한다. 그 여인은 외부의 대상에서 행복을 찾으려 하는 것은 위험과 착각이 따르는 일임을 철학자에게 알려주려 애쓴다. 여인은 부와 보석에서 얻는 기쁨이 얼마나 공허한지 이야기하고 나서 이렇게 말한다.

아마도 너는 전원의 아름다움에서도 즐거움을 발견할 것이다. 신의 천지 창조는 실로 지극히 아름다우며 전원 또한 창조의 아름다운 한 부분이다. 우리는 잔잔한 바다의 모습을 보고 즐거워하며 때로는 하늘과 별과 달과 태양을 경이로운 눈으로 바라본다. 하지만 그 중 어느 하나도 너와는 상관이 없고, 따라서 너는 감히 그것들의 화려함을 너의 자랑거리로 삼을 수 없다. …… 너는 너와는 아무 상관없는 것들을 마치 네가 받은 은총인 양 받아들이고 공허한 기쁨에 사로잡힌다. …… 이 모든 것들로 보건대, 네가 너의 은총들로 생각하는 것 중 어느 하나도 너의 것이 아님이 분명하다. …… 너는 원래부터 네 것인 은총이 없다고 생각해서 너와는 관계도 없는 외부의 사물에서 은총을 찾으려 하는 것 같구나.33)

'좋은 대상'이나 '은총'을 자신의 것으로 받아들인다는 개념이 현대 정신분석학에서 나타난 것 같지만, 6세기 경에 이미 널리 퍼져 있었던 듯하다. 철학적인 견해로 보면, 워즈워스와 트라헌이 표현하는 자연에 대한 도취와 경배는 단순한 즐거움에 대한 찬양과 약간 다른 면을 띤다.

갈등과 문제를 극복할 수 있는 능력

이미 설명한 것처럼, 우울증의 소인과 어린 시절에 경험한 사별은 별개의 변수지만, 전자가 있을 때 후자의 일을 겪으면 우울증에 더 쉽게 걸리고 그 정도도 강해진다. 어린 시절의 사별은 작가들 사이에서 흔한 경험이지만, 임상적으로 정의되는 심각한 우울증(조증과 번갈아 나타나든 아니든)은 어릴 적에 사별을 경험하지 않은 작가들에게서도 그런 경험을 한 작가들 못지않게 많이 나타난다. 이미 언급한 사람들뿐만 아니라, 크리스토퍼 스마트(Christopher Smart), 존 클레어, 제라드 맨리 홉킨스(Gerard

Manley Hopkins), 앤 섹스톤(Anne Sexton), 하트 크레인(Hart Crane), 시어도어 로스케(Theodore Roethke), 델모어 슈워츠(Delmore Schwartz), 랜달 자렐(Randall Jarrell), 로버트 로웰(Robert Lowell) 등의 시인들도 우울증에 반복적으로 시달렸다. 이들 중 스마트, 클레어, 섹스톤, 크레인, 로스케, 슈워츠, 자렐, 로웰은 우울증 치료를 받기도 했다. 스마트와 클레어는 정신병원에 입원했고, 로웰은 우울증뿐만 아니라 조증으로도 정신병원에 자주 입원했다. 크레인, 자렐, 섹스톤 모두 자살했다.

이에 대해서는 객관적인 연구가 별로 이루어지지 않았고, 그나마 객관적인 연구들도 어쩔 수 없이 적은 수의 작가들만을 대상으로 했다. 하지만 1974년에 낸시 C. 안드레아센(Nancy C. Andreason)과 A. 캔터(A. Canter)는 아이오와 대학교의 작가 워크숍에서 작가들을 대상으로 이에 대한 연구를 했다. 그들이 조사한 작가들은 통제집단에 비해 정서 질병(즉 반복되는 심각한 우울증 혹은 조울증)의 발병률이 훨씬 높았다. 통제집단은 13퍼센트인 데 비해 그들은 67퍼센트였다. 열다섯 명의 작가 중에서 아홉 명이 정신과 의사를 만나봤고, 여덟 명이 약물 치료나 심리 치료를 받았으며, 네 명이 정신병원에 입원한 경험이 있었다. 두 명은 조증과 울증을 함께 앓고 있었고, 여덟 명은 울증을 반복적으로 앓았다. 여섯 명은 알코올 중독 증세가 있었다. 그 연구가 끝나고 나서 2년 뒤에 한 명이 자살을 했다. 그 작가들의 친척 중 21퍼센트가 병으로 분류되는 정신장애, 그중에서도 주로 우울증을 앓고 있었는 데 반해 통제집단의 친척들 중에는 4퍼센트만이 유사한 범주

에 속했다는 사실에서도 유전적 요인의 중요성이 입증된다.34)

최근에는 중요한 상을 받은 저명한 영국 작가와 화가 마흔일곱 명을 대상으로 연구가 이루어졌는데, 연구자 케이 R.재미슨(Kay R. Jamison)은 이 중 38퍼센트가 정서 질병으로 치료를 받았다는 사실을 발견했다. 시인들은 극심한 기분 변화에 잘 빠졌고, 연구 대상이 된 작가들의 반 이상이 외래환자로 약물 치료를 받았거나 병원에 입원해 우울증 치료, 전기 경련 요법, 리튬 치료 등을 받았다.35)

이런 정신질환은 특히 창의적인 작가들에게서 흔하게 나타나는 현상이다. 얼핏 모순되어 보이지만, 정신질환에 걸리기 쉬운 성향이 작가들에게 자극제가 되어, 내면의 깊은 곳을 탐험하고 거기에서 발견하는 내용을 기록하는 고독하고 힘들고 고통스럽고 대개는 보답이 없는 작업을 시작하게 한다는 사실을 인정한다면, 납득이 된다. 이것은 대부분의 창의적인 사람들이 보통 사람들에 비해 더 쉽게 불안정해지면서도 자신의 갈등과 문제를 극복할 수 있는 능력 또한 더 많이 갖추고 있다는 증거가 된다. 창의적인 사람들을 치료해본 경험이 있는 정신과 의사들은 그들이 도움을 구할 때는 창의력이 마비될 때뿐이라고 말한다.

누구에게나 있는 내면의 능력

다른 사람들에게 과잉 적응하기 때문에 스스로를 잃어버리는 외향적인 사람은 고독 속에서 진정한 자아를 회복하고 표현할 수 있다는 얘기를 했다. 또한 어린 시절의 분리되고 고립된 경험 때문에 제대로 내면의 성장을 이루지 못한 사람은 상상력을 발휘하면서 위안을 얻는다는 얘기도 했다.

이제 여기서 한 단계 더 나아가, 창작 과정은 개인이 우울증에 짓눌리지 않도록 보호하는 역할도 할 수 있음을 말하려 한다. 창작 과정은 상황을 자신의 힘으로 지배한다는 느낌을 되찾게 해주며, 사별로 자아에 상처를 입거나 인간관계에서 자신감을 잃고 우울증에 빠질 때 어느 정도는 회복할 수 있게 해준다.

다시 한 번 강조하지만, 우울증은 누구나 경험하는 감정이다. 상실을 겪을 때 대개의 사람들이 느끼는 종류의 우울증과 정신병으로 분류되어 정신과 치료를 요하는 우울증을 확실하고 간단하게 구분하는 기준은 없다. 우울증은 그 깊이와 강도가 아주 다양하지만 본질은 다 같다.

천재들은 상실을 겪을 때 내면의 재능을 이끌어내며, 이 재능을 발휘해 오래도록 사람들의 관심을 받는 작품을 만들어낸다. 상실이 영감이 된 음악, 시, 그림 등의 작품들은 같은 고통을 겪고 있는 사람들에게 더 큰 공감과 위안을 준다.

그렇다고 해서 뛰어난 재능이 없는 보통의 사람들에게는 내면의 능력, 즉 상상력이 없다거나 상실을 겪을 때만 창의력이 자극을 받는다는 의미는 아니다.

Chapter Nine

'나'와의 대화

"가장 지독한 고독은 진정한 친구가 없는 것이다."
―프랜시스 베이컨

타의에 의한 고독은 다른 문제다. 일반적으로 독방 감금은 가혹한 형벌로 인식되며, 여기에 공포와 불안, 수면 부족 등 다른 요소들까지 더해지면 희생자는 정상적인 정신기능이 붕괴되어 다시 회복하기가 어려워진다. 그러나 흥미롭게도 혹독하지 않은 상태의 감금이라면 유익할 때가 있음이 증명되었다. 모두가 알고 있는 것처럼, 많은 작가가 감옥에서 글을 썼으며, 감옥 안에서 글쓰기가 허락되지 않았더라도 거기에서 견뎌낸 영적·정신적 혼란의 시간을 나중에 작품 속에 담아냈다.

범죄자를 감금하는 형벌은 원래 사지 절단, 낙인, 태형 등의 잔인한 처형 대신 죄인을 인도적으로 회개하는 방법으로 여겨졌다. 부랑인, 알코올 중독자, 사회의 골칫거리들을 일시적으로 감금하는 지방 교도소들이 몇 세기에 걸쳐 널리 이용되었다. 하지만 중범죄자를 감금한 것은 비교적 최근의 일이다. 법학 교수이자 범죄학자인 노벌 모리스(Norval Morris)는 다음과 같이 주장한다.

> 감옥은 미국의 발명품, 구체적으로 말해 1790년대 펜실베이니아 퀘이커교도의 발명품이다. …… 퀘이커교도는 잔인하기만 할 뿐 아무 효과도 없는 사형과 태형으로 '교도소' 수감자들을 처벌하는 대신 격리된 상태에서 회개하고 혼자서 성경을 읽으며 정신을 고양하게 하는 방법으로 죄인을 교정하기로 했다. 이 세 가지 방식, 즉 타락의 유혹에 빠지게 하는 동료들로부터 격리, 성찰과 자기반성을 위한 시간, 성경의 가르침은 그런 감옥을 고안한 성찰적인 퀘이커교도에게는 분명 도움이 되었겠지만, 정작 그들 중에서 감옥에 간 사람은 거의 없었다. 이후 교도소에 들어간 수많은 사람들에게 이 교정책이 적합했는지에 대해서는 의문의 여지가 있다.[1]

감옥과 교정

물론 이것은 일부의 경우를 역설적으로 표현한 것이다. 오늘날에는 범죄 억제에 감금은 무익하다 못해 해롭기까지 하다는 것이 일반적인 견해다. 감옥에서 범죄자들이 한데 모여 있다 보면, 오히려 범죄문화가 더 활성화되기도 한다. 범죄자가 장기형을 받고 오랫동안 가족에게서 격리되면, 가족관계가 붕괴된다. 석방 후 가족의 도움과 사회적 지지가 추가범죄를 줄이는 몇 안 되는 요소이므로, 장기간의 감금은 재범의 가능성을 높이는 원인이 된다. 석방 후에 적당한 일자리를 얻을 수 있는 것 또한 재범의 가능성을 줄이는 요소다. 하지만 대부분의 사회가 교도소에 재정 지원을 하지 않기 때문에, 죄수들을 대상으로 한 재교육이나 새로운 기술 교육 프로그램이 절대적으로 부족한 실정이다.

영국에서 독방 감금은 중범죄자를 비교적 단기간에 처벌하는 방법으로 쓰일 뿐이다. 원래 격리는 죄수가 자신의 양심을 돌아보며 죄책감을 느껴 교정되도록 하기 위한 것이었다. 죄수가 복역하는 독방은 수도원의 독방을 모방한 것이다. 하지만 교정당국이 관찰한 바로, 격리 상태에 있는 죄수는 상당한 스트레스와 심리적 불안을 이기지 못해 오히려 제멋대로 행동했다. 다른 범죄자들과 접촉하다 보면 나중에 생계를 위해 또 범죄를 저지를 가능성이 있긴 하지만, 이 해악은 독방 감금의 해악에 비하면 가벼운 것으로 판단되었다.

또한 2차 세계대전 이래로 영국의 감옥은 늘 죄수들로 넘쳐났기 때문에, 죄수가 독방에서 자신의 범죄를 묵상해보는 것이 설령 필요하다 해도 여건 자체가 허락되지 않았다. 오늘날에는 원래 독방으로 지어진 감옥에 세 명을 수용해야 하는 실정이다. 이는 1955년 유엔이 채택한 수감자 처우에 관한 최소 표준 규정에 위배되는데, 이 규정을 보면 교도소가 '일시적으로' 과밀한 상태일 때만 제외하고 수감자는 밤새 교도소 방에 혼자 있어야 한다고 명시되어 있다.

덴마크에서는 죄를 짓고 재판을 기다리는 사람 대부분이 사건 조사가 진행되는 동안 독방에 감금된다. 스웨덴에서도 이와 비슷해 최근 불만이 제기되긴 했지만, 공판 전 구금 상태에서 덴마크와 같은 정도로 독방에 격리하는 곳은 유럽 어디에도 없다.

감금된 범죄자들의 정신병리

독방에 감금된 사람들은 24시간 중 23시간을 작은 방에서 보낸다. 그들은 한 번에 30분씩 하루 두 번의 운동 시간을 허락받으며, 그 외에는 화장실 갈 때와 식사를 받을 때만 움직일 뿐이다. 책과 라디오, 텔레비전, 편지를 볼 수 있고 경우에 따라서는 감시 하에서 면회도 허락되지만, 그렇다 해도 이렇게 격리된 상태로 있다 보면 정신기능에 장애가 생기는 일이 허다하다. 많은 사람들이 불안, 불면, 집중력 저하, 부분적인 기억력 장애를 호소한다. 또한 시간의 흐름을 인지하기 어렵다 보니, 시간을 표시하고 하루의 일과를 빈틈없이 정하는 강박 행동을 한다. 그러다가 심문이나 변호사 방문 때문에 이 행동이 방해를 받으면 극도로 불안해한다. 자해와 자살 시도는 끊임없이 일어난다. 1980년, 감옥에서 발생한 자살 열 건 중에서 일곱 건이 공판 전에 감금되어 있던 사람들의 자살이었다. 격리 상태가 몇 주를 넘어가면 많은 사람들이 이유를 알 수 없는 피로를 호소한다. 어떤 사람들은 무감각 상태가 되다시피 하고, 어떤 사람들은 스스로 미쳐간다고 느낄 정도로 감정 조절을 하지 못한다. 격리에서 벗어난 후에도 여러 증상이 계속된다. 방금 읽은 내용을 기억하기 힘들다거나 TV 프로그램 내용을 이해할 수 없다고 호소하는 사람들도 있다. 이들이 심문을 받을 때 부정확하고 앞뒤가 안 맞는 진술을 하는 것은 어찌 보면 당연한 일이다. 오랜 시간 격리 상태에 있다 보면, 대부분의 사람들이 사회에 나와 사람들과 다시 관계를 맺는 데 두려움을 느끼고 친밀한 관계를 맺지 못한다. 이런 상태가 몇 년 동안 지속될 수도 있다.[2]

달리 보면, 비교적 인간적인 환경에서 잠깐 동안 격리되어도 이처럼 끔찍한 정신적 후유증이 따르는데, 가장 기본적인 인권마저 무시되는 공산주의 체제하에서 독방에 감금되면 얼마나 심각한 영향을 미치게 될지는 어렵지 않게 상상할 수 있다. 그 내용에 대해서는 공산주의 국가의 심문과 교화 기법에 관한 고전이라 할 수 있는 로렌스 힌클(Lawrence Hinkle)과 해럴드 울프(Herold Wolff)의 논문을 참고했다.[3]

일반적인 순서는 다음과 같다. 반국가 범죄 혐의, 즉 반체제 인사 혐의가 있는 사람은 국가의 감시를 받는다. 그의 친구들과 동료들도 마찬가지다. 용의자는 대부분 자신이 감시받는다는 사실을 알아차리고는 심한 불안감에 시달린다. 충분한 '증거'가 모이면 국가 경찰이 그를 체포한다. 체포는 대개 한밤중에 이루어진다. 사건이 비교적 가벼운 수감자들은 다른 수감자들과 같은 방에 감금될 수 있으며, 이들이 종종 밀고자가 된다. 하지만 이들이 제공하는 정보에 따라 체포되는 사람들, 공개재판을 받아야 하는 사람들은 독방에 감금된다. 그 방은 작다. 하나 달린 창문도 수감자가 바깥세상을 전혀 보지 못하도록 눈높이에 위치해 있다. 방의 문에는 작은 구멍이 있어서 수감자는 자신도 모르게 관찰을 당한다.

수감자는 먹을 때, 잘 때, 운동할 때, 심문받을 때를 제외하고는 철저하게 혼자 있는다. 할 일도, 읽을 것도, 얘기할 사람도 없다. 아주 삼엄한 감독하에서 하루 종일 정해진 자세로 서 있거나 앉아 있어야 하는 경우도 있다. 정해진 시간에만 잘 수 있다. 지시를 받으면 즉시 잠자리로 가야 하고, 두 손을 담요 밖으로 내놓고 등을 대고 정해진 자세로 누워야 한다. 만일 정해진 자세에서 벗어나면, 밖에 있는 간수가 그를 깨워서 정해진 자세를 취하게 한다. 방 안의 불빛은 꺼지지 않는다. 그는 얼굴을 불빛 쪽으로 향한 채 자야 한다.[4]

대개 방의 온도는 견디기 힘들 정도로 춥거나 덥다. 제공되는 식사는 맛이 없고 영양도 부족하다. 부분적인 기아, 수면 부족, 불편한 온도, 지속적이고 강렬한 불안이 합해지면서, 아주 건강한 사람이 아니라면 저항력이 떨어진다.

이런 환경에 놓인 다음 첫 3주 동안 대부분의 수감자는 극도로 불안해한다. 수감자들은 간수에게 말을 걸 수도 없고 다른 수감자들과도 일절 접촉할 수 없다. 자신이 앞으로 어떻게 될지, 가족과 친구들에게 어떤 일이 일어날지 전혀 알 수가 없다. 수감자는 '불확실성'이 가장 지독한 고문이라는 사실을 실감하게 된다.

4주 정도가 지나면 수감자들은 저항하고 뭔가를 물어보고 요구하는 것이 전혀 소용이 없음을 깨닫는다. 보통 사람들이 그저 상상만 할 수 있는 일, 악랄한 학대자의 손아귀에서 철저하게 무력해지는 악몽과도 같은 일을 그들은 실제로 경험한다. 내 생각에 이것은 인간이 느낄 수 있는 가장 근원적인 두려움, 자신보다 훨씬 더 강력한 누군가에게 완전하게 의존하고 좌우되는 유아기에서 비롯되는 두려움이다.

이즈음에서 대부분의 수감자가 깊이 절망한다. 혼란스러워하고 환각을 일으키는 사람들도 있다. 그런가 하면 모든 자발적인 행동을 중지하고, 우울성 혼미와 같은 상태에 이르는 사람도 있다.

감금되어 있는 동안 유일하게 얘기를 나눌 수 있는 사람이 심문자이기 때문에, 수감자들은 처음에는 심문 시간을 기다리고 그 시간을 늘리려고 한다. 그러다 자신이 저지른 '범죄'에 대해 하는 얘기를 심문자가 불만스러워하면서 다양한 형태의 억압을 가하기 시작할 때, 심문 시간이 격리 상태에서 벗어나는 반가운 시간이 아닌 악몽이 되어간다. 이때 흔히 사용되는 방법이 수감자를 장시간 서 있게 하는 것인데, 수감자는 극심한 고통을 느끼고 혈액순환이 되지 않아 신부전이 생기기도 한다. 공식적으로 금지되어 있긴 하지만, 이보다 더 가혹한 신체 고문이 사용되기도 한다. 일정 시간 동안 이처럼 혹독한 심문과 강한 압박을 가한 다음에는 한동안 수감자를 친절하게 대한다. 심문자는 수감자가 접촉할 수 있는 유일한 사람이기 때문에 두 사람 사이에서 유대감이 생긴다. 자신은 그저 의무를 수행하고 있을 뿐이라고, 수감자도 괴롭겠지만 자신 역시도 그렇다고, 수감자가 '범죄'를 다 자백하기만 하면 그 고역스러운 심문도 끝날 거라고 설득하는 심문자에게 수감자는 점점 공감하게 된다. 힝클과 울프는 이렇게 기록한다.

> 수감자가 심문자에게 공감을 느껴 증언을 한 경우가 있다. 자기가 제대로 된 진술을 하지 않으면 심문자가 처벌을 받을 거라고 생각했기 때문이다. 다시 말해, 수감자와 심문자 사이에서 생기는 따뜻하고 친근한 감정이 수감자의 태도에 강력한 영향을 미치는 것이다.[5]

심문자에게 호의적인 감정을 느끼지 않는다 해도, 대부분의 수감자는 결국 심문과 격리, 고문을 더 겪느니 차라리 공산주의 국가의 법에서 '국가에 반하는 범죄'로 규정된 일을 했다고 진술하는 쪽을 택한다.

정신 붕괴를 이겨낸 사람들의 비결

자백을 이끌어내는 이런 기법들은 오랜 세월 경험을 통해 발전해왔다. 이런 기법들은 러시아 비밀경찰이 사용한 방법을 다듬은 것이다. 이 중 격리는 효과가 큰 방법이다. 격리는 첫째, 정신기능의 일부를 붕괴시키며 둘째, 수감자가 심문자에게 의존하다가 결국은 순종하고 싶도록 만들기 때문이다.

이 상황에서 자백을 거부하는 사람은 드물지만 그래도 예외는 있다. 이디스 본(Edith Bone) 박사는 『7년 동안의 고독 Seven Years Solitary』에서 자신의 특별한 강인함과 회복력을 기록했다.[6]

본 박사는 1949년 헝가리에서 체포되었을 당시 예순이 넘은 나이였다. 저명한 언어학자였던 본 박사는 영국의 학술서적들을 헝가리어로 번역하기 위해 헝가리에 초대되었다. 그녀는 1919년에 공산당에 가입한 상태였다. 본 박사는 헝가리에서 영국 스파이 혐의를 받고 체포되었지만, 거짓 자백을 하거나 어떤 식으로든 심문자에게 동조하기를 거부했다. 이 초로의 여인은 감옥에서 7년을 보내고 1956년 11월에 마침내 석방되었다.

그 7년 중 3년 동안은 책이나 필기도구가 허용되지 않았다. 처음에 감금되었던 방은 몹시 추웠고 창문도 없었다. 그보다 더 지독한 일도 있었다. 다섯 달 동안은 완전히 캄캄한 지하실에 갇혀 있었다. 벽에서는 물이 흘렀고 벽이 곰팡이로 뒤덮였다. 바닥에는 배설물이 수북이 쌓였다. 환기장치도 없었다.

그때 본 박사는 정신을 잃지 않기 위해 여러 가지 방법을 생각해냈다. 시를 암송하고 번역하는가 하면 직접 짓기도 했다. 여섯 개 언어를 유창하게 구사했던 본 박사는 알고 있던 어휘들을 다 기억해보았고, 잘 알고 있는 수많은 도시의 거리를 상상 속에서 산책했다.

온갖 시련을 견뎌내면서 본 박사는 자신을 잡아들인 사람들에게 굴복하지 않았고 끝까지 결백을 주장했다. 그녀는 누구도 대적할 수 없는 용기를 지닌 훌륭한 본보기가 되었을 뿐 아니라, 풍부한 지식과 단련된 정신으로 자신의 붕괴를 막을 수 있다는 사실도 보여주었다.

2차 세계대전 기간 동안 특수 작전 조직에서 활동한 크리스토퍼 버니(Chrstipher Burney)도 정신기능을 제대로 유지하기 위해 비슷한 방법을 사용했다. 그는 프랑스에서의 투옥 생활을 저서 『독방 감금Solitary Confinement』에 기록했다.7) 버니 역시 상상 속에서 산책을 하고 알고 있는 것들을 다시 기억해보면서 정신기능을 계속 사용했다. 또한 크리스토퍼 버니는 수감자들이 아무리 사소하더라도 전적으로 자신이 결정하는 영역을 갖는 것이 아주 중요하다고 강조했다. 자신을 가두고 있는 사람들의 처분에 따를 수밖에 없는 수감자라 해도 어느 정도의 자율을 유지할 수 있다. 예를 들자면 자기 몫의 빵을 당장 먹을 것인가 아니면 두었다가 나중에 먹을 것인가를 결정하는 식이다. 수감자가 스스로를 독립적인 존재로 의식하느냐 하지 않느냐는 그처럼 사소해 보이는 결정에 달려 있다.

나치 강제수용소의 수용자들은 대부분 독방에 감금되지 않긴 했지만, 오스트리아 빈 출신의 정신분석학자 브루노 베텔하임(Bruno Bettelheim)은 이곳에서도 의사 결정 능력을 잃지 않는 것이 중요했음을 강조한다. 다카우와 부헨발트의 강제수용소에 수용되었던 베텔하임은 그곳에서 관찰한 결과를 토대로, 삶을 포기하고 죽은 수용자들은 개인의 자율성을 지키기 위한 노력을 포기한 사람들, 그들의 인간성을 박탈하고 그들을 완전히 장악하려는 이들의 목적에 굴복한 사람들이라는 결론을 내렸다.

강제수용소에서는 수용자들에게 아주 미미하게 남은 자율마저도 박탈하려는 시도가 곳곳에 존재했으며 그 방법도 지극히 악랄했다.

그런데도 그 방식이 모든 사람들에게 다 성공한 것은 아니었으며 한 개인의 모든 면에 영향을 미친 것도 아니었다. 수용자가 자율을 박탈당하면, 수용자 내면의 삶과 다른 사람들과의 관계 모두에서 그 박탈만큼 심각한 개인성의 해체가 일어난다.[8]

이처럼 정신의 붕괴를 막기 위해 머릿속에 저장되어 있는 내용을 의식적으로 기억하는 훈련을 훌륭하게 해낸 사례는 전설적인 바이올린 연주자이며 지휘자인 예후디 메뉴인(Yehudi Menuhin)의 글에서도 나타난다. 전쟁이 끝날 무렵, 독일인들이 부다페스트에서 유대인들을 잡아들일 때 지휘자인 안탈 도라티(Antal Dorati)의 어머니도 수십 명의 사람과 함께 작은 방에 잡혀 들어갔다.

거기에서 사람들은 음식도, 어떤 편의시설도 없이 여러 날을 갇혀 있었다. 대부분의 사람들이 미쳐갔지만, 안탈 도라티의 어머니는 알고 있던 베토벤 4중주의 모든 부분을 차례로 되풀이해 기억하면서 제정신을 유지했다.[9]

감각 박탈 실험

투옥으로, 구체적으로 말해 독방 감금으로 초래되는 정신 붕괴는 '감각 박탈'이라는 것의 결과로 생기기도 한다. 깨어 있는 동안 외부 세계로부터 오는 자극을 인식할 때 뇌는 효율적으로 기능한다. 우리는 감각을 통해 얻는 정보를 기초로 환경과 관계를 맺고 그 관계를 이해한다. 자다가도 아이의 울음소리처럼 중요한 소리에는 깨기도 하지만, 대체로 잠자는 동안에는 외부 세계를 인식하는 정도가 훨씬 떨어진다. 자는 동안 우리는 꿈이라는 환상의 세계에 들어간다. 그것은 현시점의 기억과는 상관없는 세계, 우리의 과거 경험과 바람과 두려움과 소망에 영향을 받는 주관적인 환각의 세계다.

감각 박탈 연구는 소위 '세뇌'를 통해 자백을 얻어내는 공산주의 국가의 취조방식을 조사할 목적으로 1950년대 초에 시작되었다. 지원자들은 캄캄하고 방음장치가 되어 있는 방에 갇혀서 식사를 하거나 화장실 갈 때를 제외하고는 침대에 가만히 누워 있어야 했다. 이보다 더 가혹한 실험도 있었는데, 이 실험에서는 피험자들이 따뜻한 물 위에 뜬 채 있었고 절대 움직이지 않도록 해서 보고 듣지 못할 뿐 아니라 피부와 근육으로부터도 가능한 한 정보를 얻지 못하게 했다. 피험자들은 실험에 지원한 사람들이었으므로, 그런 상황을 더 이상 참지 못하겠으면 실험을 멈출 수 있도록 미리 합의가 되어 있었다.

실험방법에 따라 결과도 다양했지만, 대략 결과를 다음 몇 가지로 요약할 수 있다.

첫째, 지적인 기능이 퇴보했다. 피험자들이 새롭거나 '창의적인' 일을 시작해야 할 때 특히 그랬다. 많은 사람이 집중하기가 어렵다고 보고했으며, 한 가지 생각을 계속하지 못했다. 끊임없이 머리를 어지럽히는 온갖 생각에서 벗어나질 못한다고 호소하는 사람들도 있었다. 어떤 사람들은 생각을 길게 이어가길 포기하고 몽상에 빠지기도 했다.

둘째, 피(被)암시성이 크게 증가했다. 감각 박탈을 당한 피험자들과 정상적인 상태의 피험자들에게 같은 내용의 선전을 접하게 하면, 전자가 후자에 비해 선전내용을 받아들이는 정도가 여덟 배 높았다. 정보를 거의 받지 못하던 사람이 어떤 정보를 받으면 굉장히 강한 인상을 받는다. 언론을 통제하는 전체주의 체제를 보면 이런 현상을 명확히 이해할 수 있다.

셋째, 피험자들 중 다수가 시각적인 환각을 경험했고, 일부는 청각이나 촉각의 환각을 보고했다.

넷째, 여러 명의 피험자가 공황 발작을 경험했다. 몇몇은 눈이 멀까봐 두려워하는 등 비이성적인 공포심을 보이기도 했다. 또 어떤 사람들은 실험자가 그들을 포기했다고 확신하기도 했다. 어느 지원자는 견딜 수 없을 만큼 불쾌한 어린 시절의 기억이 밀려들어서 일찌감치 실험을 포기하기도 했다. 자발적으로 선택한 격리라 해서 항상 견딜 수 있는 것은 아니다.

프린스턴 대학교에서는 그 대학 학생들을 대상으로 감각 박탈에 대해 아주 광범위한 연구를 실시했는데, 여름이 되자 학생들이 학교를 떠나버리는 바람에 연구자 다수가 지원자를 구할 수 없었다. 그래서 프린스턴 대학교와 달리 여름 학기가 있는 타 대학들에서 지원자를 모집했다. 결과적으로 실험은 실패했다. 시간당 보수를 지급했는데도 타 대학에서 온 지원자 대부분이 감각 박탈의 상태가 되고 얼마 안 있어 실험을 포기했기 때문이다. 프린스턴 대학교 학생들은 연구의 책임을 맡은 실험자들을 알고 믿었지만 외부 지원자들은 그렇지 못했다.

이 마지막 부분은 주목해볼 가치가 있다. 이는 똑같은 격리나 감각 박탈이라도 환경에 따라 전혀 다른 영향을 미칠 수도 있다는 사실을 나타낸다.

제한된 감각과 정신 병리

어떤 병이나 부상을 치료할 때 감각 입력을 줄이는 경우가 있는데, 이때 환자는 극심한 정신적 고통을 겪는다. 예를 들어 심한 화상 환자를 치료할 때, 환자를 꼼짝 못하게 하고 거의 온몸에 붕대를 감으며 때로는 두 눈에까지 붕대를 감기도 한다. 이런 상황에서 환자는 몸을 조금이라도 움직일 때마다 일일이 간호사의 도움을 받아야 한다. 그런 환자들이 정신병 증세를 보이는 사례가 흔히 보고된다.

안과 수술은 정신병 증세를 일으키는 걸로 잘 알려져 있는데, 환자의 양쪽 눈을 다 가려야 하거나 망막이 찢어져 환자가 꼼짝도 할 수 없을 때 특히 그렇다.

심장 수술을 받은 환자는 오랫동안 움직일 수 없는 무기력 상태에 있어야 하며 여러 개의 생명 유지 장치를 달고 있어야 한다. 산소텐트까지 사용하면 환자는 보통의 감각 입력에서 훨씬 더 격리된다. 이런 상황에서 정신 착란 상태가 나타나는 것은 당연한 일이라 할 수 있다.

눈이 안 보이고 귀가 안 들리는 것 모두 정신질환의 원인으로 인식되었다. 특히 귀가 안 들리면 다른 사람들이 내 얘기를 하고 나를 비난하고 속인다는 편집증적 생각에 사로잡히기 쉽다. 이에 비해 감각의 일부만 박탈했을 때는 피험자가 자신의 내면을 들여다볼 수 있어 버드 제독의 경우와 비슷하게 긍정적 효과가 나타날 수도 있다.

베토벤과 고야 이야기

베토벤이 청력을 잃기 시작한 것은 1796년, 스물여섯 살 무렵이었다. 처음에는 증세가 심하지 않아서 사람들 앞에서 공연을 계속 했지만, 청력이 계속 나빠져 1814년 즈음부터는 전혀 들을 수 없을 정도까지 되었다. 1816년에는 나팔형 보청기를 사용하기 시작했고, 1818년부터는 글로 대화를 나누었다. 1800년대 들어 2~3년 동안 청력을 비롯해 전반적인 건강 문제로 몹시 불안해했으며, 그 고통을 친구들에게 보내는 편지와 1802년에 기록한 유명한 하일리켄슈타트 유서에서 이야기했다. 동생들에게 보낸 이 유서는 베토벤이 죽고 난 후 그의 편지들과 함께 발견되었다.

내 옆에 있는 사람은 멀리서 들려오는 플루트 소리를 듣는데 나는 아무것도 들을 수가 없었고, 어떤 사람은 목동의 노래 소리를 듣는데 또다시 나는 아무것도 들을 수가 없었으니, 이 얼마나 수치스러운 일인가. 이런 일들이 나를 절망으로 내몰았다. 그 절망감이 점점 깊어지면서 삶을 끝내고 싶은 마음이 들었다. 나를 붙잡아준 것은 오직 나의 예술뿐이었다.[10]

귀가 안 들리자 다른 사람들에 대한 불신과 조급증도 커졌고, 친밀한 관계를 맺기도 어려워졌다. 하지만 베토벤의 전기 작가는 이렇게 기록한다.

청력 상실이 베토벤의 창의성에 긍정적인 역할을 했다고도 볼 수 있다. 알려진 바와 같이, 청력이 상실된 다음에도 베토벤의 작곡능력은 전혀 손상되지 않았고 심지어는 더 향상된 것처럼 보이기도 했는데, 아마도 창의력에 방해가 되는 피아노 기교를 배제했기 때문일 것이며 그의 세상에서 소리가 점차 사라지면서 오직 작곡에만 집중할 수 있었기 때문일 것이다. 소리가 들리지 않는 세상에서 베토벤은 방해하는 외부 환경의 소리 없이, 물질세계의 경직성에 영향 받지 않고, 마치 몽상가처럼 자신이 바라는 대로 자유롭게 현실을 결합하고 재결합해 이전에는 꿈도 꾸지 못했던 형태와 구조를 만드는 새로운 시도를 해볼 수 있었다.[11]

18세기 후반부터 19세기 초까지 스페인 미술을 대표한 화가 프란시스코 고야 역시 청력 상실 때문에 오히려 독창적인 작품을 만든 화가였다. 1746년에 태어난 고야는 스페인에서 가장 유명하고 성공한 화가가 되었다. 궁정화가, 마드리드왕립아카데미의 그림 부책임자이기도 했던 고야는 1792년에 병에 걸려 청력을 잃었다. 그전까지 초상화를 주로 그렸지만 이때부터는, 그가 기록한 대로, 독창성과 공상의 여지가 더 많은 작품으로 돌아섰다. 이후에 풍자적인 판화집 『변덕Los Caprichos』에 이어 나폴레옹 침략에 대한 공포를 표현한 『전쟁의 참화Los Desastres de la guerra』가 완성되었다. 1820~1823년에는 그의 집 '퀸타 델 소르도(귀머거리의 집)'의 벽면을 지금은 프라도미술관에 있는 〈검은 그림〉으로 장식했다. 프랑스의 소설가 앙드레 조르주 말로(Andre Georges Malraux)는 프란시스코 고야에 대해 이렇게 기록했다.

> 프란시스코 고야가 자신의 천재적 재능을 드러내기 위해서는 '남의 기분에 맞추려는 노력을 과감히 포기'해야 했다. 청력이 상실되어 모든 사람들과 단절되면서 구경꾼이 별 의미가 없어지자, 화가는 자신과 싸워야만 하고 자신이 조만간 모든 것의 정복자가 될 거라는 사실을 깨달았다.[12]

고야는 소름 끼치는 상상력을 지니고 있었다. 청력 상실로 고립되면서 그는 자신의 악몽의 모습, 인간의 어리석음과 사악함에 대한 절망, 압제에 대한 증오, 인간의 고통에 대한 공감을 다른 어떤 화가도 따라올 수 없을 정도로 강렬하게 표현했다. 고야의 섬뜩한 그림 〈제 자식을 잡아먹는 사투르누스〉는 그의 집 식당 벽을 장식했다. 그처럼 공포에 사로잡힌 사람이 어떻게 자신의 일에 몰두할 수 있었는지 선뜻 이해하기 힘들다. 하지만 고야는 누구 못지않게 강한 사람이었다. 여든두 살의 나이에 그는 볼 수도 쓸 수도 들을 수도 없다고 하면서 이런 말을 남겼다. "내게 남은 것은 오직 의지뿐이다. 의지는 넘치도록 남아 있다."[13]

북아일랜드의 테러 용의자 심문

앞에서 설명했듯, 환자나 유급 실험 지원자들이 감각의 일부를 박탈당하면 그들을 책임 맡은 사람들의 진실성을 쉽게 의심하곤 한다. 그러니 적에 의해 강제로 고립된 개인은 굉장히 파괴적인 영향을 받는다는 것도 어찌 보면 당연한 일이다. 미래에 대한 극심한 걱정과 불안에 고문과 격리에 대한 두려움까지 더해져서 정신이 제대로 기능하지 못한다. 이런 파괴적인 영향이 몇 달 혹은 몇 년 동안 지속될 수 있다.

북아일랜드에서는 테러 용의자들을 심문할 때 감각 박탈을 의도적으로 사용했다. 말하자면 이런 식이다. 억류자들의 우두머리는 심문받을 때만 빼고 항상 머리에 두꺼운 검은색 천을 뒤집어썼다. 그리고 다른 억류자들과 의사소통이 불가능할 정도로 크고 단조로운 소음을 계속 들어야 했다. 또한 두 다리를 벌리고 손가락 끝을 벽에 대고서 벽을 마주보고 서 있어야 했다. 게다가 심문이 시작되고 처음 며칠 동안은 잠을 자지 못했고, 여섯 시간 간격으로 빵 한 조각과 물 0.5리터를 먹는 것을 제외하면 아무것도 먹지 못했다. 머리를 벽에 기대고 쉬는 것은 금지되었다. 주저앉으면, 심문자가 일으켜 세워 처음 자세를 다시 취하도록 했다.

　감각 박탈 연구에 사용되는, 소리와 빛이 통하지 않는 방은 매우 비싸다. 하지만 북아일랜드에서 사용된 방법으로 그런 방을 사용하는 것과 비슷한 효과를 얻을 수 있음이 입증되었다. 머리에 검은 천을 쓴 사람은 시각 정보를 전혀 얻지 못했다. 그리고 크고 단조로운 기계음 때문에 청각정보도 전혀 얻지 못했다. 벽에 기대고 서 있으니 피부와 근육으로 근감각 정보를 제대로 얻을 수도 없었다. 따라서 억류자들은 다른 사람들과 함께 방에 있어도 사실상 격리되고 감각이 박탈된 것이나 마찬가지였다.

　그 효과는 굉장했다. 급격하게 체중이 감소할 정도로 식사량을 제한하고 잠을 못 자게 하고 불편한 자세로 있게 하면, 청각과 시각 정보를 더 박탈하지 않아도 그 자체만으로 극심한 스트레스와 뇌 기능의 붕괴가 생긴다. 어떤 사람들은 빵과 물을 먹을 때와 화장실에 갈 때만 빼고 열다섯 또는 열여섯 시간 동안 계속 벽에 기대고 서 있었다. 대부분의 사람이 환각을 경험했고 자신이 미쳐가고 있다고 생각했다. 얼마쯤 시간이 지나자 몇몇 사람은 더 이상의 심문을 받느니 죽는 게 낫겠다고 말했다.

　그들이 석방되고 나서 정신감정을 실시한 결과, 악몽, 깨어 있는 동안 느끼는 긴장과 불안, 자살 충동, 우울증, 그 밖에 흔히 스트레스와 관계가 있다고 알려진 두통과 소화성 궤양 같은 온갖 신체적 질병 등의 증세가 계속되었다. 신뢰할 만한 정신과 견해에 따르면, 검은 천을 썼던 사람들 중 일부는 그 후유증에서 절대 회복할 수 없을 거라고 했다.

평생 죄수로 사는 게 어떤 건지 상상할 수 있나요?

영국을 비롯한 여러 나라에서 장기수를 오랫동안 독방에 감금하는 경우가 거의 없긴 하지만, 삶을 가치 있게 만들어주는 외부 세계로부터의 자극을 죄수에게서 박탈하는 것 또한 넓은 의미로 보면 감각 박탈을 강요하는 것이라고 말할 수 있다. 장기형을 사는 죄수들의 경우, 감옥의 단조로운 환경, 제한된 운동시간과 바깥 출입, 판에 박힌 일, 사랑하는 사람들과의 사회적·성적 친밀감 결여 등의 모든 것이 그들의 정신에 해로운 영향을 미치는 박탈이다.

외부 자극 박탈은 '최고 보안' 감옥에서 특히 심한데, 이곳 죄수들이 위험하거나 탈출을 시도할 가능성이 있어서다. 물론 이들은 주로 장기형을 받는 죄수들이기도 하다. 영화 〈버드맨 오브 알카트라즈Birdman of Alcatraz〉 내용처럼 오랜 세월 감옥에서 지내고도 별 영향을 받지 않은 사람들도 있긴 하지만, 대부분은 퇴보와 '시설신경증' 증상을 보인다. 장기수들은 위축되고 모든 일에 냉담해지고 자신의 외양과 주변에 무관심해진다. 다행히도 지금은 폐지된 더럼교도소의 '최고 보안' 구역의 장기수들을 연구하고 그 결과를 토대로 『심리적 생존Psychological Survival』을 저술

한 스탠리 코헨(Stanley Cohen)과 로리 테일러(Laurie Taylor)는 장기 투옥의 영향에 대한 탁월한 보고서를 작성했다. 두 저자는 장기수들에게 매주 사회과학 강의를 했는데, 감옥에 들어온 지 별로 오래되지 않은 수감자들은 그 수업에 꽤 큰 관심을 보였지만, 오랫동안 형을 산 사람들은 거의 참석하지 않았다. 그런데 14년을 복역한 어느 죄수만은 규칙적으로 수업에 참석했다. 나중에 그는 저자들에게 이런 글을 보내왔다.

> 평생 죄수로 사는 게 어떤 것인지 상상할 수 있나요? 나의 꿈이 악몽이 되고 나의 성이 재가 되며, 생각하는 모든 것이 공상이 되고, 그러다 결국은 현실 세계에서 등을 돌리고 왜곡된 거짓 세상에서 살며, 동시대 사람들이 만든 법칙을 거부하고 나만의 작은 세상에 어울리는 법칙들을 만듭니다. '무기징역수'의 세상은 햇빛 한 점 없이 온통 암흑이며, 바로 이 암흑 속에서 우리는 자신의 세상, 그 거짓 세상에서 살아가는 능력과 평화를 찾습니다.[14]

보이티우스에서 존 버니언까지

이 장에서 인용된 예들을 보면, 일상적인 자극에서 격리되면 상황에 따라, 구체적으로 말해 그 격리가 타의에 의한 것인가 자의에 의한 것인가에 따라 유익하기도 하고 굉장히 해롭기도 하다는 사실을 알 수 있다. 시간의 길이 역시 중요하다. 명확하게 입증된 바는 없지만, 일상의 삶에서 오랫동안 떨어져 있으면 그 상황이 강제된 것이든 아니든 부정적인 영향이 지속된다.

하지만 투옥 환경은 매우 다양하며, 오히려 과거가 오늘날보다 덜 열악할 때도 있었다. 감옥 안에서라 해도, 일상생활에서 떨어져 얼마간 고독하게 지내는 것이 창작 활동의 자극제가 될 수도 있음을 분명히 보여주는 인물들이 있다.

로마의 철학자 보이티우스는 동고트족의 왕 테오도리쿠스 치세에 궁재라는 요직에 올랐다. 궁재는 행정 기관의 장과 궁정 관리들의 책임자 역할을 해야 했으므로, 보이티우스는 그가 좋아하는 일, 그러니까 철학 공부를 할 시간을 내기가 힘들었다. 하지만 보이티우스에 대한 테오도리쿠스의 믿음은 오래가지 않았다. 그는 반역 혐의로 체포되어 유죄 판결을 받았다. 파비아의 감옥에 갇혀 있는 동안 보이티우스는 『철학의 위안 Consolation of Philosophy』을 집필했고, 이 책은 오늘날까지 그의 대표작으로 남아 있다. 그는 고문을 받다가 AD 524년 혹은 525년에 몽둥이로 맞아 죽었다.

1529년부터 헨리 8세 치하에서 대법관을 지낸 토머스 모어 경은 교황의 최고 권위를 부정하고 왕을 영국 교회의 수장으로 받아들이기를 거부했다는 이유로 런던탑에 유폐되었다가 감옥에서 1년 넘게 보낸 후 1535년에 재판을 받고 처형되었다. 수감 기간 동안 모어 경은 『시련과 위안 A Dialoge of Cumfort against Tribulacion』을 썼는데, 이 책은 그리스도교 지혜 문학의 정수로 손꼽힌다.

영국의 탐험가였던 월터 롤리 경(Sir Walter Raleigh)은 반역 혐의로 체포되어 사형선고를 받았지만 처형이 연기되어 1603년부터 1616년까지 런던탑에 갇혀 지냈다. 토마스 모어 경의 경우도 그랬지만, 월터 롤리 경을 봐도 과거의 감옥 환경이 그리 열악하지는 않았다고 짐작된다. 이 기간 동안 롤리 경이 『세계사The History of the World』를 쓴 걸 봐도 그렇다. 창세기부터 BC 2세기까지를 다룬 이 책은 1614년에 출간되었다. 석방되고 나서 롤리 경은 기아나로 두 번째 원정을 떠났지만 불행하게도 성공을 거두지 못했다. 약속했던 목표는 이루지 못했다. 연기되었던 롤리 경의 사형선고 효력이 되살아났고 롤리 경은 1618년에 처형되었다.

1655년경에 베드퍼드 분리파 교회에 들어갔던 영국 설교가 존 버니언(John Bunyan)은 1660년 찰스 2세의 왕정 복고가 이루어지기까지 자유롭게 비국교파 설교를 하다가 그 해 11월에 영국 국교회와 일치하지 않는 예배를 드린 혐의로 체포되었다. 하지만 감옥생활은 친구들과 가족을 만나고 이따금 설교도 할 수 있을 정도로 자유로웠다. 12년의 투옥기간 동안, 그는 영적인 자서전 『넘치는 은혜Grace Abounding』를 완성했고 『천로역정The Pilgrim's Progress』의 대부분을 썼다. 찰스 2세가 비국교도에 대해 '신교 자유의 선언'을 공표하면서 버니언은 석방되었지만, 나중에 이 선언이 철회되자 불법 설교를 한 혐의로 1677년에 다시 투옥되었다.

도스토옙스키의 무의식적 연상

1849년 크리스마스에 도스토옙스키는 상트페테르부르크에서 시베리아로 유형되었고 그곳 감옥에서 4년을 보냈다. 페트라셰프스키 서클 회원들과 함께 1849년 4월에 체포되어 페트로파블로프스크 요새의 감옥에서 여덟 달을 보낸 후였다. 이 동안에는 독방에 감금되었는데, 처음에는 책이나 필기도구가 허용되지 않았다. 하지만 도스토옙스키는 자신에게 그런 감금 생활을 견딜 수 있는 내적 능력이 애초에 생각했던 것보다 훨씬 크다는 사실을 발견했다. 감옥생활로 도스토옙스키는 몸과 마음이 망가지기는커녕 오히려 구원을 받았다. 체포되기 전 겨울, 그는 지하 혁명 조직에 가담했다는 괴로움으로 완전히 무너지기 직전이었다.

7월 초, 수감자들이 요새 도서관에서 책을 빌려보는 것이 허락되자, 도스토옙스키는 기다렸다는 듯 책을 읽어댔다. 형 미하일에게 보낸 편지에서는 이야기 세 편과 소설 두 편을 구상했다고 전하기도 했다. 12월 22일 도스토옙스키가 세묘노프 광장에서 총살형에 처해지기 직전에 사면을 받은 사건은 유명하다. 시베리아에서 도스토옙스키의 유일한 문학 활동은 비밀노트에 다른 수감자들이 사용하는 표현을 적는 것이었다. 도스토옙스키는 그 노트를 어느 의료 보조인에게 맡겨놓았다가 나중에 석방되고 나서 돌려받았다. 도스토옙스키의 감옥생활이 기록된 책 『죽음의 집의 기록 House of the Dead』에 그 노트의 내용이 담겨 있다.

감옥생활은 끔찍했다. 감옥 내의 물리적 환경이 열악하고 매질이라는 위협에 끊임없이 시달려서가 아니라, 도스토옙스키가 러시아 소작농들이 주장하는 대의를 지지했고 그들 편에 서서 혁명에 가담했다가 추방과 투옥이라는 시련을 겪었는데도, 그 야만적인 수감자들에게 '신분이 다른 사람'이라고 철저하게 배척당했기 때문이다. 하지만 시간이 지나면서 도스토옙스키는 러시아 소작농에게 느꼈던 철저한 환멸이 신기하게도 그들의 선량한 천성에 대한 믿음으로 바뀌는 경험을 했다. 그럴 수 있었던 것은, 어린 시절 겁에 질릴 때면 아버지의 농노였던 마레가 달래주던 기억이 그도 모르는 새 떠올랐기 때문이다. 감옥에 있는 동안, 도스토옙스키는 언제나 다른 죄수들과 섞여 있어야 해서 큰 고통을 받았지만, 정서적으로 고립되고 누구와도 진정으로 교류할 수 없었기에 관심을 자신의 내면으로 돌릴 수 있었으며, 마음이 과거를 여행하도록 풀어놓을 수 있었다고 한다.

감옥에서 보낸 4년 내내, 도스토옙스키는 무의식적 연상이라는 기법을 사용했는데, 이것은 억압된 기억을 풀어내고 심리적 장애와 병적인 집착을 완화한다는 점에서 정신분석이나 약물 치료와 어느 정도 비슷한 역할을 했을 것이다. 글 쓰기가 금지된 상황에서 좌절하지 않고 예술적 능력을 간직할 수 있었던 것도 그 기법 때문이었다.[15]

감옥에서의 경험으로 인간 본성에 대한 도스토옙스키의 시각은 변했고, 이는 작품에도 반영되었다. 오랜 세월 무자비하게 짓밟히다가 어느 순간 폭력적이고 비이성적인 방법으로 자신의 개인성을 드러내는 수감자들을 보면서, 개인의 자기표현이나 자아실현은 인간의 기본욕구이며, 사회주의가 요구하는 집단화에 개인을 종속시키는 것과는 어울릴 수 없다는 사실을 알게 된 것이다.

히틀러의 『나의 투쟁』

감옥생활이 문학 활동에 별로 바람직하지 못한 영향을 미친 예도 있다. 프랑스의 소설가 마르키 드 사드(Marquis de Sade)는 평생 감옥을 드나들었고 말년에는 샤랑통 정신병원에 감금되었다가 1814년 12월 2일 일흔네 살의 나이에 죽었다. 감금 상태에서 그의 비뚤어진 상상력이 자라났고, 뱅센 요새와 바스티유 요새에 있는 동안 『저스틴 Justine』과 『소돔에서의 120일 Les 120 Journes de Sodome』이 탄생했다.

절대 권력을 향한 사드의 열정은 아돌프 히틀러의 글에서도 나타나는데, 히틀러 역시 투옥이 되면서 글을 썼다. 뮌헨에서 반란에 실패하고 난 후, 히틀러는 란츠베르크의 형무소에 투옥되었다. 5년형을 선고받긴 했지만 9개월도 채 안 돼 석방되었고, 감옥에 있는 동안에도 귀빈 대접을 받았다. 바로 이 시기에 히틀러는 루돌프 헤스에게 『나의 투쟁 Mein Kampf』을 받아쓰게 했다.

그로부터 한참 후에 히틀러가 말했다. "투옥되지 않았더라면 『나의 투쟁』은 결코 세상에 나오지 못했을 것이다. 감옥에 있는 동안, 나는 그전까지 그저 직관적으로만 바라봤던 대상을 다양하고 깊이 있게 생각해볼 수 있었다."16)

우리는 존재와 대화를 나누어야 한다

이 장에 나온 여러 사례들과는 달리, 강제로 독방에 감금되었는데도 그 경험이 한 개인의 삶에 오래도록 유익한 영향을 준 경우도 있다. 각각 중국과 스페인에서 독방에 감금되었던 영국의 저널리스트이자 작가 앤서니 그레이(Anthony Grey)와 아서 케스틀러(Arthur Koestler)는 텔레비전 프로그램에 함께 나와 경험을 이야기했다. 그 내용은 케스틀러의 에세이집 『만화경 Kaleidoscope』에 실려 있다.

두 사람 모두 독방에서 지낼 수 있었던 것에 감사했다. 그때 느낀 고독 덕에 동포의 상황을 분명히 인식하고 공감할 수 있었다. 그리고 두 사람 모두 현실에는 더 높은 차원의 질서가 존재한다는 사실을 절감했고, 고독을 경험한 덕에 그 질서와 접촉할 수 있었다. 그들은 이런 경험을 말로는 제대로 표현할 수 없으며 말로 표현할 때 모든 것이 하찮아진다고 생각했다. 두 사람 모두 정통 신앙을 믿지 않았지만, 말로 정의할 수 없고 오직 상징으로만 표현되는 추상적인 존재를 느꼈다는 데에는 동의했다.

앤서니 그레이는 그때의 경험을 통해 일상의 삶을 새롭게 느끼고 인식하게 되었다고 했다. 케스틀러 역시 공감하면서도, 그 삶의 표면 아래 숨어 있는 공포를 더 분명하게 깨닫게 되었다는 말을 덧붙였다. 케스틀러는 이렇게도 말했다.

> 그것은 내면이 자유로워지는 느낌, 홀로 있으면서 입출금 내역서 대신 궁극적 실재와 직면하는 느낌이다. 입출금 내역서와 그 밖의 사소한 것들은 또다시 우리를 옭아매는 것이다. 세상의 공간이 아닌 영적 공간에서……. 그러므로 우리는 존재와 대화를 나누어야 한다. 삶과 대화를 그리고 죽음과 대화를.

그레이는 대부분의 사람들은 이런 경험의 영역에 들어가지 못한다고 말한다. 하지만 케스틀러는 사람들 대부분이 이런 경험을 때때로 한다고 단언한다.

> 심하게 아프거나 부모님이 돌아가셨을 때, 처음 사랑에 빠질 때 그렇다. 그럴 때 사람들은 굳이 이름을 붙이자면 평범한 단계에서 비극적인 단계 혹은 완전한 단계로 옮겨간다. 하지만 그런 일은 평생 단 몇 번 일어날 뿐이다. 우리가 했던 경험을 하면 사람들은 오랫동안 그 속에서 헤어 나오지 못한다.[17]

그러므로 때로는 악에서 선이 나올 수 있다. 앤서니 그레이는 중국 친구가 보여준, 진흙에서 피어난 아름다운 연꽃 그림을 기억했다. 인간의 정신은 파괴할 수 없는 것이다. 용기 있는 소수의 사람들은 지옥에 있으면서도 천국의 모습을 볼 수 있음을 알았다.

Chapter Ten

칸트와 비트겐슈타인, 그리고 뉴턴의 고독

"내가 영향을 받지 않은 것이 좋다."
—루트비히 비트겐슈타인

우리는 앞에서 상실이나 분리에서 비롯된 작품을 만든 창의적인 사람들을 관심 있게 살펴보았다. 그들은 우울증에 자극을 받아 상상의 세계를 만들어내고, 삶에서 빠진 부분을 보충하고, 상처를 치료하고, 자신이 가치 있고 능력 있는 존재라는 느낌을 되찾으려 한다. 그들은 인간관계에 많은 관심을 기울이며 자신의 인간관계에서 부족하다고 느껴지는 뭔가를 작품을 통해 만회하려고 노력하기 때문에, 대체로 외향적인 성향으로 설명된다. 하지만 그들은 보통의 외향적인 사람들에 비해 스스로에게 많이 몰두한 사람들이라 할 수 있다. 하워드 가드너의 용어를 빌리자면, 그들은 '형태 관심형'보다는 '이야기 관심형'으로 분류된다. 그들은 고독 속에서 내면을 탐구하며 창작 활동을 할 때, 다른 사람 또는 사람을 대신한 자연과 행복하게 결합하기를 바라는 마음을 그들 작품에서 빈번하게 드러낸다.

그런데 사키나 카프카는 이런 일반화의 예외가 된다. 그들의 이야기에는 친밀한 인간관계가 거의 담겨 있지 않았으며, 실제 삶에서도 지속적이고 친밀한 인간관계가 없었다. 이 장에서는 주된 관심사가 인간관계가 아니라 일관성과 감각의 탐구였던 창의적인 사람들을 살펴보려 한다.

이들은 융이 내향적으로, 허드슨이 집중형으로, 가드너가 형태 관심형으로 분류하는 사람들이며, 그 정도가 눈에 띄게 비정상적이거나 불안할 경우, 정신과 의사들이 정신 분열증으로 분류하는 사람들이다.

외부와의 상호 작용 vs 내부와의 상호 작용

대부분의 창의적인 사람들이 성인기에 이르면 사람들과의 관계를 피하고 혼자 있으려 하는 성향을 어느 정도는 보인다. 하지만 내가 이 장에서 말하려는 사람들은 그 이상이다. 이들은 표면적으로 보면 원만한 인간관계를 맺고 있는 것처럼 보인다. 하지만 외향적인 사람들의 일반적인 모습과는 거리가 멀다. 그들이 원만한 인간관계를 맺는 것은, 역설적이게도 인간적 친밀감에 대한 기대를 버리는 법을 배웠기 때문일 때가 많다. 그들은 관계가 나빠질 때 별로 혼란스러워하지 않는다. 친밀한 인간관계에 삶의 의미를 과도하게 두지 않기 때문이다.

여기서 잠깐, 내가 방금 이야기한 사람들이 아기였을 때 '회피 행동'을 보였다고 가정해보고, 그 회피 행동이 행동 분열을 피하기 위한 반응이라는 개념을 기억해보자. 이 개념을 성인의 삶으로 옮겨보면, 회피 행동을 보이던 아이가 인간관계에 전적으로 의존하지 않는 삶에서, 아니 그 정도는 아니라 해도 크게 의존하지 않는 삶에서 나름의 의미와 질서를 찾는 어른으로 성장하는 것은 당연하다고 볼 수 있다. 또한 그런 사람들은 삶의 의미와 질서가 형성되는 내면의 세계를 다른 사람들이 위협한다고 생각하기 때문에 다른 사람들의 방해로부터 스스로를 보호할 필요를 느낀다. 생각이란 채 성숙되기도 전에 사람들에게 노출되면 시들고 마는 민감한 식물이다.

사실 나는 이전의 책에서 개인성이 성숙하기 위해서는 인간관계가 필요하다고 강조했다. 그리고 책 내용 중 "개인성의 상대성"이라는 장에서는 개인성이 상대적 개념이라는 사실을 강조하기도 했다.

> 만일 개인성이라는 용어를 한 개인의 '독특하고 고유한 성격'으로 이해한다면, 다른 개인의 특징들과 대조해야만 그 실체를 파악할 수 있음을 인정해야 한다.[1]

나는 또 이렇게도 썼다.

> 사람은 비교 대상이 되는 다른 사람이 없으면 스스로를 개별적인 존재로 인식할 수조차 없다. 혼자 있을 때 사람은 비교 대상이 없기

때문에 어떤 특징도 드러내지 못한다. 흔히 사람은 혼자 있을 때 자신의 모습이 가장 잘 드러난다고 말한다. 그리고 창의적인 예술가들은 그들의 내면 가장 깊숙한 곳의 존재가 완성되는 것은 고독의 상아탑 안에서 예술 활동을 할 때라고 믿을지도 모른다. 그들은 예술이 의사소통이라는 사실, 그리고 그들이 고독 속에서 만들어내는 작품은 드러나게 혹은 드러나지 않게 누군가를 겨냥하고 있다는 사실을 잊고 있다.2)

나는 지금도 이렇게 믿고 있다. 하지만 개인이 고립되어 있을 때 그의 내면에서 내가 생각한 것보다 더 큰 정도의 성숙과 통합이 일어날 수 있다는 사실을 이 주장에 덧붙이고 싶다. 내향적인 위대한 창조자들은 자신의 정체성을 분명히 규정할 수 있으며 '자기 언급'을 통해, 즉 다른 사람들과의 상호 작용보다 자신의 과거 작품과의 상호 작용을 통해 '자아실현'을 이룰 수 있다.

이는 어린아이들에게는 불가능한 일이다. 아이들은 다른 사람이나 사물과 상호 작용하면서 자신의 정체성을 차츰 규정해나가야 한다. 이런 사실을 이해한다면, 분리된 개인의 의미도 인식하게 된다. 아기가 외부 세계의 사물과 충돌하는 모양, 예를 들어 침대 끝에 발가락을 부딪치는 모양을 상상해보자. 아기는 팔다리를 자신의 의지로 사용하고 움직이는 법을 차츰 배우면서, 공간에서 자신의 팔다리의 상태와 공간에 대한 고유 감각 정보를 받아들인다. 치료를 할 때 몸을 전혀 못 움직이게 하거나 심문 과정에서 고정된 자세를 강요하는 것은 팔다리의 움직임과 관련된 고유 감각

정보를 박탈하는 것이며, 이는 자기 정의의 경계를 무너뜨리는 강력한 힘이 되는 것과 마찬가지의 논리다.

아기는 다른 사람에게 보살핌을 받아야 하기 때문에, 다시 말해 누군가가 먹여주고 따뜻하게 해주고 씻겨주어야 하기 때문에 자신의 '개별성' 또한 인식할 수밖에 없다. 아이에게 필요한 것이 즉각 충족되지 않을 때, 원하는 것과 손에 넣는 것의 차이가 생길 수밖에 없다. 이럴 때 아이는 절박하게 울면서 도움을 요구하고 동시에 혼자 힘으로는 얻을 수 없는 것을 제공해줄 무엇인가, 혹은 누군가가 '그곳에' 있다는 사실을 스스로에게 알린다.

어린아이가 자기 정의, 즉 개별적인 한 인간으로서 자신의 존재를 인식하고 일관된 정체성을 발달시키기 위해서는 엄마나 엄마의 대체물과 상호 작용하는 것이 필요하다. 당연한 말이지만, 사람들은 대부분 평생을 살면서 다른 이들과의 상호 작용을 통해 자기 정의와 일관된 정체성을 지속적으로 확립해간다.

자기-자기 대상

근래 가장 독창적인 정신분석 전문의라 할 수 있는 하인즈 코헛(Heinz Kohut)은 유사한 개념들을 근거로 신경증과 신경증의 치료에 대한 개념을 정립했다. 자기 심리학의 창시자 하인즈 코헛은 아이가 건강하고 안정되고 일관된 개인성을 확립해가려면 무엇보다 "아이의 경험을 이해하고 공감해주는 자기 대상"에게서 인정과 지지를 지속적으로 받아야 한다고 주장한다. 즉, 아이는 자아감을 분명하게 심어주는 부모나 부모 같은 인물과 상호작용해야 한다. 왜냐하면 그들은 아이가 커가면서 확립해가는 정체성을 있는 그대로 받아들이고 보여주며, 아이의 감정에 공감해주고, 아이의 요구에 "적대적이지 않으면서도 단호하게, 무조건 받아주지 않으면서도 다정하게" 반응하기 때문이다. 다시 말해, 아이의 요구를 매몰차게 거절하지도 않지만 그렇다고 해서 감상적이 되어 분별없이 받아주지도 않기 때문이다.[3]

코헛은 정체성을 강화하기 위한 이 과정이 지속적으로 필요하다고 설명한다.

> 자기 심리학(코헛이 제시한 새로운 정신분석 이론-인용자)에서는, 자기-자기 대상의 관계가 한 개인이 태어나서 죽을 때까지 심리적 삶의 본질을 형성한다고 주장한다. 생물학적 영역에서 인간이 산소에 의존해 살다가 산소 없이 사는 것이 불가능하듯, 심리적 영역에서 자기 대상에 의존(공생관계)하다가 완전하게 독립(자율성)하는 것은 바람직하지 않을 뿐더러 가능하지도 않다. 심리적 영역에서 한 개인의 정상적인 발달 과정은 자기 대상으로부터 독립을 하는 것이 아니라 자기-자기 대상 관계의 성격이 변하는 것으로 이해해야 한다. 다시 말해, 한 개인이 발달하는 과정을 자기 대상을 대상사랑으로 대체하거나 자기애에서 대상 사랑으로 옮겨가는 것으로 이해돼서는 안 된다.[4]

해체 분열, 행동 분열, 성숙한 의존

코헛은 사람이 경험할 수 있는 가장 깊은 불안을 "해체 불안"이라고 정의한다. 그리고 부모가 아이에게 미성숙한 반응을 보이거나 아이의 입장이 되어 그 기분을 이해해주지 않으면, 아이는 확고하고 일관된 개인성을 확립하지 못해 해체 불안에 빠지기 쉬운 성격이 된다고 주장한다.

코헛의 개념을 거울을 보는 것으로 설명할 수도 있다. 매끈하고 깨끗하고 얼룩이 없는 거울은 발전하는 개인을 매번 있는 그대로 보여주기 때문에, 거울을 보는 아이는 자신의 정체성을 확실하고 정확하게 인식한다. 반면 금이 가고 뿌옇고 얼룩이 묻은 거울을 통해서는 불완전하고 희미해 보이기 때문에, 거울을 보는 아이는 자신의 모습을 실제와 다르게 왜곡해서 인식한다.

뭔가를 박탈당한 사람은 해체의 두려움을 느낀다는 코헛의 주장은 '행동 분열'과 표현만 다를 뿐 같은 개념이다. '해체 불안'은 또한 로널드 D. 랭(Ronald D. Laing)이 『분열된 자아The Divided Self』[5)]에서 설명한, 정신 분열증 환자들이 느끼는 '내면의 자아'의 파괴에 대한 두려움과도 비교해볼 수 있다. 위대한 지성 카프카는 내면의 자아를 지키는 자신의 능력이 친밀함에 위협받는다고 느끼는 정신 분열증 환자에 속한다.

코헛은 또한 정신분석의 치료 효과는 정신분석 전문의가 자신의 환자를 잘 이해하고 공감해서 환자가 어린 시절에는 계발할 수 없었던 내면의 일관성을 계발할 수 있는가에 달려 있다고 믿었다.
 이런 치료의 개념은 프로이트가 주창한 내용과 얼마간 동떨어져 있다. 프로이트의 치료모델은 본질적으로 인지적이었다. 프로이트의 치료모델은 아주 어린 시절의 외상을 되살려내서 이해하는 것, 구체적으로 말하면 억압을 풀고 무의식을 의식하는 것에 달려 있었다.
 코헛의 치료모델은 전이에 기초한 대상관계 이론의 변형이다. 의사로서의 역할을 제대로 하는 정신분석 전문의라면 헝가리계 미국인 정신분석 전문의 프란츠 알렉산더(Franz Alexander)가 "교정적 정서 경험"이라고 정의한 것을 환자에게 제공해야 한다고 코헛은 생각했다. 정신분석 전문의는 환자의 경험과 느낌을 이해하고 공감하면서 환자의 상처받은 자아를 반복적으로 강화하고 회복시켜야 한다는 것이다.
 코헛은, 정신분석 치료는 정신분석의가 지지하는 이론적 입장에 생각만큼 많이 좌우되지 않는다는 중요한 사실을 지적한다. 즉, 정신분석의가 환자를 충분히 이해하고 그런 마음을 환자에게 잘 전달한다면, 그가 프로이트나 융의 이론과는 반대되는 클라인의 이론을 지지하든 지지하지 않든 상관없이 치료는 계속해서 이루어진다는 것이다.
 자기-자기 대상의 관계가 한 개인의 정신 건강에 지속적으로 필요하다는 코헛의 주장은 보울비와 매리스의 개념과 일치한다. 즉, 친밀한 애착 혹은 특별히 애정이 깃든 관계만이 한 사람의 삶에 의미를 준다는 것이다. 코헛의 입장은 로널드 페어베언(Ronald

Fairbairh)의 입장과도 유사한데, 페어베언은 정서 발달의 마지막 단계를 "성숙한 의존"이라는 용어로 규정하면서, 완전한 자율은 불가능할 뿐더러 바람직하지도 않다고 주장했다. 미국의 시인 위스턴 오든(Wystan Auden)이 말한 대로, "우리는 서로 사랑하든가 아니면 죽어야 한다."[6]

친밀한 관계와 충만한 삶의 관계

페어베언과 코헛이 정신분석 이론에 귀중한 공헌을 했지만, 그들이 말하는 '대상'이라는 용어가 사람만을 의미하는 것이라면 그들의 견해에 대한 판단은 유보해야 할 것이다. 대상관계 이론은 이미 확실하게 정착된 용어라 버릴 수는 없지만, 라이크로프트가 『정신분석의 비판 사전A Critical Dictionary of Psychoanalysis』에서 명확히 밝히듯, '대상'이라는 단어의 사용은 적절치 않다.

> 정신분석에 관한 글에서 '대상'이라는 용어는 대부분 사람, 사람의 일부분, 혹은 사람의 이런저런 상징을 의미한다. 그래서 '대상'이라는 단어를 '사물', 즉 사람이 아닌 것이라는 의미로 더 자주 쓰는 독자들이 혼란을 느낄 수 있다.[7]

자신의 환자에게서 나타나는 문제 대부분이 어린 시절의 잘못된 '대상관계'에서 비롯된 것이라 판단하고 의사 자신이 제공하는 다른 형태의 인간관계를 통해 치료하는 정신분석 전문의들이 대상관계가 정신 건강의 유일한 요소라고 생각하는 것은 당연하다. 아이와 아이의 어머니 혹은 다른 돌보는 사람과의 상호 작용이 어린 시절에 아주 중요하며, 아이가 성인이 되었을 때 건강한 정신을 유지하고 다른 사람들과 만족스러운 관계를 맺는 능력이 어느 정도는 이 상호 작용에 달려 있다는 사실을 나는 조금도 의심하지 않는다. 그리고 앞에서도 얘기한 것처럼, 어린 시절에 제대로 된 인간관계를 맺지 못하고 부모에게서 적의나 거부의 태도를 경험하며 자란 아이들은 인간관계 이외의 것에 더 몰두하거나 아니면 인간관계 맺기를 아주 힘들어할 수 있다는 사실 역시 나는 의심하지 않는다. 하지만 어떤 종류의 관계를 맺고 있고, 흥미로우며 자아 존중감도 충족시켜주는 일을 하고 있다면 꼭 가깝고 친밀한 관계가 없다 해도 만족스럽고 충만한 삶을 살 수 있다는 주장 또한 덧붙이고 싶다.

이상적 균형

일, 특히 시간이 흐름에 따라 변화하고 진보하고 깊이를 더하는 창의적인 일은 한 사람의 개인성 안에서 통합 요인을 제공할 수 있다고 나는 생각한다. 물론 코헛은 이 통합 요인을 다른 사람들이 보여주는 긍정적인 반응에서만 얻을 수 있거나, 혹은 그 정도는 아니라 해도 주로 그렇다고 믿는다.

전기 작가 제럴드 노스롭 무어(Jerrold Northrop Moore)는 작곡가 에드워드 엘가(Edward Elgar)의 전기에서 이렇게 얘기한다.

> 보통 사람들처럼 예술가 역시 내면에서 서로 경쟁하는 여러 욕망들 때문에 분열된다. 하지만 보통 사람들과 달리 예술가는 이 욕망들 각각을 예술작품을 위한 요소로 사용하려 한다. 그리고 그 요소들을 모두 통합해 하나의 표현 양식을 만든다. 모든 요소들이 성공적으로 통합되었을 때 누구나 인지할 수 있을 만큼 명료하고 통일되고 독특한 표현 양식이 탄생한다.8)

이렇게 보면, 표현 양식은 개인성의 다양한 부분이 균형 있게 결속되어 만들어지는 것이다. 코헛이 설명한 대로, 정신분석 전문의들은 환자들이 공감과 이해를 통해 이 통합 요인을 얻도록 도우려 하는 것이며, 재능 있는 사람들은 자신의 작업을 통해 이 통합 요인을 얻을 수 있는 것이다.

예술작품이나 철학 체계 혹은 우주의 이론이 어린 시절에 상실을 겪었거나 성인기에 다른 사람들과 유익한 상호 작용을 제대로 하지 못한 것을 보상하려는 노력에서 생길 때가 있다면, 일련의 작품이 '대상'을 대체한다는 생각을 할 수도 있다. 하지만 모든 인간의 관심사가 그런 이유로 생겼다고 결론을 내리는 것은 물론 섣부른 판단이다. 중요한 논문 〈대상관계로서의 관심Interests as Object Relations〉에서 모리스 N. 이글(Morris N. Eagle)은, 정신분석 이론에서는 관심사가 개인성 형성에 하는 역할을 올바로 평가

하지 못했다고 주장한다.

전통적인 정신분석 이론에서는, 관심사를 본질적으로 파생물로 간주하는 경향이 있다. 그러니까 관심사는 일종의 승화(정신분석 이론에서 관심사 개발의 이해와 가장 밀접하게 관련된 개념)며, "본능을 성적 만족과는 다른 목표, 성적 만족과는 거리가 먼 목표로 돌릴 때" 생긴다는 것이다(『지그문트 프로이트 전집』 14권, 94쪽). 즉, 성적 관심을 '더 높은' 목표의 추구로 전환할 때의 산물이라는 것이다. 이런 견해에 따르면, 문화적 관심사를 개발하는 능력은 성적 에너지를 승화하거나 '무력하게 하는' 능력에 달려 있다.[9]

원리주의 정신분석 전문의들은 아직도 이 견해를 지지하지만, 이 이론은 시대에 뒤쳐졌고 인간 발달에 대한 사실과 이제는 맞지 않는다. 아기들도 새로운 시각적 청각적 자극을 제공하는 대상에 큰 관심을 보인다. 그리고 그런 자극을 배고픔이나 갈증 같은 기본적인 신체적 욕구 혹은 접촉과 위안에 대한 갈망과 관계 있는 것으로 간주할 수는 없다.

나는 이미 위니콧의 '과도기적 대상'에 대한 개념을 소개하면서 "어린아이가 비생명체인 대상에 의미를 부여하는 것은 사람이 본래 사랑만을 원하는 건 아니라는 증거"라고 주장한 바 있다. 그리고 안전한 애착을 느끼는 아이들은 불안해하지 않고 엄마의 곁을 떠나 환경과 그 환경 속의 대상들을 탐험하는 것 또한 사실이다. 그러므로 어린아이가 어떤 것에 보이는 '관심'을 애정 어린 결합에 대한 대체물로 간주할 수 없으며, 그보다는 그 아이가 상황에 제대로 적응한다는 증거로 봐야 한다.

또한 독방 감금이나 강제수용소 같은 극단적인 상황에서 음악이나 언어, 열정적으로 품고 있는 종교적 또는 정치적 신념 같은 '관심사'가 정신 붕괴와 그 결과로 일어나는 죽음을 막는 역할을 할 수도 있음을 이야기했다. 모리스 N. 이글은 보통의 정신적 기준에서 보면 아주 불안정했던 어느 작곡가의 이야기를 소개한다.

> 그는 걸핏하면 편집증과 과도한 의심 증세를 보였고, 항상 지나치다 싶을 정도로 경계했으며, 감정 기복이 무척 심했고, 극도로 불안해했고, 준환각 상태에 빠지기도 했다. 하지만 우리 둘이 알고 지낸 26년 동안, 그가 심각하게 분열되거나 분명하게 정신병 증세를 보인 적은 한 번도 없었다. 그의 삶을 지탱하는 중심 역할을 해준 음악적 재능과 열정이 없었다면 그는 아마도 온전하게 살지 못했을 것이다.[10]

이 작곡가의 삶에서 음악은 카프카의 삶에서 글쓰기가 한 역할과 같은 역할을 했다. 나는 다음과 같은 이 글의 결론에 동의한다.

> 애정 어린 유대 관계를 이루어가는 것뿐만 아니라 대상에 관심을 갖는 것도 단순히 성 에너지와 목표의 파생물이나 부산물은 아니다. 관심사 역시 세상에 존재하는 대상을 인지하고 정서적인 고리를 형성하는 선천적인 성향의 표현이며 인간 발달의 중요하고 독립

적인 면이다.[11]

그러므로 이상적으로 균형이 잡힌 사람이라면 인간관계와 관심사 모두에서 삶의 의미를 찾아야 할 것이다. 대상에 대한 관심이 인간관계의 실패에서 비롯되는 것은 아니지만, 이런저런 이유로 가까운 관계를 맺지 못하는 재능 있는 사람들의 경우에는 일반적으로 친밀한 관계가 하는 역할의 일부를 관심사가 떠맡을 수 있다고 나는 주장하고 싶다.

스스로 성숙하는 사람들

창의적인 사람의 작품에 나타나는 아주 재미있는 특징 하나는 그 작품이 시간이 지남에 따라 변하는 방식이다. 창의력이 뛰어난 사람은 자신의 작품에 절대 만족하지 않는다. 하나의 작품을 완성하고 난 후에 한동안 우울증을 겪다가 다음 작품을 시작하고 나서야 그 우울증에서 벗어나는 일이 흔히 있다. 내가 볼 때 창작 능력은 '고립 상태에 있는 개인의 발달'에 다른 무엇으로도 얻을 수 없는 기회를 제공하는 듯하다. 대부분의 사람은 주로 다른 사람들과의 상호 작용을 통해 발전하고 성숙한다. 우리 삶의 진전은 아이, 청소년, 배우자, 부모, 조부모와 같이 다른 사람들과 관계된 우리의 역할로 정해진다. 예술가나 철학자는 스스로 성숙한다. 그들 삶의 진전은 다른 사람들과의 관계보다는 작품 성격의 변화와 작품의 성숙에 따라 정해진다.

  이 장의 앞부분에서, 인간관계 이외의 것에서 삶의 의미와 질서를 발견하는 데 몰두하는 사람들이 있다는 얘기를 했다. 만일 지금까지 제기된 주장이 맞다면, 우리는 첫째, 두드러지게 내향적이고 창의적인 사람들, 둘째, 가까운 관계 맺기를 피하거나 어려워하는 창의적인 사람들이 등장할 것이라고 짐작할 수 있다. 그런 사람들은 특히 자신의 견해를 독자적으로 전개하는 데 관심이 있고, 다른 사람들의 설익은 감시와 비판으로부터 자신의 내면 세계를 보호하려 하며, 아마도 다른 사람들의 사상에 여간해서는 영향을 받지 않을 것이라는 짐작도 할 수 있다. 또한 그런 사람들은 인간관계보다 자신의 작품을 자아 존중감과 개인적인 성취의 주요 요소로 여길 것이라는 추측도 가능하다.

  뿐만 아니라, 이런 유의 사람들 중 일부는 불행해하고 불안해하며 공포를 느끼고 우울해한다는 점에서 분명하게 '신경증'을 보일 것이라고 예상할 수 있다. 다시 말해, 대상관계 이론가들이 신경증의 근본 원인이라고 간주하는 인간관계의 결여로 고통 받는 표시를 보이는 것이다. 반면, 대상관계 이론가들의 결론이 지나치게 극단적이며 인간관계는 인간의 안정감과 행복의 유일한 요소가 아니라는 내 주장이 옳다고 전제한다면, 일을 통해 누구 못지않게 안정감과 행복을 누리는 사람들을 예시하는 것이 가능해야 한다.

위대한 철학자 칸트의 일생

위의 기대를 모두 충족시키는 아주 독창적이고 중요한 철학자 한 사람이 있다. 칸트에 대한 다음 설명은 영국의 소설가이자 평론가 토머스 드 퀸시(Thomas De Quincey)가 쓴 칸트의 마지막 날에 대한 글[12]과 철학자 벤아미 샬프스타인(Ben-Ami Scharfstein)의 『철학자들The Philosophers』[13]에 나온 이야기를 참고했다. 철학자들은 동료들과 앞선 철학자들의 사상을 설명하고 반박하고 토론하는 일을 직업으로 삼는 반면, 그들의 개인성이나 일대기에는 별 관심을 보이지 않는다. 그런 식의 관심을 부적절하고 무례하게 여기거나 쓸데없는 것으로 치부하는 경향이 있다. 철학 체계는 그 체계가 누구에게서 나왔든 관계없이 그 자체로 운명을 달리한다. 이것은 분명 사실이다. 그럼에도 서문에서 주장했듯, 서구 세계의 아주 독창적인 철학자들 다수가 유별나게 머리가 좋은 사람이었을 뿐만 아니라 다른 면에서도 유별났다.

임마누엘 칸트는 1724년 4월 22일 동프로이센의 쾨니히스베르크에서 태어나 평생을 그곳에서 보냈다. 그는 아홉 형제 중 넷째였으며 형제 중 세 명이 아기일 때 죽었다. 마구(馬具) 장인(匠人)이었던 아버지는 칸트가 스물두 살 때 세상을 떠났다. 어머니는 칸트가 열세 살 때 죽었는데, 칸트는 어머니에게서 받은 사랑과 가르침은 영원히 갚을 수 없는 빚이라고 말하기도 했다.

칸트는 부모님을 존경하고 사랑했지만, 그러면서도 일찍부터 자율을 주장했던 것 같다. 어린 시절을 다른 사람들이 가하는 제재 때문에 아이의 자유가 안타깝게도 제한될 수밖에 없는 시기로 묘사할 뿐, 절대 이상화하지 않은 것만 봐도 그렇다. 사실 그는 아기들이 태어날 때 우는 이유는 팔다리를 자유롭게 사용하지 못하는 것을 속박으로 여겨 분노하기 때문이라고 생각하기도 했다.

칸트는 훈육이 설령 마음에 들지 않는 것이라 해도 아이들에게 필요한 것이라 여겼다. 그는 아이들에게서 소설을 빼앗아야 한다는 믿음이 지나칠 정도로 강했는데, 소설 읽기가 아이들에게서 낭만적 공상을 키우고 진지한 생각을 방해한다는 우려에서였다. 칸트는 또한 아이들이 독립심을 키우기 위해 궁핍과 장애를 견디는 법을 배워야 한다고 생각했다.

독립에 대한 칸트의 고집은 단호했다. 버트런드 러셀에 따르면 그는 다음과 같이 주장했다.

> 한 사람의 행동이 다른 사람의 의지에 종속되는 것보다 더 무서운 것은 없다.14)

칸트는 모든 이성적인 존재는 본질적으로 목적으로 존재하며, 사람들은 이런 식으로 서로를 대해야 한다고 믿었다.

칸트는 사람들과 주고받은 편지에서 주로 자신의 철학적 견해를 제시했다. 그는 어떤 철학자도 별로 존경하지 않았는데, 단 한 사람, 데이비드 흄(David Hume)만은 존경했고 그에게 큰 빚을 졌다고도 고백했다. 칸트의 대필자 한 사람은 칸트가 다른 사람들의 생각에 좀처럼 공감하지 않았다고 말하면서, 그 원인을 자신의 사고 체계에서 벗어나지 못한 탓이라 술회한 바 있다.

칸트에게는 충실한 친구들이 많았다. 칸트는 그들을 저녁 식사에 초대하는 것을 즐겼다. 말년에는 모두들 그를 너그러운 사람, 매력적인 이야기꾼으로 생각했다. 하지만 칸트는 70대가 훨씬 지나서까지 여성들을 찬미했으면서도 여성이든 남성이든 어느 쪽과도 가까운 관계를 맺지 않았다. 여러 번 결혼에 대해 생각했지만 실제로 결혼을 하지는 않았다. 친척들에게는 관대했지만 늘 적당한 거리를 유지하려고 조심했다. 쾨니히스베르크에 여동생들이 살고 있었지만 25년 동안 그 동생들을 만나지 않았다. 남동생 하나는 형제의 이별을 슬퍼하며 다시 만나기를 바라는 감동적인 편지를 보내오기도 했다. 하지만 칸트는 남동생에게서 또 한 통의 편지를 받고도 2년 반이 지나서야 답장을 했는데, 그 내용마저도 너무 바빠 답장을 하지 못했지만 형으로서 네 생각은 계속할 거라는 것이 전부였다.

칸트는 여러 면에서 강박적인 성격을 보였다. 그의 생활은 굉장히 규칙적이었다. 매일 새벽 4시 55분이면 하인이 그를 깨웠다. 새벽 5시에 아침을 먹고 나면 글쓰기나 강연을 하면서 오전 시간을 보냈다. 그리고 오후 12시 15분에 점심을 먹었다. 저녁 식사 후에는 항상 산책을 했는데, 시간이 얼마나 정확하던지 쾨니히스베르크의 주민들은 그가 산책하는 것을 보고 시계를 맞출 정도였다고 한다. 하지만 말년에 친구들을 매일 초대했을 때는 시간이 일정하지 않았던 것 같다. 대화가 오후 내내 그러니까 4시 혹은 5시까지 계속되기도 했다는 말이 있기 때문이다. 그리고 나서는 10시까지 책을 읽다가 잠자리에 들었다고 한다.

칸트는 어떤 일을 즉시 해결하지 못하면 강박적인 사람 특유의 조급함과 편협함을 보인 것으로도 유명하다. 이런 행동은 다른 사람들이 가하는 구속에서 벗어나려는 바람의 또 다른 모습이다. 말년에 칸트는 저녁을 먹은 후에 커피를 먹고 싶으면 조금도 기다리지 못했다. 식탁에서 얘기가 끊어질라치면 절대 참지 못했고, 화제가 떨어지지 않도록 굉장히 다양한 손님들을 초대했다. 칸트의 이야기 소재는 광범위했다. 그는 수학과 과학뿐만 아니라 정치에 대해서도 모르는 게 없었는데, 이런 내용이 식탁에서의 주된 얘기 소재가 되었다. 하지만 자신의 작품에 대한 얘기는 거의 하지 않았다. 당연히 겸손함 때문이기도 했지만, 아마도 어수선하고 소란한 저녁 식사 자리에서 자신의 사상을 드러내는 걸 꺼렸기 때문이기도 했을 것이다.

> 더 특이한 점은, 칸트가 자신이 확립한 철학 개념을 대화에 절대 끌어들이지 않았다는 것이다. 그렇게 해서 칸트는 그처럼 많은 학자와 지식인이 저지른 실수에서 완전히 벗어났는데, 그것은 바로 자신의 의견에 동조하지 않는 사람들을 배제하는 옹졸함을 보이는 실수를 말한다.[15]

칸트는 자신뿐만 아니라 다른 사람들의 신체적 건강에도 광적일 정도로 신경을 썼다. 그는 땀을 흘리지 않으려고 굉장히 조심했다. 그리고 밤낮으로 오직 코로만 호흡하는 방법을 생각해냈는

데, 그렇게 해야만 카타르(감기 등으로 코와 목의 점막에 생기는 염증-옮긴이)와 기침을 없앨 수 있기 때문이었다. 대화를 하면 야외에서 입으로 호흡을 해야 하기 때문에, 낮에 산책을 할 때는 항상 혼자 했다. 아주 추운 날에도 침실에 절대 난방을 하지 않았다. 하지만 서재는 24도를 유지했다.

짐작했겠지만, 칸트는 금욕적이었다. 커피와 담배를 무척 좋아했지만 절대 지나치게 즐기지는 않았다. 그는 자신의 건강을 자랑했고, 약에 관심이 굉장히 많았으며, 친구들이 아프면 무척 걱정하면서 상태가 어떤지 끊임없이 물어보았다. 하지만 친구들이 죽고 나면 그들을 곧 마음속에서 지워버리고 평정을 되찾았다. 칸트는 죽음에 대한 걱정과 두려움이 건강 염려증이라는 공상을 키운다고 생각했다. 노년이 되자 죽을 준비가 되었음을 체념하듯 담담하게 받아들였다.

칸트는 자신의 건강 염려증이 가슴이 평평하고 좁은 탓이라 여겼다. 그는 세상이 싫어지고 우울증에 빠질 정도로 병에 대해 비이성적인 두려움에 시달렸다고 고백했다. 하지만 그의 강박적인 습관이 우울증에 빠지기 쉬운 성향을 효과적으로 보호해주는 역할을 했던 것 같다. 중년에 이르러서는 차분하고 이성적이었으며 대체로 쾌활한 모습을 보였다. 칸트가 신경증적 불안을 분명 보이긴 했어도, 눈에 띄게 불행해한 것은 죽음이 가까워진 일흔아홉 나이가 되었을 때였다.

칸트에게 뇌동맥 경화증이 진행되었던 것은 확실하다. 오래전 일들은 여전히 정확하게 기억했고 긴 시를 암송하기도 했지만,

얼마 전 일에 대해서는 기억이 점점 흐려졌다. 그는 온갖 일을 점점 더 강박적으로 근심했고 어떤 가구나 물건이 제자리에 없는 건 아닌지 불안해했다. 또 자신을 괴롭히는 두통이 전기 탓이라 여기는 이상한 망상에도 사로잡혔다.

칸트는 낯선 사람들을 만나지 않으려 했다. 동맥경화성 치매 환자들이 그렇듯이, 정신력이 약해지는 모습을 다른 이들에게 들키기 싫어해서였다. 이것 역시 대뇌동맥 경화증 환자에게서 흔히 나타나는 증상이다.

칸트는 1804년 2월 12일, 80번째 생일을 두 달 남짓 앞두고 죽었다. 그의 명성에 걸맞게 쾨니히스베르크에서는 유례없이 성대한 장례식이 치러졌다.

자신만의 길

칸트는 서구 세계의 옛 학술기관에서 흔히 볼 수 있는 유형의 대학 교수였다. 그의 능력과 업적에 필적할 사람은 없겠지만, 비슷한 개인성과 관심사를 가진 학자들은 적지 않았다. 연구에 삶을 바치고 인간관계는 나중 문제인 꼼꼼하고 강박적인 학자들에게 옥스퍼드 케임브리지 대학 생활은 굉장히 매력적이다. 그들은 상주 교수로서 좋은 대우를 받는다. 혼자 있는 시간과 개인적인 공부는 당연히 보장된다. 그러면서도 필요하면 언제든 사람들과 교제할 수 있으므로 가정생활이 아쉽다고 느낄 일도 없다. 칸트의 삶에서 인간적인 열정과 따뜻함은 별로 보이지 않았지만, 그는 많은 사람에게서 존경받았고 친구들에게서도 사랑받았다. 강박증을 보이긴 했어도 불안과 우울증을 막기 위한 행동들이 사는 내내 효과적인 방어책이 되어주었다. 일부 정신분석 전문의들은 동의하지 않을지 모르지만, 칸트가 강박증을 보였다고 해서 그의 삶을 불행하다고 결론지을 수는 없다.

철학자가 아닌 사람들에게 철학은 아주 난해한 주제다. 아니, 어쩌면 일부 철학자들에게도 마찬가지일 것이다. 철학은 경험적인 학문이 아니다. 철학은 자연과학처럼 각 세대가 건물을 짓듯 지식을 쌓는 학문이 아니다. 말하자면 철학은 새로운 이야기다. 철학자들이 일반적으로 연구하는 문제에는 완전하고 영구적인 해결책이 존재하지 않는다. 철학자들이 자신의 연구에 진전이 있다고 주장할 때, 이는 어떤 문제가 명확해져서 이전의 접근 방식 일부를 버려야 한다는 의미다.

철학자들이 가능하면 객관적이 되려고 노력한다는 점에서는 과학자들과 같지만, 철학은 경험과학과 그렇게 비슷하지는 않다. 그리고 철학은 명백하게 개인적인 진술을 하거나 인간의 정서를 표현하는 데 관심을 갖지 않는다는 점에서 예술과도 다르다. 하지만 어떤 면에서 철학은 예술과 과학 모두와 비슷하다. 과학이 진보하면서, 이전 세대의 지식에 다음 세대가 지식을 더하고 이런 식으로 지식이 통합되어 일반적인 구조를 이룬다. 이것은 예를 들어 어떤 현대의 물리학자도 뉴턴의 논문을 볼 필요가 없으며 심지어 아인슈타인의 논문도 공부할 필요가 없다는 것을 의미한다. 그들이 물리학과 우주론에 더한 지식은 하나로 합해졌고, 그들이 결론에 이른 방식은 역사적으로 보면 재미있다 해도 그냥 역사적으로 재미있을 뿐이고 미래의 진보와는 관계가 없다. 아주 위대하고 독창적인 과학자들의 사상이라 해도 불가피하게 다른 사상으로 대체된다.

반면, 예술에서는 현재가 과거를 대체하는 일이 거의 없다. 베토벤의 곡에는 모차르트 곡보다 규모가 더 큰 오케스트라가 필요하다. 그리고 바그너 곡에는 규모가 훨씬 더 큰 오케스트라가 필요하다. 19세기 비평가들은 어떻게 생각했는지 모르지만, 이처럼 오케스트라로 표현할 수 있는 범위가 넓어졌다고 해서 베토벤의 음악이 모차르트의 음악보다 위대하다거나 바그너의 음악이 베토벤의 음악보다 위대하다는 의미는 아니다. 베토벤의 음악이 모차르트의 이전 업적에 얼마나 많이 영향을 받았든 간에 그 업적을 대체하지는 않는다. 모차르트의 음악, 베토벤의 음악, 바그너의 음악 모두 최고의 작품이고 다른 것으로 대체할 수 없다.

그림에서도 마찬가지다. 르네상스 화가들이 '옛날' 화가들보다 우월하다는 걸 과시하기 위해 원근법 등의 새로운 기술을 이따금 사용하긴 했지만, 우리는 치마부에와 조토의 그림이 그들 시대의 가치를 표현하며 다른 어떤 작품으로도 대체될 수 없는 걸작이라는 것을 알고 있다.

이런 의미에서 철학은 과학보다는 예술과 더 비슷하다. 사람들은 지금도 플라톤과 아리스토텔레스의 글을 공부하며, 철학을 이해하려고 노력하는 사람이라면 그들의 사상을 연구해야 한다. 데

카르트, 흄, 칸트, 비트겐슈타인에 대한 책이 읽히는 것처럼, 플라톤과 아리스토텔레스에 대한 책도 계속 발간된다. 과학에서 이루어지는 진보와 비슷한 진보가 특정한 철학적 논쟁의 결점을 지적하는 과정을 통해 이루어질 수도 있지만, 철학 체계는 대개 별개의 진술로 남는다. 그러니까 서로 충돌은 하되 여러 개가 하나로 될 수는 없는, 자유주의 사상가 아이자이어 벌린(Isaiah Berlin)의 표현을 빌리자면 복수로 공존하는 견해로 남는 것이다. 이런 불화합성 때문에 그처럼 많은 철학자가 어떤 희생을 치르더라도 자율성을 주장하며, 다른 사람에게 빚이 있음을 인정하지 않으려 하고, 자신이 다른 철학자의 작품을 제대로 읽을 수 없다고 주장하기도 하는 듯하다. 과학이 과거의 결과물을 비판하고 더 넓은 범위의 현상을 설명하는 가설의 채택을 통해 진보하지만, 그래도 과학자들은 언제나 과거에 바탕을 둔다. 철학자들이 채택하는 정신 자세는 대부분의 과학자들이 채택하는 정신 자세와는 전혀 다르다. 그 과학자가 아무리 독창적이라 해도 마찬가지다.

칸트, 라이프니츠, 흄, 버클리 모두 자신이 선임자의 영향에서 벗어나 과거의 결과물과 상관없이 자신만의 독자적인 길을 추구했기 때문에 철학의 발달에 공헌할 수 있었다고 주장했다. 내향적이었고 혼자 있는 걸 유달리 좋아했으며 자신은 외부의 영향에 대체로 무감각하다고 주장하면서 자아 존중감의 주된 요소를 자신의 작품에서 찾았던 또 한 사람, 루트비히 비트겐슈타인 역시 그랬다. 그는 20세기의 가장 독창적이고 영향력 있는 철학자라는 평을 받는다.

소란스럽고 격렬했던 한 천재의 삶

비트겐슈타인은 1889년 4월 26일에 빈에서 5남 3녀 중 막내로 태어났다. 형 파울 비트겐슈타인은 1차 세계대전 때 오른쪽 팔을 잃은 피아니스트였는데, 그를 위해 프랑스의 작곡가 모리스 라벨(Maurice Ravel)이 왼손을 위한 피아노 협주곡을 작곡하기도 했다. 루트비히 비트겐슈타인도 음악을 열정적으로 좋아했고 어른이 되어서 클라리넷을 배우기도 했다. 비트겐슈타인은 열네 살이 될 때까지는 개인 교습을 받다가 그 후에 린츠에 있는 학교에 갔고 다음에는 베를린에서 공학을 공부했다.

핀란드의 철학자 G. H. 폰 리히트(G. H. von Wright)가 쓴 비트겐슈타인의 약력을 보면, 비트겐슈타인이 학교를 떠난 때인 1906년부터 케임브리지 대학교에서 버트런드 러셀과 함께 공부하던 때인 1912년까지의 기간은 불안한 탐구와 깊은 불행의 시기였다.[16] 이 시기에 그의 관심은 항공 공학에서 수학으로 옮겨갔다. 그 과정에서 비트겐슈타인은 독일의 논리학자 코트로프 프레게(Gottlob Frege)와 만나게 되었는데, 그는 비트겐슈타인에게 케임브리지 대학교로 가서 러셀과 함께 연구하라고 조언했다. 러셀은 그의 자서전 두 번째 권에서 비트겐슈타인에 대해 묘사한다.

> 루트비히 비트겐슈타인은 내가 오래전부터 생각하던 천재의 모습과 가장 완벽하게 들어맞는 사람이었다. 그는 열정적이고 심오했으며 때로는 격렬했고 주위를 압도했다. 그는 G. E. 무어(G. E. Moore)

말고는 아무도 필적할 수 없을 정도의 순수함을 간직했다. …… 그의 삶은 소란스럽고 불안했으며 그가 지닌 힘은 특별했다.[17]

러셀은 비트겐슈타인이 자정에 그의 방에 와서는 몇 시간 동안 왔다 갔다 하다가 나가면서 자살을 할 거라고 말했다는 이야기도 한다. 어둡고 무거운 인생관과 우울증에 쉽게 빠지는 성향은 비트겐슈타인의 삶 내내 지속되었다.

비트겐슈타인은 여느 천재들에 비해서도 내향적인 성격이었음에 틀림없다. 바깥세상에서 어떤 일이 일어나든 그에게는 마음속에서 일어나는 일이 훨씬 중요했다. 그의 비중 있는 첫 작품 『논리-철학 논고 Tractatus Logico-Philosophicus』가 1차 세계대전 동안 쓰였는데, 이 책을 쓸 당시 비트겐슈타인은 오스트리아 군대에서 복무했다. 버트런드 러셀은 이렇게 말한다.

그는 논리에 대해 생각하고 있을 때면 포탄이 터지는 것과 같은 사소한 문제는 전혀 알아채지 못했을 사람이다.[18]

비트겐슈타인은 사회 관습에 무관심했고 학문 세계의 잡담을 싫어했으며 사회적 허세를 증오했다. 그는 1920년부터 1926년까지 오스트리아의 산간 마을에서 초등학교 교사를 했다. 하지만 그는 아이들에게 자극을 주긴 했어도 신경질적이고 참을성이 부족한 교사였다. 결국 아이들을 심하게 다루었다는 이유로 고발당했고, 무죄로 풀려나긴 했지만 교사라는 직업은 포기해야 했다.

비트겐슈타인은 수업 중에 여자아이를 때렸다고 나중에 자백하면서, 아이가 교장에게 그 사실을 알렸을 때 부인한 것을 부끄러워했다.

비트겐슈타인의 아버지는 1912년에 막대한 유산을 남기고 세상을 떠났다. 비트겐슈타인은 전쟁이 끝나고 빈으로 돌아왔을 때 자신의 재산을 형제자매에게 나누어주었다. 나중에 그가 『논리-철학 논고』를 논하기 위해 헤이그에서 러셀을 만나기로 했을 때, 러셀은 비트겐슈타인이 빈에서 네덜란드까지 오는 여비를 마련해주기 위해 비트겐슈타인이 케임브리지에 남겨두었던 소지품 일부를 팔아야 했다.

1926년에서 1928년까지 비트겐슈타인은 빈에서 누이 그레틀을 위해 집을 설계하고 짓는 데 몰두했다. 또 다른 누이 헤르미네 비트겐슈타인은 루트비히 비트겐슈타인이 이 작업을 하는 동안 너무나 꼼꼼해서 세세한 부분까지 일일이 감독하는가 하면 어디든 단 1밀리미터의 오차도 허용하지 않았다고 말한다.

루트비히가 각 부분의 정확한 치수를 두고 한 치의 양보도 없었음을 가장 확실하게 보여준 일이라면, 집 공사가 끝나고 청소를 막 시작하려 할 때 홀처럼 생긴 방의 천장을 3센티미터 높이기로 결정한 것이다. 그의 직감은 절대적으로 옳았으므로 당연히 그의 직감을 따라야 했다.[19)]

일에서 찾은 자아 존중감

칸트 역시 형태 관심형 사람들에게서 흔히 나타나는, 그러니까 자신의 경험으로 의미와 질서를 만드는 것에 관심을 두는 강박적인 행동을 보였다. 비트겐슈타인도 칸트와 마찬가지로 다른 사람들의 사상에 무감각했다. 종교철학자 노먼 맬컴(Norman Malcolm)은 이렇게 말한다.

> 비트겐슈타인은 체계가 전혀 없이 철학의 고전들을 읽었다. 그는 정말로 읽고 싶은 것만 읽었다. 그가 젊었을 때 쇼펜하우어를 읽는 모습을 본 적도 있다. 그는 스피노자, 흄, 칸트의 이론은 제대로 이해하지 못하겠다고도 했다.[20]

비트겐슈타인은 칸트에 비해 사교성이 훨씬 없었고 대학에서 밥을 먹는 일도 절대 없었으며 금욕적으로 보일 만큼 음식에 무관심했다. 아일랜드에 머물 때는 첫날 주인이 내준 식사를 보더니 정성이 지나치게 많이 들어갔다며 아침으로 죽, 점심으로 채소, 저녁으로 삶은 달걀이면 족하다고 했다. 그날 이후로는 매일 그런 식으로 식사가 제공되었다.[21]

비트겐슈타인은 자신의 사생활을 철저히 비밀로 했다. 그의 어린 시절 노트를 보면 군데군데가 암호로 적혀 있다. 사생활을 철저히 지키려고 했던 것은 어쩌면 동성애와 관련이 있었을 수도 있는데, 이런 성향은 친구이자 동료였던 데이비드 핀센트나 훨씬 나이가 어린 프랜시스 스키너 같은 남자들에게 그가 보인 애착에서도 나타났다. 비트겐슈타인은 데이비드 핀센트에게 『논고』를 바쳤다. 그의 남자 친구들 중 적어도 두 명은 이상 성격이었는데, 어떤 성질에 지나치리만큼 강박적인 애정을 품는 식이었다. 하지만 비트겐슈타인을 잘 아는 사람들은 그가 육체적으로 순결하다고 확신했던 것 같다.

이것이 사실이든 아니든, 그가 대체로 고독하게 살았다는 사실에는 의심의 여지가 없다. 그는 노르웨이에 사둔 오두막에서 한 번에 몇 달씩 혼자서 보냈으며, 1948년에는 골웨이의 바닷가에 있는 오두막에서 보내기도 했다.

비트겐슈타인은 칸트보다 훨씬 힘든 성격이었다. 우울증에도 더 잘 걸렸고, 자신의 정신이 온전한지 늘 걱정하고 두려워했으며, 편협하고 독단적이었고, 다른 사람들을 의심하면서 자신만 옳다고 확신했다. 그의 성격은 편집증에 가까웠다. 하지만 세상 사람들이 뭐라 하든 늘 당당하고 초연하게 진리를 발견하기 위해 노력하고, 타협을 경멸하고, 열정적으로 지성을 추구하는 모습에 그를 만나는 사람들 모두 깊이 감동했다.

이 장의 앞부분에서 인간관계를 거부한 내향적이고 창의적인 사람들에 관해 이야기했는데, 비트겐슈타인과 칸트도 서로 다른 면이 있긴 하지만 앞에서 얘기한 사람들에게서 흔히 나타나는 성격과 태도 대부분을 지니고 있었다. 두 사람 모두 가정을 이루지 않았고 지속적이고 가까운 인간관계를 맺지도 않았다. 두 사람 모두 금욕적이어서 일체의 방종을 멀리했다. 또한 두 사람 모두 다른 철학자들의 사상에 대체로 무감각했다. 그리고 자율을 무엇보다 중요하게 생각했으며 다른 사람들의 사랑보다는 자신의 일에서 자아 존중감을 찾았다.

불이익을 안고 인생을 시작한 천재

두 천재 모두 추상적인 사고로 질서, 일관성, 관념을 발견하고자 하는 욕구가 강했는데, 그들 삶에 의미를 준 것은 바로 이런 진리 탐구였다. 그처럼 열정적이고 강렬한 욕구를 일으키는 동력은 내면에 잠재된 혼돈의 인식, 앞에서 언급한 '해체 불안' 혹은 '행동 분열'에 대한 두려움이었던 것 같다. 특히 비트겐슈타인은 신경쇠약에 대한 두려움에 시달렸다. 칸트도 질서에 강박증을 보였는데, 이것은 비트겐슈타인만큼 심하지는 않다고 해도 그 역시 비슷한 종류의 불안을 느끼고 있었음을 드러낸다.

두 사람이 느꼈던 것과 비슷한 불안 때문에 질서를 찾는 데 집착했던 천재들은 많이 있다. 그런 질서 추구가 처음에는 해체에 대한 두려움으로 시작되었다 해도, 시간이 지나면서 주제에 대한 본질적인 흥미 혹은 유능하거나 독창적인 사람으로 인정받는 데서 오는 성취감으로 추진력을 얻을 수도 있다.

뉴턴은 큰 불이익을 안고 인생을 시작한 천재라 할 수 있다. 그는 자라서 괴짜가 되었고 중년에는 정신병을 앓았다. 말년에 이르러서 안정이 되긴 했지만 외롭게 지내는 것은 여전했다. 그의 비정상적인 개인성과 뛰어난 업적과의 연관성이 아주 명확하고 또 흥미롭기 때문에 여기에서 특별히 주목해볼 가치가 있다.[22]

뉴턴은 1642년 크리스마스에 조산아로 태어났다. 문맹이고 소지주였던 아버지는 그가 태어나기 석 달 전에 죽었다. 알려진 바로는, 뉴턴의 외가와 친가 어디에도 이렇다 하게 훌륭한 인물이 나온 적이 없었다. 태어나서 3년 동안 뉴턴은 경쟁자 없이 어머니의 관심을 독차지했다. 사실 그는 몸집이 아주 작은 아이였기 때문에 유달리 극진한 보살핌을 받았을 거라고 짐작되기도 한다. 하지만 이 평화로운 일상은 뉴턴의 세 번째 생일 직후 그의 어머니가 재혼하면서 산산조각 났다. 뉴턴의 어머니는 아들에게 원치도 않는 의붓아버지를 만들어주었을 뿐만 아니라, 아들을 외할머니 손에 맡기고 집을 나가버렸다. 알려진 얘기로는, 뉴턴은 어머니의 이런 행동을 배신으로 받아들이면서 몹시 분노했다고 한다. 뉴턴은 스무 살 때 고백서를 썼는데, 자신이 저질렀다고 열거한 쉰여덟 가지의 죄목 중에는 "새 아버지와 어머니, 그리고 그들이 살고 있는 집을 불태우겠다고 두 사람을 위협한 일"도 있었다.[23]

정신분석 전문의인 에릭 에릭슨(Erik Erikson)은 인간이 성장하면서 만나는 최초의 핵전쟁이 기본적인 신뢰 대 기본적인 불신의 대립이라고 주장했다. 모두가 어느 정도는 잃어버린 낙원을 받아들이며 어른의 삶으로 들어가지만, 대부분의 사람들은 어린 시절에 어머니의 보살핌을 충분히 받은 덕에 다른 이에 대한 기본적인 신뢰를 당연한 것으로 여기고 불신을 예외적인 것으로 여긴다. 그런데 아이가 어머니의 관심과 애정을 마음껏 누리다가 어느 날 갑자기, 그것도 이유를 이해할 수 없을 만큼 어린 나이에 그 모든 것을 빼앗겨버린다면, 그 아이는 자라면서 만나는 사람들 모두를 불신하게 되며 누군가를 조금이라도 신뢰하기까지는 오랜 시간이 걸린다. 뉴턴이 바로 그랬다. 케임브리지 대학교에서 뉴턴의 뒤를 이어 루카스 석좌교수가 된 윌리엄 휘스턴(William Whiston)은 뉴턴을 가리켜 "내가 아는 사람들 중 가장 겁이 많고 신중하고 의심이 많은 성격"이었다고 말했다.[24]

뉴턴은 케임브리지 대학교 트리니티 칼리지에 도착한 1661년부터 런던으로 떠난 1696년까지 다른 사람들과 거의 접촉하지 않은 채 은둔자처럼 살았다. 남성과도 여성과도 가까운 관계를 맺지 않은 채 오로지 일에만 몰두했다. 다른 사람을 향한 뉴턴의 불신은 자신의 연구 내용을 출판하지 않으려 한 것으로도 증명된다. 그는 비평가들이 자신에게 해를 끼칠까봐, 다른 사람들이 그의 연구물에 대한 권리를 주장할까봐 두려워했다. 전기 작가 S. 브로데츠키(S. Brodetsky)는 이렇게 말한다.

> 뉴턴은 사람들에게 알려지거나 비평받는 걸 늘 꺼려서 그의 작품에 자신의 이름이 들어가는 걸 몇 차례 거절하기도 했다. 그는 명성을 대수롭지 않게 생각했으며, 오히려 유명해져서 사람들에게 시달릴까봐 겁을 냈다. 그는 복잡한 관계에서 벗어나고 싶어 했다. …… 뉴턴은 누가 재촉하지 않으면 연구물을 좀처럼 출간하지 않았던 것 같다. 천문학계가 안고 있던 가장 중요한 문제를 해결했을 때도 그는 아무에게도 그 얘기를 하지 않았다.[25]

라이프니츠, 플램스티드(Flemsteed), 훅과의 신랄한 싸움에서 증명되듯, 뉴턴은 우선순위의 문제에 민감했다. 그는 자신이 다른 사람들의 업적에 빚을 졌다는 사실을 절대 인정하지 않았다. 뉴턴은 이 장의 앞부분에서 설명한 내향적인 창조자의 모든 기준을 충족시키는 사람이었다. 말하자면, 그는 인간관계를 피했고, 자신의 연구물을 사람들에게 평가받는 걸 꺼렸으며, 자율을 어떻게든 지키고 싶어 했고, 주로 일에서 자아 존중감과 개인적 성취감을 얻었다. 이에 더해 그는 분명히 정신병을 앓았다.

쉰 살이 갓 넘었을 때 뉴턴은 잠깐 정신병을 앓았다. 그의 병이 수은 중독 때문이라고 주장하는 사람들도 있었다. 뉴턴이 실험에서 수은을 사용했던 것이다. 유독한 화학약품이 원인이었든 아니든, 그 병 때문에 뉴턴은 의심이 심해져서 급기야는 친구 피프스와 관계를 끊기에 이르렀고 철학자 로크가 자신을 여성들과 '반목시키려' 한다고 믿기도 했다. 이 편집증 다음에는 우울증이 왔다. 이 시기에 뉴턴은 로크에게 자신이 그를 나쁘게 생각했다며 용서를 구하는 편지를 썼다. 그 후에 뉴턴은 꽤 회복을 했던 것 같다. 그는 케임브리지에서 런던으로 왔고, 국회의원이 되었다가 다음에는 조폐국의 이사가 되었으며 왕립학회 회장으로 선출되기도 했다. 독신주의자로 남았지만 명성 덕에 폭넓은 교제를 즐기며 아주 만족스러운 삶을 살았다. 조지 2세와 캐롤라인 왕비가 종종 뉴턴을 초대했다고 한다. 뉴턴은 그의 과학 출판물을 계속 개정했고 신학 연구를 했으며『수정된 고대 왕국 연대기 Chronology of Ancient Kingdoms Amended』를 집필했다. 뉴턴은 여든다섯 살에 세상을 떠났다.

사랑을 택했다면 더 행복했을까?

칸트, 비트겐슈타인, 뉴턴이 여러 가지 면에서 차이가 있긴 했지만, 세 사람 모두 독창적이고 추상적인 사고를 하는 데 탁월한 능력이 있었으며, 다른 사람들과 가까운 관계를 맺지 않은 천재들이었다. 그들에게 아내와 가족이 있었더라면, 그처럼 빛나는 업적을 이루기는 불가능했을 것이라는 주장도 틀리진 않을 듯하다. 높은 수준의 추상적 개념이 형성되기 위해서는 오랜 시간의 고독과 강력한 집중이 필요하기 때문이다.

정신분석 전문의들은 이 세 사람이 엄격한 의미에서 '비정상'의 부류에 든다고 주장할 것이다. 이들이 일반적으로 '정신 병리학'으로 분류될 만한 증상을 뚜렷하게 보였다는 점은 나도 인정한다. 그렇지만 이 세 사람 모두 인간의 지식과 이해에 중요한 공헌을 했으며, 그들이 삶의 대부분을 고독하게 보내지 않았더라면 그런 업적은 이루지 못했을 것이라는 점을 다시 한 번 강조하고 싶다. 그리고 이런 질문을 해보고 싶다. 만일 그들이 일보다 사랑에서 성취감을 찾을 수 있었다거나 혹은 그러고 싶어 했더라면 더 행복했을까? 그것은 절대 알 수 없는 일이다. 이러한 천재들이 보이는 정신 병리학적 증상은 우리 모두에게도 존재하는 특징이 확대된 것에 지나지 않는다는 점을 강조하고 싶다.

Chapter Eleven

삶이 마지막을 향해 갈 때

"우리 소설에서 보면, 개인을 동시대 사람들에게서 고립시키고, 자신의 개별성을 인식하게 하며, 그 결과로 그가 어떤 단체 혹은 누구와 밀접하게 관련되어 있든 관계없이 그에게 개인적인 의미를 주는 것은 모든 예술 중 음악이다. 음악은 절대 실패하지 않는 생존의 한 가지 방식이다."

-알렉스 아론슨(영문학자)

어린 시절의 생존은 '대상관계'에 좌우된다. 아기는 스스로를 보살필 수 없으며, 아동기라는 오랜 기간 동안 다른 사람들의 보살핌에 의존한다. 그러다 삶의 끝을 향해 갈수록 상황은 반대가 된다. 병이나 부상 때문에 나이 든 사람도 신체적으로 다른 사람에게 의존하는 경우가 있긴 하지만 정서적인 의존은 대개 줄어든다. 사람은 나이가 들수록 인간관계에 관심을 덜 보이고 혼자 있는 것에 더 만족하며 내면의 관심사에 더 몰두하는 경향이 있다.

그렇다고 해서 나이 든 사람들이 배우자와 자녀, 손자 손녀에게 더 이상은 관심을 갖지 않는다는 얘기는 아니다. 관심의 강도가 어느 정도 줄어든다는 의미다. 다른 사람들을 점차 객관적으로 판단하게 되고 자신과 동일시하는 정도가 점점 줄어든다. 부모와 자녀 관계보다 조부모와 손자 손녀 관계가 더 편안할 때가 많은 것은 아마도 이 때문일 것이다. 손자 손녀가 느끼기에, 조부모는 부모만큼 자신에게 많은 것을 요구하지 않는다. 실제로 조부모와는 서로에게 큰 기대를 하지 않으며 편안한 사이로 지낸다.

　인간관계에 대한 관심이 줄어드는 이런 변화는 친밀한 관계를 맺고 싶도록 만드는 성적 충동이 중년이나 그 이후의 나이에 이르러 감소하는 것과 얼마간 관련 있다. 어쩌면 이런 변화는 죽음으로 인해 사람들과 어쩔 수 없이 해야 하는 이별을 덜 고통스럽게 하려는 자연의 자비로운 섭리이리라. 사람은 자신의 죽음이 다가오는 것을 아는 유일한 피조물이며, 죽음을 앞두고 있을 때 그의 집중력은 놀라울 정도가 된다. 그리고 속세의 목표와 애착에서 벗어나면서 죽음을 준비하고 내면에 있는 정원을 경작하기 시작한다.

　융과 프로이트는 이 변화를 잘 보여준다. 두 사람 모두 80대까지 살았으며, 말년에 이르러서는 심리 치료에 대한 관심은 거의 포기하다시피하고 인간 본성에 대한 사상과 이론을 정립하는 데 몰두했다. 노년이 되면 감정 이입에서 추상으로 전환하는 경향이 있다. 인생의 이야기에서 관심을 거두고 삶의 형태에 관심을 갖는 것이다.

세 번의 삶

　인간 본성의 다른 면들처럼, 이런 변화 역시 지속적인 관심을 받는 일련의 작품을 남긴 사람들의 창작물에서 가장 명확하게 나타난다. 천재들이 충분히 오래 살 때 작품의 형태 변화가 뚜렷하게 나타나는데, 이때 그들의 작품을 '기(期)'로 나누는 것이 일반적이며, 흔히 '제1기', '제2기', '제3기', 혹은 '초기', '중기', '후기'로 나타낸다. 제3기 혹은 후기가 이 책의 주제와 관련되는데, 작품에 다른 사람들과의 교류보다는 혼자만의 묵상이 더 많이 담기는 때가 이 시기이기 때문이다.

예술가의 삶에서 처음 두 시기의 의미는 판단하기 어렵지 않다. 재능이 뛰어난 사람들이라 해도 뭔가를 배워야 하므로 선생님들과 전임자들의 영향을 받을 수밖에 없다. 그러므로 의심할 바 없는 천재의 작품이라 해도 제1기의 작품에서는 예술가 개인의 목소리가 완전하게 드러나지는 않는다. 미국의 미술사가 버너드 베런슨은 천재적인 능력을 "교육에 생산적으로 반응하는 능력"[1]으로 정의했는데, 예술가는 자신감을 얻을수록 자신과 관계없는 것이라면 과거의 어떤 부분도 없앨 수 있는 용기를 얻으며, 그럴 때 제2기로 들어간다. 이때 비로소 그의 전문지식과 개성이 모두 분명하게 드러난다. 또한 이 시기의 예술가는 얘기해야 하는 것은 무엇이든 가능한 한 폭넓은 범위의 사람들에게 전달할 필요를 느낀다.

제2기는 예술가의 삶에서 긴 부분을 차지하는데, 위대한 천재 대부분이 창작 활동의 제3기에 들어갈 정도로 오래 살지 못했기 때문이기도 하다. 예를 들어, 모차르트, 슈베르트, 퍼셀, 쇼팽, 멘델스존 같은 작곡가들은 아주 이른 나이에 삶을 마감했기 때문에 뛰어난 재능을 지녔음에도 베토벤과 리스트가 보여준 명확한 변화를 보여줄 시간이 없었다.

열정의 베토벤

베토벤은 쉰일곱 살까지 살았다. 오늘날의 기준으로 보면 많은 나이가 아니겠지만, 그의 작품들을 위에서 언급한 세 시기로 나눠보기에는 충분하다. (물론 이 구분은 단순화한 것이어서 음악학자들이라면 얼마든지 예외를 찾아낼 수 있다. 하지만 보통의 음악 애호가들은 이 말의 의미를 금방 알 것이다.) 베토벤 현악 4중주는 성격상 세 그룹으로 나뉜다. 베토벤은 전기 여섯 곡인 작품 18을 스물여덟 살 때 시작해 1798년에서 1799년까지 이 작품에 몰두했다. 이 전기 여섯 곡 중 처음 세 곡은 1801년 6월에 발표되었고 나중 세 곡은 넉 달 후에 발표되었다. 어느 누구도 그런 곡들을 만들 수 없었을 테지만, 미국의 음악학자 조지프 커먼(Joseph Kerman)은 "이 곡들에 하이든과 모차르트의 영향이 분명하고 강하게 드러난다"[2]고 말한다. 이 곡들은 듣기에 즐겁지만, 실제 베토벤은 음악만큼 즐겁지 못했다.

라주모프스키 백작에게 헌정한 작품 59의 1~3번, 그리고 "하프"라고도 불리는 현악 4중주 작품 74, 현악 4중주 F단조 작품 95는 일반적으로 '중기' 4중주로 분류된다. 라주모프스키 현악 4중주는 1804년에서 1806년에 작곡되었다. 작품 74는 1809년, 작품 95는 1810년에 만들어졌다. 1800년대 초기는 베토벤이 열정적으로 활동한 시기였다. 1803년에서 1804년에 작곡한 '영웅' 교향곡은 완전히 새로운 차원의 교향곡을 보여준다. 1804년과 1805년에 주로 작곡된 〈발트슈타인〉 소나타와 〈열정〉 소나타는 이전에 작곡한 어떤 피아노 소나타와도 전혀 다르다. 이 '웅장한' 곡들이 앞에서 말한 1802년의 하일리겐슈타트 유서가 작성되고 나서 만들어졌다는 사실은 되새겨볼 만하다. 베토벤의 난청이 이미 심각해지긴 했어도, 나중에 음악 양식이 변한 이유를 그가 점점 혼자만의 세상으로 들어간 탓으로만 돌릴 수는 없다.

라주모프스키 현악 4중주 또한 이 새 출발을 나타낸다. 이 현악 4중주는 심오한 정서를 표현하는 베토벤의 능력뿐만 아니라 그의 힘, 에너지, 자신감도 드러낸다. (예를 들어 작품 59-1과 작품 59-2의 감동적인 아다지오를 작품 59-3의 피날레의 흥분과 비교해보라.) 이 훌륭한 4중주는 아주 독특하며 또한 작품 18과 다른 범주에 속하면서도 그 초기 4중주처럼 즐겁다.

1806년부터 1809년까지 베토벤은 교향곡 4번과 5번과 6번, 바이올린 협주곡, 피아노 협주곡 4번과 5번을 비롯해 여러 소품을 완성했다. 1809년에는 "하프"라는 부제가 붙은 현악 4중주곡을 완성했는데, 1악장에서 피치카토로 바이올린을 연주하는 부분이 하프 소리처럼 들린다고 해서 그런 부제가 붙었다. 이 곡은 아름답긴 하지만 어떤 혁신적인 시도도 하지 않은 과도기 작품이라 할 수 있다. 그다음에 완성된 현악 4중주 F단조 작품 95는 그렇지 않았다. 이 곡은 굉장히 응축되고 힘이 있으며 격정적이라 할 만하다. 베토벤 자신은 이 곡에 "콰르테토 세리오소"라는 이름을 붙였다. 이 곡은 '중기' 현악 4중주곡 마지막에 만들어졌기 때문에 일부 해설자들은 분위기가 '후기'의 다섯 곡과 가깝다고 평가하기도 했다. 커먼은 이렇게 말한다.

> 그 작곡가뿐만 아니라 누구라도 현악 4중주 F단조를 제2기 말까지 베토벤 작품의 최고봉으로 꼽았을 것이다.3)

베토벤의 마지막 4중주의 비밀

현악 4중주의 '후기' 다섯 곡은 1820년대가 되어서야 시작되었다. 첫 번째 곡인 E플랫 장조 작품 127은 1822년에 시작되었지만, 베토벤이 9번 교향곡을 완성하느라 1824년까지 미루어졌다. 다섯 곡의 마지막인 F장조 작품 135는 1826년 8월에서 9월에 걸쳐 작곡되었다. 작품 130의 마지막 악장은 원래 '대푸가'였는데 출판사의 요청에 따라 다른 곡으로 대체되었고, 그 해 늦가을에 완성되었다. 이 곡은 베토벤이 1827년 3월 24일에 눈을 감기 전 마지막으로 완성한 작품이다.

영국의 음악 평론가 마틴 쿠퍼(Martin Cooper)는 베토벤의 마지막 음악 형식에 대해 이렇게 말한다.

> 청중에게 아무것도 양보하지 않고, 청중의 관심을 끌거나 흥미를

얻기 위해 어떤 시도도 하지 않는다. 작곡가는 그저 자신과 교감하고, 실체를 있는 그대로 응시하며, 소리 내어 생각하고(말하자면), 사고의 순수한 본질 그리고 사고 자체와 좀처럼 구별되지 않는 음악 과정에만 관심을 가진다.[4]

이 후기 현악 사중주의 중간 세 곡, A단조 작품 132, B플랫 장조 작품 130, C샵 단조 작품 131은 오랫동안 난해하다는 평을 받았다. 이 곡들은 확실히 전통적인 소나타 형식에서 많이 벗어나 있다. 현악 4중주 A단조는 5악장으로 이루어져 있고 B플랫 장조는 6악장으로 이루어져 있으며 C샵 단조는 7악장으로 이루어져 있다. 이 곡들은 갑작스러운 템포 변화가 자주 나타나며, 뜻밖의 주제들이 이어지고, 곡의 흐름이 갑작스럽게 끊기곤 한다. 커먼은 그의 책에서 작품 130과 131을 설명한 장에 "분리와 통합"이라는 명쾌한 제목을 붙였다. 원래 작품 130의 피날레 곡이었던 특별하고 격정적인 대푸가를 설명하고 나서 커먼은 이렇게 덧붙인다.

이 모든 것에서 보면, 베토벤은 작곡을 하는 과정에서 질서나 일관성에 대한 새로운 발상을 추구하고자 했던 것 같다. 그 질서는 베토벤이 이전의 음악에서 전개했던 전통적인 심리 구조와는 현저하게 달랐다. 새로운 질서는 이해하기 쉽지 않은데, 현악 4중주 B플랫을 근거로 했을 때 그 발상이 완전하게 실현되지는 않았기 때문이다.[5]

1927년에 처음 발간된 J. W. N. 설리번(J.W.N.Sullivan)의 책 『베

토벤Beethoven』에서도 이와 비슷한 흥미로운 내용이 나온다. 심리 과정을 표현하기 위한 전통적인 소나타 형식의 의미와 유용성을 논하고 나서 그는 다음과 같이 말한다.

> 하지만 베토벤의 경험은 우리가 논하는 4중주의 형식으로는 표현될 수 없었다. 여러 악장 사이의 관련성은 4악장 소나타 형식에서보다 훨씬 유기적이다. 그의 4중주에서 각 악장은 중심 경험을 표현한다. 각 악장의 단계들이 같은 방향으로 연결되는 것이 아니라 하나의 단계는 그 자체로 독립적이다. 각 단계가 개별 경험을 표현하지만, 그 경험은 4중주 전체를 아우르는 중심 경험과 연관된다. 이것이 신비로운 시각의 특징이며, 하나의 기본 경험에서 보면 세상의 모든 것이 이 신비로운 시각으로 합일한다.[6]

영국의 음악비평가 윌프리드 멜러즈(Wilfrid Mellers)는 1823년에 발표된 베토벤의 가장 긴 피아노곡인 〈디아벨리 변주곡〉에 대해 이와 비슷한 이야기를 한다. 그는 그 변주곡을 일직선의 작품이라기보다는 원 모양의 작품이라고 한다.

> 베토벤과 바흐가 접근방법이 서로 다르긴 하지만, 바흐의 〈골든베르크 변주곡〉처럼 베토벤의 변주곡도 '한 알의 모래 속에서 세계를' 보며, 경험은 사소한 것과 숭고한 것이 공존하는 전체라는 사실을 우리에게 인식시킨다.[7]

설리번은 베토벤이 그가 추구하던 새로운 시각을 완전하게 표현했음을 커먼보다 더 확신한다. 하지만 아마추어인 내가 볼 때는 베토벤이 그 시각을 완성하지는 못했던 것 같다. 베토벤이 더 오래 살았더라면 그가 추구하던 일체감, 모든 요소의 통합을 완벽하게 보여주는 작품이 탄생했을 것이다. 베토벤 스스로 자신의 최고 작품으로 꼽는 현악 4중주 C샵 단조가 완벽에 가장 가깝다는 것이 대다수 사람들의 평가다. 레코드사 설립자이자 음악 프로듀서이기도 한 메이너드 솔로몬(Maynard Soloman)은 다음과 같이 말한다.

> 연속적으로 이어지는 리듬을 듣노라면, 이 곡이 베토벤의 작품 중 가장 완벽하게 통합되었다는 느낌이 강하게 든다. 하지만 동시에 이 4중주에는 단절의 압력도 많이 작용한다. 여섯 개의 상이한 주조음(主調音), 서른한 번의 박자 변화(작품 130에서보다 열 번이 더 많다), 다양한 밀도, 한 악장을 구성하는 다양한 형식(푸가, 모음곡, 레치타티보, 변주곡, 스케르초, 아리아, 소나타 형식) 등이 그렇다. 그래서 이 곡에서 느껴지는 일체감이 더 기적처럼 느껴진다.8)

마지막 4중주인 작품 135 F장조는 초기의 장르로 돌아간 듯하다. 즉, 강렬한 영적 노력 이후에 이완이나 평화를 얻은 느낌이다. 베토벤의 현악 4중주 마지막 악장에 실린 "그래야만 하는가? 그래야만 한다Muss es sein? Es muss sein"라는 질문과 대답은 아마도 사소한 이유에서 나온 것일지도 모른다. 베토벤의 오랜 친구 쉰들러는 그 글을 베토벤이 살림살이에 돈을 쓰지 않으려 했던 것과 연관 짓는다. 하지만 베토벤이 그 글을 마지막 악장 끝에 실었다는 것은 습관적인 저항을 버리고 운명과 어느 정도 화해를 했다는 의미로 해석될 수도 있을 것이다.

베토벤의 마지막 현악 4중주는 창의적인 사람의 인생 제3기에 나타나는 주요 특징들을 놀라우리만큼 그대로 보여준다. 제3기 작품에는 공통적으로 몇 가지 특징이 있다. 첫째, 이 시기의 작품에서는 이전 작품들에 비해 소통에 대한 관심이 줄어든다. 둘째, 형태는 대체로 전통에 얽매이지 않으며, 얼핏 볼 때 굉장히 이질적으로 보이는 요소들을 새로운 방법으로 통일하려는 노력이 보인다. 셋째, 과장된 표현이나 누군가를 설득하려는 노력이 보이지 않는다. 넷째, 인간관계의 경험보다는 개인 내면의 혹은 개인을 초월하는 경험이라는 외딴 영역을 탐험하는 경향을 보인다.

다시 말해 예술가는 자신의 정신 구조의 깊은 곳을 들여다보며 누군가 다른 사람이 그에게 공감할 것인지, 그를 이해할 것인지에 별 관심을 두지 않는다. 이런 특징들이 베토벤의 마지막 4중주에서도 명확히 나타난다. 다른 작곡가들이 오래 살았다면 그들 작품에서도 역시 이런 특징들이 나타났을 것이다.

대중이 아닌, 바로 나를 위하여

리스트는 일흔다섯 살에 죽었다. 말년의 15년 동안 그의 음악은 두드러진 변화를 보였다. 예전의 화려함이 사라졌고 난해한 기교도 더는 보이지 않았다. 최소한의 기교를 위한 기교도 없었다. 대신 헝가리 민요에 심취한 작곡가의 취향이 드러났다. 초기의 광시곡에서처럼 흉내만 내는 것이 아니라 진실하게 농촌의 분위기를 드러냈다.

또한 전통적인 음조를 일부분 포기하기도 했는데, 이런 면에서는 쇤베르크와 바르톡을 앞지른다. 습관적인 음 구성으로 주제를 알리고 다양한 조(調)를 사용해 주제를 전개해 마침내 목적을 이루는 대신 강렬한 대비와 충돌, 서스테인 페달로 이루어지는 인상적인 효과를 실험했다. 영국의 음악가 험프리 설(Humphrey Searle)은 이렇게 말한다.

> 표현 양식은 굉장히 강하고 간결해졌다. 단음으로 구성된 악구가 길게 이어지고 온음 음계로 이루어진 화음이 많이 사용되며 카덴차(악곡이나 악장이 끝나기 직전에 독주자나 독창자가 연주하는 기교적이고 화려한 부분—옮긴이)와 같은 기법은 나타나지 않는다. 하나의 작품이 보통 화음으로 끝날 때, 기본 위치 화음보다 자리바꿈 화음이 더 자주 나타난다. 그 결과, 마치 리스트가 어떤 일이 일어날지 전혀 모르는 새로운 세계에 들어선 것처럼 아주 모호한 느낌을 풍긴다. 이런 작품들을 만들기 위해 리스트는 그의 첫 사랑인 피아노로 다시 돌아갔다. 하지만 예전의 피아노 연주 특유의 화려함은 보이지 않았다. 리스트는 이제 대중이 아닌 자신을 위해 곡을 썼다.[9]

리스트의 후반 표현 양식에 대한 험프리 설의 설명은 위에서 인용한 베토벤의 후반 양식에 대한 마틴 쿠퍼의 설명과 신기할 정도로 비슷하다. 베토벤과 리스트는 작곡가로서 공통점이 거의 없었지만, 두 사람 다 초기와 중기에는 청중들의 공감을 사기 위해 화려한 기교를 사용하다가 후기에 와서 그런 노력을 포기했다.

바흐, 삶의 마지막을 향해 갈 때

물론 나이를 먹을수록 어떤 식으로든 내면의 발전에 더 몰두하는 예술가들은 이들 말고도 많이 있다. 〈푸가의 기법〉은 바흐의 마지막 대작인데, 아마도 이 곡은 처음부터 청중을 겨냥한 곡이 아닐지도 모른다. 〈푸가의 기법〉이 어떤 악기들의 조합을 염두에 두고 만들어졌는지, 혹은 연주용이 아닌 순수하게 이론적인 작품으로 만들어진 것인지도 확실하지 않다. 바흐 학자인 맬컴 보이드(Malcolm Boyd)는 다음과 같이 확신한다.

연주만으로는 바흐의 후기 작품들을 절대로 완전하게 이해할 수 없다. 연주자가 곡을 충분히 이해하고 연주를 하며 청중이 집중해서 그 음악을 듣는다 해도, 〈음악의 헌정〉과 〈푸가의 기법〉의 확대 캐논은 건조하고 학문적으로 들릴 것이며 〈오르간 소곡집〉이나 〈평균율 클라비어곡집〉과 같은 식으로 듣는다면 어색하기까지 할 것이다. 하지만 악보를 읽을 줄 알고 그 곡들의 차분한 논리를 이해하고 숙고할 수 있는 사람이라면, 아킬레스와 거북이로 유명한 제논의 역설만큼이나 까다롭고 정확하고 신비로운 무한함의 비밀을 들여다볼 수 있을 것이다. 물론 연주를 감상하면서도 어느 정도 곡을 이해하고 즐길 수 있겠지만, 곡을 면밀하게 공부한다면 음악을 완전히 이해하고 사색할 수 있을 것이다. 왜냐하면 그 음악은 우리 '인간의 음악'에서 동떨어진 세계, 음악과 수학과 철학이 하나인 세계에 존재하기 때문이다.10)

다시 한 번 말하지만, 삶의 마지막을 향해 갈 때 사람들은 형태 만들기와 인간관계 이외의 것에 몰두하게 된다.

더 아름답고 더 감동적으로

아주 낭만적인 작곡가인 리하르트 슈트라우스에게서도 그런 경향을 찾아볼 수 있다. 슈트라우스는 일흔여덟 살이 되던 해부터 세상을 떠날 때인 여든네 살까지 호른 협주곡 2번, 관악기를 위한 소나티나 1번과 2번, 23인의 현악기를 위한 〈메타모르포젠〉, 오보에 협주곡, 〈클라리넷과 바순을 위한 듀엣 콘체르티노〉, 〈네 곡의 마지막 노래〉를 작곡했다. 오스트리아 태생의 음악학자 모스코 카르너(Mosco Carner)는 이렇게 말한다.

23인의 현악기를 위한 〈메타모르포젠〉을 제외하고는 가벼운 작품들이지만, 젊은 시절 슈트라우스 곡에서 뚜렷이 보이던 고전적 경향이 그의 나이 80대에 다시 나타났으며 평생의 예술적·인간적 경험 덕에 훨씬 풍부하고 원숙해졌다. 이 신고전주의 경향은 여러 모습에서 나타났다. 순수 기악 음악으로 변화한 것에서, 정서적으로 격앙된 표현을 피하고 정교하게 순화되고 다듬어진 기량을 강조하는 것에서, 주제가 되는 개념들을 균형 있게 분할하고(대개 네 소절이나 여덟 소절씩 일정하게) '옛날 형태'의 리듬을 사용하는 것에서 나타났으며, 단순한 온음계 형식을 특히 많이 사용하는 것에서 그리고 슈트라우스의 교향시와 오페라 대부분에서 보이는 화려함이나 풍부함과 확연하게 대조되는 성김과 단출함이 특징인 소박한 악곡(《다프네》와 《카프리치오》에서 이미 보였던)에서도 나타났다. 슈트라우스의 후기 작품들 중 가장 중요한, 23인의 현악기를 위한 《메타모르포젠》은 여러 음들을 뒤섞는 뛰어난 능력에서는 말할 것도 없고 그 대부분의 모습에서 이런 모든 특징들이 나타난다.[11]

모차르트처럼 브람스 역시 작곡가로서의 이력이 끝나갈 즈음에 어느 뛰어난 클라리넷 연주자에게서 영감을 받았다. 1891년 마이닝겐에서 리하르트 뮐펠트의 연주를 처음 듣고 그 연주능력에 영감을 받은 브람스는 클라리넷 3중주, 클라리넷 5중주, 클라리넷(혹은 비올라)과 피아노를 위한 소나타 두 곡을 썼다. 브람스 자신은 클라리넷 3중주를 더 좋아했지만, 대부분의 비평가들은 이 작품들 중 클라리넷 5중주가 가장 훌륭하다는 데 동의한다. 하지만 곡에서 느끼는 감정에 대해서는 의견이 서로 다르다. 어떤 사람들은 체념이 배인 향수를 느낀다고 말한다. 그들이 작품을 표현하는 데 가장 많이 사용하는 형용사는 "가을의"다. 영국의 음악가 로버트 심슨(Robert Simpson)은 작품에 애수가 스며 있다고 말하기도 했다. 그리고 호주의 피아니스트이자 작곡가 윌리엄 머독(William Murdoch)은 그 작품을 "열광적"이라고 표현한다.

> 친밀하면서도 따뜻한 음색과 클라리넷의 열정이 더해진 작품이다. 그래서 사람들은 그 작품의 작곡가가 인생의 즐거움을 만끽하고 청춘의 충만함과 정열적인 사랑의 매력을 지닌 젊은이가 아니라는 사실을 좀처럼 믿지 못한다.[12]

1893년에 브람스는 그의 마지막 네 개의 피아노 소품, 작품 119를 발표했다. 작곡가들은 대개 단조로 곡을 써서 장조로 끝을 맺는다. 이것은 승리나 행복의 느낌으로 곡을 마무리하는 방법이기도 하다. 그런데 작품 119의 마지막 곡이자 브람스가 피아노 솔로곡으로 작곡한 마지막 작품인 E플랫 랩소디는 일반적인 순서와 반대라는 점을 지적할 필요가 있다. 이 곡은 장조로 쓰이고 단조로 끝을 맺는다.

리하르트 슈트라우스가 50년 후에 그랬던 것처럼, 브람스도 마지막으로 네 개의 노래를 썼다. 죽기 전 해인 1896년에 〈네 개의 엄숙한 노래〉를 작곡한 것이다. 곡의 배경은 루터교의 성서에서 발췌한 문장이지만, 브람스는 자신의 불가지론과 충돌하지 않도록 신중하게 선택했다. 전도서 3장 19~22절의 구절로 만들어진 첫 번째 곡은 이 책의 한 가지 주제와 밀접하게 연결되어 있어서 인용하지 않을 수가 없다. 모두가 죽는다는 점에서 인간도 동물에 비해 나은 게 전혀 없다고 선언하고 나서, 전도서의 작가는 이렇게 말한다.

> 사람의 영은 위로 올라가고 짐승의 영은 아래로 내려간다고 하지만, 누가 그것을 알겠는가. 그리하여 나는 사람에게는 자기가 하는 일에서 보람을 느끼는 것보다 더 좋은 것은 없다는 것을 알았다. 그것은 곧 그가 받은 몫이기 때문이다. 사람이 죽은 다음에 그에게 일어날 일들을 누가 그를 데리고 다니며 보여주겠는가?

브람스의 마지막 곡은 〈오르간을 위한 열한 개의 코랄 전주곡〉이었는데, 이 작품을 두고 음악학자 데니스 아놀드(Denis Arnold)와 풀러 메이트랜드(Fuller Maitland) 모두 바흐를 떠올리게 하는 곡이라고 평했다. 데니스 아놀드는 이 작품에 대해 "조용하고 자기 성찰적인 분위기가 바흐를 떠올리게 한다"고 말했다.[13] 풀러 메이트랜드는 이 작품의 마지막을 다음과 같이 이야기했다.

> 어떤 위대한 작곡가도 이보다 더 아름답고 감동적인 마지막을 세상에 선사해주지 못했음을 인정해야 한다. 마지막 몇 소절은 브람스 자신조차도 뛰어넘을 수 없을 만큼 새롭고 표현이 풍부한 아름다움으로 이루어져 있다. 여기에서 또 한 번 바흐를 떠올리게 되며……[14]

슈트라우스와 브람스의 향수와 후회

리하르트 슈트라우스와 브람스 모두 후기 작품에서 제3기의 특징 일부를 보여주었다. 과장된 표현이 사라졌고, 청중을 설득하거나 확신을 주려는 시도가 보이지 않았으며, 인간관계보다는 개인 내면에 더 관심을 갖는 성향이 나타났다.

또한 그들의 후기 음악은 베토벤과 리스트의 곡과는 달리 향수를 불러일으키기도 한다. 나는 이것을 두 사람 모두 사생활에서 신중하고 우유부단했으며 삶에 별로 얽매이지 않았다는 사실과 연관 짓고 싶다. '감상'이라는 말과 비슷한 의미의 '향수'라는 말에는 과거에 이룬 업적이나 기쁨에 대한 그리움보다는 놓친 기회에 대한 아쉬움이 담겨 있는 듯하다.

브람스는 조심성이 많은 사람이었다. 그에 대해 프리드리히 니체는 이렇게 썼다. "브람스의 우울함은 무능함에서 비롯된다."[15] 브람스는 클라라 슈만(그보다 열네 살 위였다)을 진정으로 사랑했고 다른 여성들에게도 수없이 정서적 애착을 가졌지만 한 번도 마음을 다해 자신을 바치지 않고 독신으로 남았다. 그는 연습곡들과 함께 자신의 기준에 못 미치는 작품들을 모두 파기했다. 19세기 영국의 작가 피터 래섬(Peter Latham)은 이렇게 말한다. "브람스는 그 작품들이 어떤 식으로든 나중에 자신에게 불리한 증거로 생산될까봐 두려워했던 것 같다."[16]

클라라 슈만과 함께하는 삶을 기대했다가 절망하고 나서 브람스는 아가테 폰 지볼트와 가까워졌지만, 결혼이라는 문제가 눈앞에 닥치자 약혼을 깼다. 브람스가 나이를 먹어갈수록 점점 더 내향적이 되고 움츠러들며 무뚝뚝함과 냉소의 벽 뒤에 자신의 진짜 감정을 감춘다는 걸 그를 아는 사람들이라면 모두 느끼고 있었다. 선천적으로 브람스는 바로 앞 장에서 논의된 철학자들보다 더 따뜻하고 감정적인 기질을 지니고 있었다. 하지만 실망과 거부를 경험하면서 그 정서들을 제대로 표현하지 못했다. 그의 후기 음악이 향수와 후회의 색을 띠는 것도 그런 이유에서다.

리하르트 슈트라우스의 삶 또한 불완전했다. 리하르트 슈트라우스는 가수와 결혼했는데, 그의 아내 파울리네 슈트라우스는 나이를 먹어가면서 점점 독선적이고 탐욕스럽고 속물적이고 신경질적인 성격으로 변해갔다. 사람들은 그들의 결혼사진을 보고서야 둘의 관계를 짐작할 수 있을 정도였다. 파울리네 슈트라우스를 아는 사람들은 하나같이 그녀를 끔찍하게 싫어했던 것 같다. 파울리네는 심각할 정도로 강박증적인 성격이었다. 남편에게 집 안에 들어오기 전에는 꼭 세 개의 매트에 발을 닦으라고 강요했고, 수건이나 시트를 넣어두는 캐비닛들이 완벽하게 정돈되어 있지 않으면 하인들에게 불같이 화를 냈다. 슈트라우스가 그렇게 오만한 요구에 시달리는 것에서 마조히즘적 쾌감을 느꼈을지도 모르겠지만, 그의 오페라 중 다섯 곡이 정절이라는 주제를 중심으로 전개되었으며, 그가 〈살로메〉를 부른 어느 프리마돈나와 관계를 맺었다는 얘기가 있기도 했다.

그는 히틀러의 출현을 환영했고, 힌데미트와 푸르트벵글러에 대한 괴벨스의 공격을 지지했으며, 브루노 발터가 나치로부터 배척당했을 때 그 대신 지휘를 맡았고, 토스카니니가 독일에서 지휘를 거부했을 때 대신 지휘를 하기도 한 유약한 사람이었다. 또한 유대계 작가인 슈테판 츠바이크의 대본으로 오페라를 만든 일을 두고 히틀러에게 사과편지를 쓰기도 했다.

말년에 이르러 활발하게 몇몇 작품을 만들기도 했지만 그 전 25년 동안은 주목할 만한 곡을 거의 만들지 않았다. 슈트라우스는 돈과 자신의 작품 선전에만 주로 관심을 기울였던 자기 본위의 사람이었다. 언젠가 토스카니니는 그에 대해 이렇게 말했다. "나는 작곡가 슈트라우스에게는 경의를 표한다. 하지만 인간 슈트라우스에 대해서는 그 경의를 거둬들인다."[17] 공포, 폭력, 비뚤어진 성욕으로 가득한 〈엘렉트라〉나 〈살로메〉를 작곡했지만 작곡가 자신은 내향적이고 심약한 사람이었다. 그의 마지막 작품들이 아름답긴 해도 화해와 융화보다는 향수의 감정을 더 자극하는 것도 어찌 보면 당연한 일이다.

인생을 누리지 못한다면 다른 무엇을 누리겠는가?

미국의 소설가 헨리 제임스(Henry James)의 '제3기'에는 특별히 관심을 가져볼 만한 특징들이 나타난다. 헨리 제임스의 마지막 세 편의 소설인 『사절들The Ambassadors』, 『비둘기의 날개The Wings of the Dove』, 『황금의 잔The Golden Bowl』은 초기, 중기 작품에 비해 문체가 훨씬 더 복잡하게 얽혀 있다. 글을 남에게 받아

쓰게 했기 때문에 수정이 쉬웠고, 그래서 끊임없이 수정을 했다는 게 그 한 가지 이유다. 헨리 제임스가 살아 있는 동안 워드 프로세서가 발명되지 않은 것은 감사해야 할 일이다. 예측 가능한 것을 피하려는 제임스의 열망 때문에 때때로 문장은 까다롭고 이해하기 어려워진다. 그 모호하게 얽히고 예측 불가능한 글을 따라가려면 다른 책을 읽을 때보다 더 집중해야 한다.

재미있는 사실은 제임스가 『사절들』에서 앞에서 제3기의 특징으로 언급했던 형태와 질서에의 몰두를 보여주면서 거기에 더해 삶을 최대한 즐겨야 한다는 주장도 한다는 것인데, 이런 주장은 다른 작가들이라면 좀 더 초기 작품에서 할 만한 것이다. 헨리 제임스가 『사절들』을 쓴 것은 쉰일곱 살 때로 베토벤이 죽은 나이였다. 제임스 자신은 5권 2장에서 램버트 스트레서에게 한 연설을 그 책의 정수로 꼽는다.

> 할 수 있는 한 삶을 즐겨라. 그렇게 못하는 것은 잘못이다. 인생을 맘껏 누린다면, 특별히 무엇을 하는지는 그렇게 중요하지 않다. 인생을 누리지 못한다면 다른 무엇을 누리겠는가?[18]

하지만 정작 헨리 제임스는 그 말대로 하지 못했다. 그런 헨리 제임스가 1899년 로마에 머무는 동안 노르웨이 태생의 젊은 미국 조각가 헨드릭 앤더슨을 만났다. 제임스는 앤더슨에게서 흉상 하나를 사면서 그에게 자기 집으로 와서 함께 지내자고 졸랐다. 앤더슨는 나중에 제임스 집으로 와서 사흘 동안 함께 지냈다. 문학 비평가 리언 이델(Lean Edel)은 제임스가 가족 이외의 사람 중 앤더슨에게만큼 깊은 감정을 느낀 사람은 없었다고 말한다. 더욱이 제임스가 앤더슨에게 보낸 편지들을 보면 이전에 그가 쓴 편지에 비해 육체적인 사랑에 대한 이야기가 훨씬 더 많이 나온다. 헨리 제임스는 성적 욕망을 억제하는 사람이었다.

> 그는 인간관계에서 육체적인 면보다는 지적이고 정서적인 면을 높이 평가했다. …… 이 미묘하고 모호한 증거를 곰곰이 생각해보면, 제임스가 그때까지 판유리를 통해 보듯 세상을 보려 했다는 사실 또한 알 수 있다. 앤더슨은 제임스가 그 보호벽 뒤에서 나오도록 한 존재였던 것 같다. 마음껏 상상력을 발휘해본다면, 제임스는 앤더슨을 통해 이전과는 비교할 수 없을 정도로 감각적인 느낌에 다가갔다고 추측해볼 수도 있겠다. 아마도 그 조각가의 힘 있는 손가락들과 접촉하면서 그때까지 억제해왔던 신체적인 친밀함과 따뜻함이라는 감각을 되살렸을 것이다. 제임스의 편지에 담겨 있던 내용이 바로 이런 것이다.[19]

그러므로 제임스의 제3기는 여느 작가와 확연히 달랐다. 나이를 먹을수록 육체에 대한 관심이 희미해지는 것이 아니었다. 이 시기에 그에게 육체는 비이성적인데도 불구하고 유효한 사랑의 부분, 이전에는 이해하지 못하던 어떤 것, 그동안 아주 중요한 뭔가를 놓치고 살았음을 이제야 깨닫게 해준 계기로 다가왔다.

대칭과 교환, 새로운 화합

『사절들』의 주요 주제가 스트레서에게 들려주는 "할 수 있는 한 삶을 즐기라"는 권고지만, 그 소설에는 또한 '대칭적 형태'도 나타난다. 내성적인 쉰다섯 살의 램버트 스트레서는 파리에서 지내는 젊은 미국인 채드 뉴섬을 보며 파리가 그에게 나쁜 영향을 미친다고 생각한다. 그래서 파리에서 그를 구해내기 위해, 더 구체적으로 말하자면 드 비오네트 부인의 손아귀에서 구하기 위해 미국에서 파리로 간다. 그런데 드 비오네트 부인을 만나고 유럽의 자유로운 분위기에 빠져버린 스트레서는 채드 뉴섬을 구한다는 임무를 저버리고 그 젊은이에게 계속 파리에 머물라고 권한다. 하지만 시간이 지나면서 뉴섬은 태도를 바꾼다. 처음에는 프랑스를 떠나지 않으려고 했지만 나중에는 미국으로 돌아가 사업을 시작하기로 한다. 그렇게 해서 소설의 두 주인공은 장소를 바꾼다.

헨리 제임스의 소설에서 나타나는 형태를 연구한 랄프 노먼(Ralf Norrman)은 이런 식의 변화를 '교차 대구법의 전환'의 한 예로 설명한다. "A는 과거 B의 상태로 바뀌고 B는 과거 A의 상태로 바뀐다."[20] 교차 대구법은 간뇌저(間腦底)에서 시각로의 시신경들이 교차해서 반대편에서 나온 시신경 섬유들과 합해지는 것처럼 서로 바뀌는 것을 말한다. 마지막 세 편의 소설보다 앞서 나온 소설『성스러운 샘The Sacred Fount』에서는 굉장히 인위적으로 이런 장치가 사용된 탓에 읽기 어렵게 느껴지기도 한다. 1894년 2

월 17일, 『헨리 제임스의 노트The Notebooks of Henry James』 3장에서 제임스는 아일랜드의 작가 스톱포드 브룩(Stopford Brooke)이 그에게 얘기한 두 가지 견해를 기록한다. 그 두 번째는 다음과 같다.

> 젊은이가 자기보다 나이 많은 여자와 결혼해서 그녀를 훨씬 더 젊게 만들고 그러는 동안 자신은 그녀의 나이가 된다네. 젊은이가 결혼 당시의 여자 나이가 될 때, 여자는 결혼 당시 남자의 나이로 되돌아가지. 영리함과 우둔함도 (아마) 이렇게 바뀌지 않을까? 영리한 여성이 아주 우둔한 남자와 결혼해서 그녀의 기지를 점점 잃어가고, 반면 남자는 점점 더……21)

하지만 이런 식의 형태 만들기가 꼭 부자연스럽게 느껴지는 것은 아니다. 제임스의 마지막 소설이자 뛰어난 작품 중 하나인 『황금의 잔The Golden Bowl』에서는 랄프 노먼의 표현대로 '교차 대구법의 전환'이라는 장치가 다양하게 사용된다. 이 책에는 네 명의 주인공, 홀아비인 미국인 애덤 버버와 그의 딸 매기, 아메리고 왕자와 샬럿 스탄트가 나온다. 매기는 아메리고 왕자와 결혼하고 나서 아버지에게 자기를 떠나보내는 대신 샬럿과 결혼하라고 설득한다. 하지만 아버지와 딸은 여전히 많은 시간을 함께 보내고, 이 때문에 샬롯과 아메리고는 예전의 애틋한 감정을 다시 느끼게 된다. 결국 매기는 아버지와 샬럿을 미국으로 보내는 것으로 이런 상황을 끝내고 자신은 아메리고와 유럽에 남는다. 이 책에서 네 인물은 서로 만나고 새로운 관계를 맺고 이전의 형태로 돌아가고(이제 불륜까지 더해져서) 마침내는 처음의 만남 이후에 만들어진 관계를 어쩔 수 없이 받아들인다.

특이한 점은 인위적으로 보이는 이 형태가 『성스러운 샘』에서 내가 느낀 것처럼 관련된 인물들의 감정을 죽이지 않는다는 것이다. 대칭을 통한 미의 추구는 인간의 열정에 대한 진정한 이해와 자연스럽게 섞이며, 문학비평가 리언 이델이 명확히 밝히듯, 제임스는 처음으로 유럽의 구세계와 미국의 신세계 간의 결혼을 가능한 것으로 받아들이고 또 실제로 그 결혼을 성립시킨다.

자신의 수수께끼에 대한 스스로의 대답

헨리 제임스는 모호한 인물의 전형처럼 보인다. 인간의 감정에 공감하고 깊이 관심을 가지면서도 어찌된 일인지 늘 그런 감정에 초연하다. 하워드 가드너가 자주 사용하는 용어로 분류해보면, 제임스는 이야기 관심형인 동시에 형태 관심형이다. 앤더슨에 대한 감정 때문에 헨리 제임스는 오히려 나이를 먹을수록 사랑의 육체적인 면을 더 의식했다. 이런 의식은 그를 슬프게도 했지만 동시에 성장시키기도 했다. 나는 바로 그 때문에 헨리 제임스가 『황금의 잔』에서 서로 대립되는 요소들을 통합할 수 있었으며, 그 대담하고 다채로운 소설이 그 안에서 사용된 미적 형태에 압도되지 않을 수 있었다고 생각한다.

1902년 말 즈음에 쓰인 『밀림의 야수The Beast in the Jungle』는 헨리 제임스의 작품 중 가장 강렬하고 가장 비극적인 소설이며, 그가 인생에서 놓친 것에 대한 쓰라린 후회와 이기심이라는 감옥 안에 갇혀 마음껏 사랑하지 못한 것에 대한 부끄러움을 표현한다는 점에서 자전적이기도 하다.

이 소설은 특별하고 이상한 일이 자신을 기다리고 있다고 생각하며 평생을 사는 존 마처의 이야기다. 마처는 그 일을 밀림에서 자신을 쫓으며 튀어나올 기회를 기다리는 야수로 표현한다. 마처는 자신의 비밀을 메이 바트럼이라는 여인에게 털어놓는다. 10년이라는 세월이 흐르고 두 사람이 다시 만났을 때, 메이는 마처에게 그동안 어떤 일이 있었는지 묻는다. 하지만 마처에게는 아무 일도 일어나지 않았다. 그리고 존 마처가 여전히 걱정하고 있는 일, 그의 인생에서 갑자기 일어날 수 있는 어떤 일, 그를 파멸시키거나 그의 세상 전부를 바꾸어 놓을 수도 있는 어떤 일을 계속 이야기할 때, 메이는 그가 막연하게 걱정하면서도 설명하지 못하는 그 일은 가령 사랑에 빠지는 것의 위험처럼 많은 사람에게 친숙한 일이라고 짐작한다. 하지만 마처는 메이의 그런 말을 흘려듣고 만다.

그 후 오랫동안 두 사람은 많은 시간을 함께 보낸다. 그리고 메이가 세상을 뜬다. 사는 동안 어느 한때 메이는 분명 마처에게 사랑의 손길을 내밀었지만 마처는 응답하지 않았다. 아니, 알아채지도 못했다. 메이가 죽고 나서야 마처는 밀림 속의 야수가 그 순간 나타났다는 것을 깨닫는다.

진정으로 그녀를 사랑했더라면 운명을 피할 수도 있었을 것이다. 그랬다면 인생다운 인생을 살 수도 있었을 것이다. 누구도 알 수 없을 열정으로 오로지 마처만을 사랑했으므로 메이는 삶다운 삶을 살았다. 하지만 마처는 소름이 끼칠 정도의 이기심에 사로잡혀 자신의 필요에 따라 그녀를 판단했을 뿐이었다(그 사실이 마처를 미치도록 가슴 아프게 했다!).[22]

마처는 메이의 무덤 앞에 무릎을 꿇고 앉았다.

마처는 예정대로 실현된 자신의 끔찍한 운명을 바라보았다. 자신의 삶이라는 밀림을 보았으며 거기에 숨어 있던 야수도 보았다. 그리고 그 커다란 야수가 공중으로 튀어 오르는 것을 보았다. 그는 눈앞이 깜깜해졌다. 야수가 가까이 다가왔다. 그는 환상 속의 야수를 피해 본능적으로 몸을 돌렸다. 그리고 무덤 위로 몸을 던졌다.[23]

소설가 휴 월폴(Hugh Walpole)에게 보낸 편지에서 제임스는 이렇게 썼다.

피가 뜨거웠던 젊은 시절에 저지른 '방종'은 하나도 후회되지 않는데, 냉담했던 시절에 끌어안지 못한 일들과 가능성들은 후회가 된다네.[24]

헨리 제임스의 후기 소설들에서는 앞에서 언급한 제3기 작품의 특징들이 적어도 일부는 나타난다. 헨리 제임스가 복잡한 문체를 절대 양보하지 않은 것을 보면, 독자와 소통하거나 독자의 마음을 얻거나 독자를 설득하는 데 크게 관심이 없었다고 하는 편이 맞을 것이다. 형태와 질서가 그의 작품 전체에서 나타나긴 하지만 특히 『사절들』과 『황금의 잔』에서 유독 지속적으로 나타난다. 하지만 제임스는 개인의 경험을 지나 외딴 영역을 탐험하는 것에는 이 장에 언급된 다른 예술가들만큼 관심을 보이지 않는다. 바흐 같은 예술가들이 삶의 모든 면을 경험하고 난 후에 그 너머에 있는 것에 손을 뻗었던 시기인 인생 후반기에, 헨리 제임스는 사랑의 육체적인 면을 받아들여 그의 작품을 풍부하게 만들었다. 이런 의미에서 헨리 제임스는 이질적인 요소들 사이의 새로운 화합 역시 이루고 있다. 리온 이델은 이렇게 말한다.

> '할 수 있는 한 삶을 즐겨라'는 『사절들』의 중심 내용이었다. 인간은 자유라는 환상과 함께 사는 법을 배워야 했다. 사랑이 없는 삶은 삶이 아니라는 것은 『비둘기의 날개』의 결론이었다. 사랑을 발견하고 나서야 제임스는 사랑이 없으면 예술이 될 수 없으며 인생도 인생이 될 수 없다는 걸 깨달았다. 헨리 제임스는 그 자신의 스핑크스가 되었다. 그는 자신의 수수께끼에 스스로 대답했다.[25]

Epilogue

'관계'에 집착하는 당신에게

"고독 속에 무슨 행복이 있는가? 어떤 사람이 혼자서 즐거울 수 있을까?
모두가 만족할 수 있는 즐거움은 어떤 것일까?"

-존 밀턴(영국의 시인)

친밀한 인간관계를 건강과 행복의 기준으로 강조하는 것은 비교적 최근의 현상이다. 예전 세대는 인간관계를 그렇게 중요하게 여기지 않았던 것 같다. 그날의 일과 의무를 다하는 것으로 필요한 것은 모두 얻을 수 있을 것이라 생각했을 것이다. 그게 아니라면, 먹고사는 일에 너무 바빠서 인간관계라는 복잡한 문제까지 생각할 여유가 없었을지도 모른다.

철학자이자 문화인류학자인 에르네스트 겔너(Ernest Gellner)를 비롯한 일부 학자들은, 오늘날 사람들이 인간관계에 몰두하고 걱정하는 것은 이전처럼 예측 불가능하고 위태로운 자연계 때문에 불안해하는 일이 없어졌기 때문이라고 한다. 특히 겔너는 오늘날 풍요로운 사회에서는 이전 세대는 상상도 못할 정도로 질병, 가난, 기아, 자연 재해에 대한 근심이 사라졌다고 주장한다. 그렇지만 현대 산업사회는 불안정하고 체계가 부족하다. 유동성이 커지면서 사회의 기둥이 위태로워졌다. 어디에서 살 것인가, 어떤 공동체에 들어갈 것인가, 어떤 직업을 가져야 하는가에 대한 선택권이 더 많아졌기 때문에, 같은 환경에 있는 사람들과의 관계가 더 이상은 예전의 규칙들로 규정될 수 없고, 그런 이유로 인간관계는 걱정과 불안을 키우는 문제가 되었다. 겔너의 주장처럼, "이제 우리의 환경은 기본적으로 다른 사람들과의 관계로 이루어져 있다."[1]

이렇게 겔너는 인간관계라는 영역이 "가장 절박한 걱정의 영역"이 되었다고 단언한다. 더욱이 오늘날에는 종교적 믿음이 희박해지면서 인간관계에 대한 근심이 더 커졌다. 이전에 종교는 인간관계에 관한 행동규칙을 제시했을 뿐만 아니라 예측 가능하고 안정된 대안을 제공했다. 누구든 배우자와 자녀, 이웃과의 관계가 힘들고 만족스럽지 못하고 위태로울 수 있다. 하지만 신을 믿는 한, 신과의 관계는 인간과의 관계와 전혀 다르다.

겔너가 그의 책에서 제시한 정신분석학 이론에 전부 동의하는 것은 아니지만, 정신분석학이 구원의 한 형태를 약속하며, 이런 종류의 구원은 개개인이 만족스러운 인간관계를 맺는 데 방해가 되는 감정의 벽이나 맹점을 제거할 때 얻을 수 있다는 겔너의 주장은 옳다고 생각한다. 또한 정신분석학이 굉장히 광범위한 영향을 미쳤기 때문에 그 이론에 전적으로 동의하지 않는 사람들도 인간의 개인성과 인간관계를 논의할 때 주로 정신분석에 관련된 표현을 쓰게 되었다는 주장 역시 옳다.

20세기 정신분석학의 변화

정신분석학은 20세기를 지나면서 눈에 띄게 변했다. 그중 중요한 변화는 환자와 정신분석 전문의와의 관계를 이전보다 더 강조하게 되었다는 것이다. 오늘날 정신분석에서는 전이의 분석, 그러니까 정신분석 전문의에 대한 환자의 정서적 반응과 태도의 분석이 가장 중요한 치료 과정이라고 주장한다. 사실 프로이트 학파와 융의 학파처럼 정반대의 이론을 내세우는 심리 치료 학파들도 전이의 중요성에 대해서는 같은 의견을 보였다. 신경증을 치료하는 데 정신분석이 효과가 있는지에 대해 최근에 의문이 제기되고 있긴 하지만, 정신분석에서 파생된 개념은 여전히 폭넓은 영향을 미친다. 가령 다양한 사회복지사업 프로그램에서도 인간관계를 맺는 개인의 능력을 중요하게 고려한다.

정신분석학 초창기에는 전이의 분석보다 환자의 심리성적(心理性的) 발달 과정 추적을 더 강조했다. 이 시기에는 환자를 독립된 개인으로 생각했고, 정신분석 전문의에 대한 환자의 정서적 태도는 부차적인 것으로 간주하거나 심지어는 정신분석 연구의 장애물로 보기도 했다. 1880년 이후 약 20년 동안 신경증의 기원을 연구하면서 프로이트는 그가 치료하는 환자들이 예외 없이 성생활에서 장애를 겪고 있음을 발견했다. 그는 환자의 유년기 이후 성적 발달을 조사하고 그렇게 해서 얻은 이론 체계를 정신분석의 기초로 삼았다.

프로이트의 시각에서 보면, 다양한 형태의 신경증은 환자가 성적 발달 초기 단계에서 다음 단계로 나아가지 못하는 것, 다시 말해 '구강기'나 '항문기', '남근기' 단계에 갇힌 채 생식기(프로이트는 이 단계를 성적 성숙 단계라고 이름 붙였다)로 넘어가지 못하는 것과 연관된다. 프로이트는 정신생활이 본래 '쾌락 욕구 원칙', 그러니까 고통을 피하고 쾌락을 얻으려는 욕구에 지배된다고 생각했다. 그리고 신경계, 즉 정신기관은 그것이 감지한 본능적 충동을 표현하고 배출하는 방법을 찾아서 그 강도를 줄이는 기능을 한다고 생각했다. 심리적인 건강과 행복이라는 개념은 성적으로 만족하는가와 관련되었다.

어떤 사람이 행복하고 건강하다는 것은 만족스러운 성생활을 누린다는 의미라는 견해가 지배적이었다. 다시 말해 어떤 사람이 불행하다고 느낀다면 성적 충동을 적절하게 배출하는 능력에 장애가 있다는 얘기였다. 프로이트는 일생 동안 본능적인 욕구의 충족, 즉 오르가슴의 능력을 강조했다. 만일 두 사람의 관계에서 서로가 상대에게 성적 만족감을 줄 수 있다면, 그 밖의 다른 문제들은 별로 중요하지 않다는 뜻이었다. 성이 관계 전체를 평가하는 기준이었다. 만일 환자가 장애를 극복하고 성적 발달의 미성숙기에서 벗어나 생식기에 이를 수 있다면, 평등하고 서로에게 유익한 관계를 별 문제 없이 맺을 수 있다는 것이다.

프로이트는 신경증의 뿌리가 예외 없이 환자의 어릴 적 환경에 있다고 생각했다. 그러므로 정신분석이라는 작업은 고통스럽고 수치스러워 억눌러왔던 어린 시절의 외상적(外傷的) 기억을 끌어내도록 돕는 과정이었다. 프로이트는 그의 동료이자 정신분석법의 선구자였던 요제프 브로이어(Joseph Breue)의 치료 결과를 보면서, 히스테리 환자가 자신의 증상이 시작된 정확한 상황을 기억해내고 그 상황과 관련된 감정을 다시 경험할 수 있도록 한다면 히스테리 증상은 치유된다는 결론을 얻었다. 하지만 이후 여러 종류의 환자를 치료하는 동안, 환자가 성장할 때의 정서적 환경 전체를 고려하면서 처음 외상적 사건을 강조하던 경향은 어느 정도 줄어들었다. 하지만 신경증이 태어나서 5년까지의 환경에서 비롯된다는 그의 믿음은 변하지 않았다.

따라서 정신분석은 역사의 재구성, 즉 환자가 어린 시절에 경험한 사건과 감정과 공상을 되살리는 과정이라 할 수 있었다. 이렇듯 치료가 환자의 친구나 가족이 아는 게 거의 없는 시기에 환자가 경험한 반응과 관련되어 있었으므로, 치료 과정에서 환자의 현재 인간관계는 점검할 필요가 별로 없었고 친구와 가족을 개입시킬 필요는 더더욱 없었다.

그렇다 보니 정신분석은 환자를 가족이나 친구들과 관계없는 고립된 개인으로 취급한다는 비판을 종종 받았다. 환자의 정신분석 과정에서 소외된 가족도 불만스러워하기는 마찬가지였다. 정신분석 전문의들은 환자의 가족을 만나는 일이 좀처럼 없었고, 환자가 가정에서 어떻게 지내며 다른 사람들과 어떻게 지내는지에 관해 알아보려 하지도 않았다. 하지만 정신분석 이론을 원래 형태로 이해하자면, 현재 환자와 가까운 사람들을 직접 개입시키지 않고 환자를 치료하는 것이 온당하다. 환자 말고는 그 누구도 환자가 어린 시절에 경험한 공상과 감정을 알 수 없기 때문이다.

친구들이 환자의 어린 시절을 자세하게 말해줄 수 있다 해도, 정신분석 전문의에게 필요한 것, 다시 말해 상황 자체가 아닌 당시 환자의 주관적 반응은 이야기해주지 못한다.

관계의 부상

처음 정신분석 치료를 시작했을 때만 해도, 프로이트는 의사인 자신이 환자들의 정서에 중요한 존재가 될 거라고는 예상하지 못했다. 프로이트는 궁극적으로 정신분석학을 해부학과 생리학에 기반을 두는 객관적인 '마음의 과학'으로 만들고 싶어 했다. 그래서 자신의 역할을 '객관적인 관찰자'로 규정했으며, 환자들도 다른 분야의 환자들이 의사를 대하는 것과 같은 태도로 자신을 대할 것으로 생각했다. 하지만 그의 예상은 빗나갔다. 환자들은 적극적으로 의사인 프로이트에게 사랑과 증오라는 감정을 표현했다. 그는 그런 정서를 치료 당시의 느낌을 진실하게 표현하는 것으로 받아들이지 않고 과거에 경험한 정서를 정신분석 전문의에게 새롭게 전이시키는 것으로 해석했다.

프로이트는 처음부터 전이를 인정하지 않았다. 나중에 전이의 중요성을 인식하고 한참이 지난 1910년이 되어서도 스위스의 신학자 오스카르 피스터(Oskar Pfister)에게 이런 내용의 편지를 보냈다.

전이는 그야말로 저주입니다. 너무도 격렬해서 치료가 어려운 충동, 그래서 내가 간접 암시와 최면 암시를 모두 포기한 충동은 정신분석으로도 완전히 없앨 수가 없습니다. 그냥 억누를 수밖에 없으며 미처 그렇게 하지 못한 충동은 전이로 나타납니다. 그런 일이 아주 흔하게 일어납니다.2)

프로이트는 『정신분석학 강의』 중 스물일곱 번째 강의에서 전이는 실재하지 않는 것으로 다루어야 한다는 주장을 되풀이한다.

환자의 감정이 정신분석을 받는 시점에 생기거나 해당 의사 때문에 생기는 것이 아니라 이미 오래전에 느낀 감정이 되살아나는 것에 불과하다는 사실을 환자에게 인식시키는 방법으로 전이를 다루어야 합니다. 그렇게 해서 환자가 느끼는 그 감정이 사실은 기억이라는 점을 알게 해야 합니다.3)

프로이트 시대 이후로, 좀 더 자세히 말하자면 정신분석학에서 대상관계 학파가 등장한 이후로, 전이의 이해와 해석을 강조하는 쪽으로 변화가 나타났다. 정신분석 전문의와 사회복지사를 비롯해 소위 '남을 돕는 직업'의 구성원 대부분은 친밀한 인간관계가 인간 행복의 주요한 요소라고 생각한다. 그런 관계에서 만족감을 얻지 못하는 사람들은 신경증에 걸리거나 제대로 성숙하지 못하는 등의 이상 증세를 보인다는 믿음이 지배적이다. 오늘날 대부분의 심리 치료는 대상이 개인이든 집단이든 관계없이 환자가 과거 중요한 사람들과 관계를 맺을 때 무엇이 문제였는지를 이해하게 하고, 그래서 앞으로 더 유익하고 만족스러운 관계를 맺을 수 있도록 돕는 것을 목적으로 한다.

뒤바뀐 순서

사람들은 보통 과거의 관계를 기준으로 새로운 관계를 짐작하기 때문에, 환자가 새로 만난 중요한 존재인 정신분석 전문의를 대하는 방식은 그가 이전에 사람들과 관계를 맺을 때 어떤 어려움을 겪었는지를 보여주는 중요한 단서가 된다. 동시에 그 어려움을 해결할 수 있는 가능성을 제시하기도 한다.

간단한 예를 들어보자. 과거에 거부나 학대를 당했던 환자는 정신분석 전문의에게도 거부와 학대를 당할 것이라 생각한다. 그러면서도 이런 생각이 자신의 태도에 영향을 미친다는 사실을 전혀 의식하지 못한다. 그러다 처음 예상과 달리 정신분석의가 배려하고 이해해주는 모습을 보고는 다른 사람들이 자신을 어떻게 대할지에 대해 그동안 잘못된 가정을 하고 있었음을 인식한다. 이제까지의 생각을 완전히 바꾸면서 그때부터는 다른 사람들과 좋은 관계를 맺는 것이 수월해지는 것이다.

앞에서 얘기했듯, 프로이트는 정신분석을 받는 사람이 정신분석 전문의에게 표현하는 감정은 실재하는 것이 아니고, 과거에 경험한 감정을 되풀이하는 것이라고 해석했다. 하지만 오늘날 많은 정신분석 전문의들은 그런 감정들이 단순히 어린 시절에 경험한 충동이나 공상을 되풀이하는 것만은 아니라고 믿는다. 경우에 따라서 정신분석 전문의들은 환자가 어린 시절에 경험하지 못한 것을 경험하게 하려는 시도도 한다. 잠시 동안이긴 하지만, 정신분석을 받는 사람은 정신분석 전문의를 꿈에 그리던 이상적인 부모로 여기기도 한다.

프로이트는 환자가 본능적 충동을 성인에 걸맞은 방식으로 표현하는 데 장애가 되는 것을 제거하는 일이 정신분석의의 임무라고 생각했다. 그리고 정신분석의가 이 임무를 성공적으로 완수한다면, 환자의 관계 맺기는 자연스럽게 해결될 것이라 생각했다. 하지만 현대의 정신분석 전문의들은 이 순서를 반대로 파악했다. 그들은 먼저 관계의 관점에서 생각한 다음, 본능의 만족이라는 관점에서 생각한다. 정신분석을 받는 사람이 불안을 느끼는 일 없이 다른 사람들과 동등한 관계를 맺을 수 있다면, 본능적 충동을 표현하고 성적 충족에 이르는 데 아무 어려움이 없을 것이라는 얘기다.

이처럼 대상관계 이론가들은, 인간은 태어날 때부터 단순한 본능의 충족이 아닌 '관계'를 찾는다고 믿는다. 그들은 신경증이 나타나는 원인을 성적 충동이 억제되거나 제대로 발달하지 못해서라기보다는 만족스러운 인간관계를 맺지 못하기 때문이라고 보는 것이다.

특수한 관계

환자가 정신분석 전문의에게 보이는 일련의 감정이나 태도를 전이라고 할 때, 이 전이는 정신분석 치료의 핵심 역할을 한다. 전이는 프로이트의 표현처럼 과거의 흔적이나 '저주'가 아니라 정신분석의가 환자의 태도를 바꿀 수 있도록 돕는 '든든한 동맹자'라 할 수 있다. 오늘날 정신분석 전문의들은 그들이 치료하는 환자들이 의사인 자신에게 어떤 태도를 보이는지, 예를 들어 두려워하는지, 고분고분한지, 공격적인지, 경쟁심을 드러내는지, 수줍어하는지, 불안해하는지를 관찰하고 그것을 해석하는 데 많은 시간을 할애한다.

물론 환자들이 보이는 이런 태도에는 모두 나름의 역사가 있으며, 그 역사를 조사할 필요가 있다. 하지만 지나치게 강조해서는 안 된다. 정신분석 전문의는 정신분석을 받는 환자가 보이는 왜곡된 태도를 연구하고, 이를 통해 그 환자가 타인과의 관계에서 어떤 어려움을 겪는지를 알아낸다. 이 작업이 효과적으로 이루어지려면 환자의 감정이 바로 지금의 관계에서 비롯되는 것임을 인식해야 하는 것이다.

정신분석 전문의와 환자의 만남은 다른 만남들과 확연히 다르다. 보통 사람들끼리의 만남에서 그처럼 한쪽이 다른 쪽의 태도를 자세히 관찰하고 연구하는 경우는 없다. 환자는 자신에게 그런 식으로 관심을 기울여주고 자신의 문제를 언제든 열심히 들어주는 사람을 살아오면서 단 한 번도 만나지 못했을 것이다. 어찌 보면 정신분석 전문의가 환자에게 중요한 존재가 되는 것은 당연한 일이다. 사실 정신분석의가 환자의 그런 감정의 실체를 인식하는 것은, 환자의 어린 시절 경험에서 비롯되는 전이의 불합리하고 왜곡된 요소를 인식하는 것만큼이나 중요하다.

인간관계가 행복을 결정하지는 않는다

모든 형태의 정신분석에서 인간관계와 전이에 집중하는 것은 아니다. 하지만 서로 다른 학파에 속한 정신분석 전문의들과 심리 치료사들도 공통적으로 다음 두 가지에 대해서는 의견을 같이한다. 첫째, 신경증 문제는 어린 시절 부모와 제대로 된 관계를 맺지 못한 것과 관련 있으며, 둘째, 건강과 행복은 친밀한 인간관계의 유지에 전적으로 좌우된다는 것이다.

아이들은 각자 다 다르며, 유전적 차이가 어린 시절의 성장 발달 문제에 강력한 영향을 미칠 수 있음을 기억해야 한다. 형제자매끼리도 부모를 서로 다르게 받아들인다. 그렇다고 해도, 개인이 성장하면서 겪는 여러 신경증 문제들이 어린 시절 가정에서 경험한 정서와 관계있다는 주장에는 나도 동의한다.

그러나 나는 친밀한 인간관계만이 건강과 행복의 요소라고는 생각하지 않는다. 오늘날 사랑이 구원에 이르는 유일한 길로 미화되는 분위기는 위험하다. 정신 건강의 구성요소가 무엇이냐는 질문에 프로이트는 사랑하고 일하는 능력이라고 답했다. 우리는 그 능력 가운데 사랑을 지나치게 강조하면서 일에는 관심을 거의 두지 않았다. 여러 정신분석에서 오직 인간관계에만 집중하다 보니, 개인이 성취감을 느낄 수 있는 다른 방법들에 주목하지 못했을 뿐만 아니라, 인간관계를 맺지 않을 때 개인의 정신 구조 안에서 나타나는 역학변화에 대한 연구도 소홀하게 되었다.

보울비의 애착 이론

많은 정신분석 전문의들이 프로이트의 '본능 이론'에 반대되는 것으로 '대상관계 이론'을 전개했다. 대상관계 이론의 창시자 멜라니 클라인을 위시한 도널드 위니콧, 로널드 페어베언 등의 이론가들이 여기에 해당된다. 하지만 이 분야에서 가장 중요한 업적을 남긴 학자는 존 보울비로, 그의 세 권짜리 저서 『애착과 상실』은 정신분석 연구에 큰 영향을 미쳤으며, 인간 본성에 대한 이해에 중요한 공헌을 했다.

보울비는, 사람은 유아기를 지나면서부터 다른 사람들과 안정되고 유익한 관계를 맺으려 하며, 이런 '애착'에 대한 욕구는 성적 만족에 대한 욕구보다 훨씬 강하다고 말한다. 보울비가 제시하는 개념들은 인성학과 정신분석학을 조화롭게 통합하는 것에서 비롯된다. 성적 관계와 어느 정도 연관되긴 하지만 그것과는 구별되는 애착을 강조하면서, 보울비는 인간과 인간관계에 대한 정신분석학적 시각을 확대했으며 다른 분야 학자들의 연구 결과와도 조화를 꾀했다.
 보울비는 세계보건기구의 요청으로 집 없는 아이들의 정신 건강에 대해 연구하면서 『애착과 상실』을 집필했다. 이를 계기로 그는 어린 시절에 잠시 동안 엄마와 떨어져 지내는 것이 어린아이에게 미치는 영향을 연구했고, 가령 아이가 병원에 입원하거나 엄마가 입원해야 할 때 아이가 겪는 고통을 훨씬 더 명확하게 밝혀냈다.
 아기들은 태어나서 9개월쯤 되면 특정한 사람에게 특별한 애착을 발달시키기 시작한다. 이 시기가 되면 아이는 낯선 사람에게 가지 않으려 하고 엄마를 비롯한 친숙한 어른들에게 달라붙으려고 한다. 아이에게 엄마는 언제든 돌아갈 수 있는 안전한 토대가 되며, 엄마가 있을 때 아이는 엄마가 없을 때보다 탐험을 할 때든 놀이를 할 때든 더 용감해진다. 만일 그 애착 인물이 잠깐이라도 없어지면 아이는 대부분 저항한다. 입원을 해야 할 때처럼 좀 더 오래 애착 인물에게서 분리되면, 아이는 일정한 순서로 반응을 보이는데, 보울비는 최초로 이 반응들을 체계적으로 정리했다. 처음에 아이는 화를 내며 저항하고 다음에는 낙담하면서 말없이 침울해하다가 점점 무관심해진다. 그러다 시간이 더 지나면 초연해지면서 애착 인물이 없는 것에 더 이상 신경 쓰지 않는다. 엄마가 곁에 없을 때 아이들은 이처럼 '저항, 낙담, 포기'의 순서로 반응한다.

애착의 성질과 기능

성인이 되어 타인과 좋은 관계를 맺는 능력은 어릴 적 애착 인물과의 경험과 관계있다는 보울비의 견해는 충분히 설득력 있다. 자신이 필요로 할 때 언제나 애착 인물이 곁에 있음을 확신하면서 자란 아이는 안정감과 자신감을 갖는다. 이런 자신감이 있을 때 사람은 다른 사람들을 믿고 사랑할 수 있다. 남녀가 사랑과 신뢰로 관계를 맺을 때도 마찬가지다.

그런데 애착의 성질과 강도는 다양하다. 그 정도는 엄마가 아이를 어떻게 대하고 다루는가에 따라 다르기도 하고, 말할 것도 없이 아이의 유전자에 따라서도 차이를 보인다. 엄마가 눈에 보이지 않을 때 아이가 보이는 반응이 서로 엇비슷하다고 해도, 엄마가 오랫동안 곁에 없을 때 아이들이 보이는 반응은 경우에 따라 크게 다를 수 있다. 연구 결과를 보면, 시설에서 자란 아이들이 핵가족 속에서 자란 아이들보다 문제를 더 많이 일으키고 다루기도 까다롭다. 확실하게 입증되지는 않았지만, 그런 아이들은 서로 간의 유대가 긴밀하고 애정이 깃든 가정에서 자란 아이들에 비해 성인이 되었을 때 친밀한 관계를 맺는 능력이 떨어지는 듯하다. 실제로 어미와 떨어진 새끼 원숭이들을 대상으로 한 실험을 보면, 정상적으로 사회관계와 성적 관계를 맺을 수 없는 어른 원숭이를 만드는 것이 어렵지 않음을 알 수 있다. 하지만 인간에게는 놀라울 정도의 회복력이 있다. 오랜 기간 고립되고 학대받은 아이라고 해도 환경이 좋아지면 얼마든지 달라질 수 있다.

『애착과 상실』 1권의 12장에서 보울비는 애착의 성질과 기능을 생물학적인 시각에서 논한다. 인간뿐만 아니라 다른 종들에서도 나타나는 애착 행동에 대한 광범위한 지식을 토대로, 보울비는 애착 행동의 본래 기능이 약탈자로부터의 보호였다고 결론짓는다. 그러면서 그 근거로 다음 세 가지를 제시한다. 첫째, 서로 떨어져 있는 동물들은 집단을 이루어 지내는 동물들에 비해 약탈자에게 공격당할 가능성이 크다. 둘째, 사람이나 동물 모두 어리거나 아프거나 임신했을 때 주로 애착 행동을 보인다. 이런 상태에 있을 때는 공격에 한층 취약해진다. 셋째, 위험상황과 마주했을 때 그 주체는 위험에 함께 대처할 다른 대상들을 찾는다.

이런 생물학적 해석은 타당하다. 현대인은 20세기 말 서구 도시인보다는 수렵과 채집 생활을 하던 부족민의 삶에 맞는 방식으로 여러 자극에 반응하도록 미리 프로그램화된 것 같다. 위협이라 여겨지는 것에 대해 우리가 보이는 공격적인 반응에서도 이런 사실은 명확하게 나타나며, 낯선 사람들에게 보내는 편집증적인 의심을 봐도 역시 그렇다. 그러나 두 종류의 반응 모두 예전 부족민들에게는 적합했을지 몰라도, 핵무기 대량학살의 가능성에 위협받고 있는 오늘날과 같은 시대에는 위태롭기 짝이 없다.

애착은 성숙의 조건일까?

보울비는 애착과 의존이 서로 다르다는 점을 강조한다. 사실 우리 인간은 성장하는 데 아주 오랜 시간이 걸린다. 인간이 태어나서부터 성적으로 성숙할 때까지 걸리는 시간은 전 생애의 4분의 1에 가까우며, 이는 다른 어떤 포유동물보다 오랜 기간이다. 이처럼 오랫동안 무력한 시기가 지속되는 덕에 나이 든 사람들에게서 뭔가를 배울 수 있는 기회를 얻는데, 인간의 미성숙 시기가 긴 생물학적 이유가 바로 여기에 있다는 견해가 지배적이다. 인간은 학습과 세대 간 문화 전달을 통해 세상에 적응하는 법을 배운다. 영아기와 유아기일 때 인간은 가장 무력하며 그래서 타인에게 의존하는 정도도 가장 높다.

그런데 이와는 반대로, 애착은 아이가 6개월 정도가 될 때까지 명확하게 드러나지 않는다. 그리고 아이가 자라 성숙하면서 의존은 점차 사라지지만 애착 행동은 일생동안 지속된다. 만일 우리가 어떤 성인을 보며 의존적이라고 한다면 그가 미성숙하다는 걸 의미한다. 이에 반해 그에게는 친밀한 애착이 없다고 하면 그에게 뭔가 잘못이 있다고 결론 내렸다는 의미다.

서구 사회에서, 어떤 사람이 다른 사람들과의 관계에 극도로 무관심하다면 일반적으로 정신병이 있다는 말과 동일시된다. 만성적인 정신 분열증 환자들을 보면, 다른 사람들과 일절 관계를 맺지 않고 사는 경우가 흔히 있다. 다른 사람과 대등한 조건으로 애착관계를 맺는 능력은 정서적으로 성숙했다는 증거로 여겨진다. 이런 능력이 없으면 병이라고 생각하는 것이다. 예를 들어 혼자 있는 능력처럼 정서적 성숙을 평가하는 다른 기준의 존재 여부는 좀처럼 고려 대상이 되지 않는다.

'인간은 평생 다른 사람들의 지지와 친교를 필요로 하는 사회적 존재'라는 점에는 인류학자, 사회학자, 심리학자 모두 의견이 일치한다. 학습과 더불어 사회적 협력은 비비나 침팬지 같은 유인원의 생존에서 그렇듯 인간의 생존에도 결정적인 역할을 했다. 오스트리아의 동물학자 콘라트 로렌츠(Konrad Lorenz)가 지적했듯, 인간은 걸음이 빠르지도 않고, 튼튼한 가죽이나 강한 엄니와 발톱, 그 외 무기가 될 만한 것을 타고나지도 못했다. 자신보다 힘이 센 종에게서 스스로를 보호하고 커다란 동물을 사냥하기 위해 원시인들은 협력하는 법을 배워야 했다. 오늘날의 현대인들 역시 수렵이나 채집과 거리가 먼 환경에서 살긴 하지만, 다른 사람들과 사회적으로 상호 작용하고 적극적으로 유대관계를 맺을 필요성은 여전히 존재한다.

그러므로 인간의 여러 욕구의 서열에서 애착이 높은 자리를 차지하는 데에는 그럴 만한 이유가 있다. 실제로 일부 사회학자들은 한 개인을 그가 속해 있는 가족이나 사회집단과 떨어뜨려 놓아도 과연 그가 의미를 가질지 의문을 나타낸다. 오늘날 사회 구성원은 대개 가족 간의 친밀한 유대가 인생의 중요한 부분을 구성하고, 이러한 유대에 더해 다른 이들과의 사랑과 우정도 필요하며, 바로 이런 관계들이 그들 삶에 의미를 부여한다고 생각한다. 사회학자 피터 매리스는 다음과 같이 말한다.

> 우리에게 가장 중요한 관계는 우리가 사랑하는 특별한 사람들—남편이나 아내, 부모, 자녀, 제일 친한 친구—과의 관계며, 특정한 장

소―가정 혹은 가정 못지않게 애정을 느끼는 개인의 영역―와의 관계가 중요할 때도 있다. 다른 무엇으로도 대신할 수 없는 이런 독특한 관계가 우리 삶에 가장 중요한 의미를 부여하는 것 같다.[4]

매리스의 견해에 따르면, 무엇으로도 대신할 수 없는 이 독특한 관계는 우리가 하는 경험을 이해하도록 돕는 판단 기준의 역할을 한다. 말하자면 우리는 독특한 관계들이 기둥이 되어 지탱되는 조직에 둘러싸여 있다. 우리는 이 관계를 너무도 당연하게 여겨서 어떤 중요한 관계가 끝날 때까지는 그것을 분명히 규정하지 못할 뿐만 아니라 의식도 거의 하지 못한다. 매리스의 지적처럼, 사별을 한 사람들은 적어도 한동안은 세상이 무의미해졌다는 느낌에 사로잡히곤 한다. 가장 가깝고 가장 소중한 사람을 잃고 나서야 그 사람이 자신의 삶에서 어떤 의미였는지를 깨닫는다. 이것이 일반적인 행동 형태이다. 하지만 소중한 배우자를 잃고 나서 오히려 자유로움을 느끼며 새 삶을 시작하는 사람들도 있다는 사실 또한 기억해야 한다.

사회학자 로버트 웨이스의 실험

사회학자 로버트 웨이스(Robert Weiss)가 최근 배우자와 사별하고 한부모 그룹에 가입한 사람들을 대상으로 연구를 했는데, 처음 예상대로 그들은 그룹 내에서 다른 사람들의 위로와 격려를 받아도 여전히 외로움을 호소했다. 다른 사람들과 아무리 진실한 우정을 나눈다 해도 결혼생활을 하면서 느끼던 짙은 애착과 친밀감의 상실을 보상하기에는 부족했던 것이다.

하지만 이런 관계가 대개의 사람에게 아주 중요하다 해도, 인생에 의미를 부여하는 것이 오직 '친밀한' 인간관계뿐인 것은 아니다. 웨이스는 이런저런 이유로 자신이 살던 마을에서 아주 멀리 이사한 부부들도 조사해보았다. 부부 간의 친밀한 애착이 여전한데도 그들은 이제 그룹의 일부가 아니라는 느낌 때문에 우울해했다.5)

다시 말하자면, 사람들은 친밀한 관계를 누리든 아니든 상관없이 가정보다 더 큰 공동체의 일부라고 느끼고 싶어 한다. 오늘날에는 친밀한 관계가 개인의 충족감에서 절대적인 요소라고 믿는 경향이 있는데, 이는 별로 친밀하지 않은 관계의 중요성을 경시하게 만들 위험이 있다. 정신 분열증 환자들, 그리고 심각할 정도로 고립되어 사는 사람들을 병적인 부류로 간주하는 것은 마땅하다. 그렇지만 많은 사람들이 그렇게 가깝다고 할 수 없는 관계를 맺으며 그럭저럭 살아간다. 그렇다고 그런 사람들 모두가 병이 있다고 할 수는 없을 것이다. 물론 이들이 모두 불행한 것 또한 아니다.

지지와 격려

군대나 일터 등의 사회 구조 안에서는 친밀한 인간관계에서 얻을 수 있는 만족감을 얻기 힘들다. 대신 그런 환경에서는 제 의무와 역할을 한다는 느낌을 받을 수 있다. 앞에서 겔너는 현대사회가 굉장히 유동적이고 불안정해서 대부분의 사람이 불안해하고 혼란스러워한다고 했는데, 이는 많은 사람이 더 좋은 보수를 받을 기회가 생긴다 해도 익숙한 환경을 포기하지는 않으려 한다는 사실과 어느 정도 맥을 같이 한다. 어떤 위계구조의 구성원이라는 인식, 완수해야 하는 일이 있다는 사실이 삶에 의미를 준다. 그리고 이런 사실은 다른 사람들과의 관계를 인식하는 기준틀이 되어주기도 한다.

일상생활에서도 마찬가지다. 우리는 친밀하지 않아도 우리의 자아감을 형성하게 해주는 수많은 사람과 끊임없이 마주친다. 이웃, 우편집배원, 은행원, 상점 점원 등등 많은 사람들과 우리는 매일 다정하게 인사를 주고받으며 편하게 지내지만, 그들의 삶에 대해서는 아는 게 거의 없다.

그런데도 어느 날 그 사람이 사라지고 다른 사람으로 대체되면 일시적이라 해도 얼마간의 상실감을 느낀다. 이럴 때 우리는 아무개에게 '익숙해'졌다고 말한다. 하지만 우리가 그리워하는 것은 그 익숙한 존재 자체가 아니라, 서로를 알아봐주고 인정해주는 것, 그리고 비록 보잘것없다고 해도 서로의 삶에 도움이 되도록 지지해주는 것이다.

이런 관계는 대부분의 사람이 생각하는 것보다 더 중요한 역할을 한다. 직장이나 조직에서 은퇴할 때, 우리는 그동안 매일 만나면서 알아보고 지지를 보내주던 사람들을 그리워한다. 당연한 애기지만, 누구나 사랑받고 싶어 한다. 인정받고 싶다는 바람도 이에 못지않게 중요하다.

오늘날 서구 사회에서 대부분의 사람은 친밀한 관계와 별 상관없는 환경에서 생활한다. 그러면서 그 결핍을 공상에서 보상받으려 하기도 한다. 배우자와 자녀가 있는 가정보다 직장에서 보내는 시간이 훨씬 많은데, 직장에서 그들은 사랑을 받지는 못한다 해도 대신 인정과 존중을 받는다. 대부분의 직장인들은 많은 시간을 상호 작용하며, 서로에게 인정받기 위해 노력한다.

친밀감이 덜하고 비교적 피상적인 관계도 일상에서 중요하다는 것은 지인들과 나누는 대화로도 증명된다. 이웃끼리 거리에서 만나면 주로 날씨 얘기로 대화를 시작한다. 그러다 대화가 길어지면 다른 이웃에 대한 얘기로 화제가 넘어간다. 아주 지적인 사람들이라 해도 대체로 남의 험담을 좋아한다. 책이나 음악, 그림, 사상, 심지어 돈에 관한 이야기에 비해 다른 사람들에 대한 험담이 대화에서 차지하는 비율은 상상을 초월한다.

혼자여도 좋다

대상관계 이론가들이 인생의 의미와 만족감의 주된 요소라고 주장하는 친밀한 애착관계를 맺거나 지속하지 못하는 사람이라 해서, 꼭 그 사람이 다른 사람들과 단절되어 산다는 의미는 아니다. 친밀한 인간관계에서 동떨어져 있다는 뜻은 더더욱 아니다.

일터에서 비교적 피상적인 관계만을 맺고도 안정되고 만족스럽게 살아가는 사람도 많이 있다.

내가 서문에서 인용한 에드워드 기번이 좋은 예다. 특별한 경우이긴 하지만 오랫동안 독방 감금 생활을 하면서도 여전히 삶에 의미가 있다고 느끼는 사람들도 있고, 여러 가지 이유로 일부러 몇 주 혹은 몇 달 동안 혼자 지내는 사람들도 있다.

보울비는『애착과 상실』3권, 끝에서 두 번째 단락에서 이렇게 말한다.

> 한 사람의 삶은 다른 사람에 대한 친밀한 애착을 중심축으로 전개된다. 아기일 때나 막 걸음마를 시작한 아이일 때나 어린아이일 때만 그런 것이 아니라, 청소년일 때나 성인일 때, 노인일 때도 그렇다. 이런 친밀한 애착에서 사람은 살아갈 힘과 기쁨을 얻으며, 다른 사람들에게도 그런 힘과 즐거움을 준다. 이 점에 대해서는 오늘날의 연구 결과와 옛날의 이론이 같은 견해를 보인다.[6]

나는 보울비의 저서를 처음 접한 이래 언제나 그의 업적을 높이 평가했다. 정신분석 결과는 객관적인 연구로 입증되어야 한다고 주장하며 행동학의 개념을 사용했다는 점에서, 그는 여느 정신분석 전문의들에 비해 정신분석을 학문과 결합했다. 하지만 내가 볼 때, 그의 애착이론에서는 일의 중요성, 사람이 혼자 있을 때 그의 마음속에서 진행되는 정서변화의 중요성, 무엇보다 창의력을 지닌 사람들의 상상력이 발휘되는 중심공간에 대해 제대로 된

평가가 이루어지지 않았다. 친밀한 애착관계는 삶이 전개되는 하나의 중심축일 뿐, 유일한 중심축은 아니다.

| 참고문헌 |

Prologue.

1) 에드워드 기번, 『자서전Memoirs of My Life and Writings』, pp. 239-41.
2) 리튼 스트레이치, 『세밀 초상화Portraits in Miniature』, p. 154.
3) 에드워드 기번, 위의 책, p. 236, 주 3.
4) 위의 책, p. 244.

Chapter 01.

1) 플라톤, 『향연The Symposium』, p. 64.
2) 지그문트 프로이트, 『애정의 영역에서 나타나는 절하현상의 보편적 경향에 대하여On the Universal Tendency to Debasement in the Sphere of Love』 전 24권 중 11권, pp. 188-9.
3) 마르가니타 라스키, 『황홀경Ecstasy』, p. 148.
4) 지그문트 프로이트, 『문명 속의 불만Civilization and Its Discontent』 전 24권 중 21권, p. 65.

5) 위의 책, p. 66.
6) 마르가니타 라스키, 앞의 책, p. 206.
7) 버트런드 러셀, 『버트런드 러셀 자서전』 전 3권 중 1권, p. 36.
8) C. P. 스노, 『탐구The Search』, pp. 126-7.
9) C. G. 융, 『기억, 꿈, 사상』, p. 191.
10) C. G. 융, 전집 『개인성의 발달The Development of Personality』 17권, p. 171.
11) C. G. 융, 전집 『심리학과 종교Psychology and Religion』 11권 중 '심리 치료사 혹은 성직자Psychotherapists or the Clergy', p. 334.
12) 찰스 라이크로프트, 『정신분석 관찰Psychoanalysis Observed』 중 '서문: 원인과 의미Introduction: Causes and Meaning', p. 22.
13) C. G. 융, 전집 『심리 치료의 실천The Practice of Psychotherapy』 16권 중 '심리 치료의 목적The Aims of Psychotherapy", p. 41.
14) C. G. 융, 전집 『연금술 연구Alchemical Studies』 13권 중 '"황금 꽃의 비밀"에 대한 해설Commentary on "The Secret of the Golden Flower"'', p. 46.
15) 위의 책, p. 45.
16) C. G. 융, 전집 『심리학과 종교』 11권, pp. 81-2.
17) C. G. 융. 앞의 책, '"황금 꽃의 비밀"에 대한 해설', pp. 47-8.
18) 윌리엄 제임스, 『종교적 경험의 다양성』, p. 289.
19) 위의 책, p. 381.
20) 위의 책, p. 175.
21) C. G. 융, 전집 『초월적 기능Transcendent Function』 8권, p. 73.
22) W. M. 새커리, 『윌리엄 메이크피스 새커리 전집The Works of William Makepeace Thackeray』 12권 중 '라운드어바웃 페이퍼즈Roundabout Papers', pp. 374-5.
23) J. W. 크로스, 『편지와 일기에 나타난 조지 엘리엇의 삶George Eliot's Life as related in her Letters and Journals』 3권, pp. 421-5.
24) 프리드리히 니체, 『이 사람을 보라Ecce Homo』, p. 48.

25) 에이브러햄 매슬로, 『최상의 인간 본성The Farther Reaches of Human Nature』, p. 59.
26) 위의 책, pp. 63-4.
27) 위의 책, p. 67.
28) 윌리엄 워즈워스, 『서곡The Prelude: The Complete Poetical Works of William Wordsworth』, p. 261.

Chapter 02.

1) 콜린 머리 파크스, 『사별Bereavement』, pp. 158-9.
2) 로링 M. 댄포스, 『그리스 시골마을의 죽음 의식The Death Rituals of Rural Greece』, pp. 143-4.
3) 위의 책, p. 144.
4) 리처드 E. 버드, 『홀로Alone』, p. 7.
5) 위의 책, p. 9.
6) 위의 책, pp. 62-3.
7) 위의 책, p. 206.
8) 윌리엄 제임스, 『종교적 경험의 다양성The Varieties of Religious Experience』, p. 419.
9) 지그문트 프로이트, 『문명 속의 불안Civilization and Its Discontent』 전 24권 중 21권, pp. 64-65.
10) 위의 책, p. 67.
11) 위의 책, p. 72.
12) 위의 책, p. 72.
13) 리하르트 바그너, 『바그너의 음악과 극Wagner on Music and Drama: A Selection from Richard Wagner's Prose Works』, pp. 272-3.
14) 글린 베닛, 『참을 수 없는Beyond Endurance』, pp. 166-7.
15) 크리스티아네 리터 『극야(極夜)의 여인Woman in the Polar Night』, p. 144.

16) 존 키츠, '나이팅게일에게', pp. 110-11.

Chapter 03.

1) 버너드 베런슨, 『자화상 개요Sketch for a Self-Portrait』, p. 18.
2) A. L. 로즈, 『콘월에서의 어린 시절Cornish Childhodd』, pp. 16-18
3) 도널드 W. 위니콧, 『성숙 과정과 촉진적 환경The Maturational Processes and The Facilitating Environment』 중 '혼자 있는 능력The Capacity to be Alone', p. 29.
4) 위의 책, p. 33.
5) 위의 책, p. 34.
6) 위의 책, p. 34.
7) 윌리엄 C. 디멘트, 『누군가가 자는 동안 누군가가 보고 있다Some Must Watch While Some Must Sleep』, p. 93.
8) 스탠리 팔롬보, 『꿈과 기억Dreaming and Memory』, p. 219.
9) 데이비드 스텐하우스, 『지성의 진화The Evolution of Intelligence』, p. 31.
10) 위의 책, p. 67.
11) 위의 책, p. 78.

Chapter 04.

1) 새뮤얼 존슨, 『라셀라스The History of Rasselas』, p. 387.
2) 지그문트 프로이트, 〈창의적인 작가들과 몽상Creative Writers and Day-Dreaming〉, 전 24권 중 4권, p. 146.
3) 위의 책, p. 145.
4) 지그문트 프로이트, 〈정신적 기능의 두 가지 원칙에 대한 설명Formulations on the Two Principles of Menatl Functioning〉, 12권, p. 219.
5) 프란시스코 고야, 『변덕Los Caprichos』의 제사.

6) 지그문트 프로이트, 앞의 논문, 12권, p. 224.
7) 도널드 위니콧, 『소아과를 지나 정신분석까지Through Paediatrics to Psycho-Analysis』 중 〈과도기적 대상과 과도기적 현상Transitional Objects and Transitional Phenomena〉, pp. 229-42.
8) S. 프로벤스와 R. C. 리프톤, 『보호시설의 아이들: 태어나서 1년까지 가정에서 자란 아이들과의 발달 비교Infants in Institutions: A Comparison of their Development with Family-Reared Infants during the First Year of Life』.
9) 도널드 W. 위니콧, 『놀이와 현실Playing and Reality』, p. 65.

Chapter 05.

1) 앤서니 스토, 『정신분석 관찰Psychoanalysis Observed』 중 〈치료의 개념The Concept of Cure〉, p. 72.
2) 제르맹 바쟁, 『예술사A Concise History of Art』, p. 11.
3) 허버트 리드, 『도상과 사상Icon and Idea』, p. 27.
4) 제르맹 바쟁, 앞의 책, p. 24.
5) 레이먼드 퍼스, 『사회조직의 요소들Elements of Social Organization』, p. 173.
6) 콜린 모리스, 『개인의 발견The Discovery of the Individual』, p. 88.
7) 야코프 부르크하르트, 『이탈리아의 르네상스 문명The Civilization of the Renaissance』, p. 81.
8) 에드워드 O. 윌슨, 『사회생물학: 새로운 통합Sociobiology: The New Synthesis』, p. 564.
9) 레이먼드 퍼스, 앞의 책, p. 171.
10) 에드먼드 리치, 『사회 인류학Social Anthropology』, pp. 139-40.
11) 피터 앱스, 〈서구 문화에서 자서전의 발달The Development of Autobiography in Western Culture: from Augustine to Rousseau〉(미출간 논문), p. 130.

12) 위의 글, pp. 131-132.
13) 브루노 베텔하임, 『꿈의 아이들The Children of the Dream』, p. 212.
14) 유리 브론펜브레너, 『어린 시절의 두 세계: 미국과 소련Two Worlds of Childhood: US and USSR』, pp. 10-11.
15) 마태복음 22장 37, 38절.
16) 크리스토퍼 브루크, 『수도원의 세계, 1000~1300년The Monastic World, 1000-1300』, pp. 114-15.

Chapter 06.

1) C. G. 융, 『기억, 꿈, 사상Memories, Dreams, Reflections』, p. 170.
2) C. G. 융, 전집 20권 중 『분석심리학에 대한 두 가지 이야기Two Essays on Analytical Psychologyorks』 7권, p. 40.
3) 위의 책, p. 41.
4) 위의 책.
5) 빌헬름 보링거, 『추상과 감정 이입Abstraction and Empathy』, p. 5.
6) 위의 책, p. 4
7) 위의 책, p. 36.
8) 하워드 가드너, 『솜씨 좋은 낙서Artful Scribbles』, p. 47.
9) 지그문트 프로이트, 〈애도와 우울증Mourning and Melancholia〉, 전 24권 중 14권, pp. 243-58.
10) 메리 메인과 도나 R. 웨스턴, 『인간 행동에서 애착의 위치The Place of Attachment in Human Behavior』 중 〈유아기의 애착 인물의 회피: 설명과 해석Avoidance of the Attachment Figure in Infancy: Descriptions and Interpretations〉, p. 46.
11) 위의 책, p. 46.
12) 위의 책, p. 52.
13) 프란츠 카프카, 『카프카의 편지Letters to Felice』, p. 271.
14) 위의 책, pp. 155-6.

15) 에리히 헬러, 『프란츠 카프카Franz Kafka』, p. 15.
16) 『프란츠 카프카의 세계The World of Franz Kafka』의 '카프카 인생의 연대기A Chronology of Kafka' 중 알란 블런던의 인용, p. 28.
17) W. B. 예이츠, 『예이츠 시선The Collected Poems of W. B. Yeats』 중 '재림The Second Coming', p. 211.

Chapter 07.

1) 앤서니 트롤럽, 『자서전Autobiography』, pp. 54-5.
2) C. P. 스노, 『트롤럽Trollope』, p. 9.
3) 험프리 카펜터, 『비밀의 화원Secret Gardens』, pp. 138-41.
4) 마거릿 레인, 『베아트릭스 포터 이야기The Tale of Beatrix Potter』, p. 9.
5) 위의 책, p. 38.
6) 위의 책, p. 50.
7) 험프리 카펜터, 앞의 책, p. 138.
8) 비비언 녹스, 『에드워드 리어Edward Lear』, p. 14.
9) 위의 책, p. 107.
10) 찰스 캐링턴, 『루디야드 키플링Rudyard Kipling』, p. 50.
11) 앵거스 윌슨, 『루디야드 키플링의 이상한 여행The Strange Ride of Rudyard Kipling』, p. 18.
12) 위의 책, p. 276.
13) A. J. 랭구스, 『사키Saki』, p. 14.
14) 『보들리헤드 사키The Bodley Head Saki』, p. 59.
15) 프랜시스 도널드슨, 『P. G. 우드하우스P. G. Wodehouse』, p. 46.
16) 『활동 중인 작가들Writers at Work』 5권, p. 11.
17) 프랜시스 도널드슨, 앞의 책, p. 44.
18) 위의 책, p. 50.
19) 위의 책, p. 3.
20) 『활동 중인 작가들』 1권, p. 132.

Chapter 08.

1) 폴 V. 레이건과 토마스 H. 맥글라샨, 〈미국심리학지American Journal of Psychiatry〉 143:2에 실린 '아동기 부모의 죽음과 성인기의 정신장애 Childhood Parental Death and Adult Psychopathology', pp. 153-7.
2) 조지 W. 브라운과 티릴 해리스, 『우울증의 사회적 기원Social Origins of Depression』, p. 240.
3) C. 페리스, S. 홀름그렌, L. 폰 노링, H. 페리스, 〈영국 정신의학 저널 British Journal of Psychiatry〉 148에 실린 '우울증 부모와 건강한 형제 자매와 지내던 아동의 부모와의 사별Parental Loss by Death in the Early Childhood of Depressed Patients and of their Healthy Siblings', pp. 165-9.
4) 조지 W. 브라운 외, 앞의 책, p. 240.
5) 존 A. 버치넬, 〈사회정신의학Social Psychiatry〉 10호에 실린 '어린 시절 정신 장애 부모의 사별한 사람의 개인성 특징들The Personality Characteristics of Early-bereaved Psychiatric Patients', pp. 97-103.
6) 로저 브라운, 『사회심리학Social Psychology』, pp. 644-5.
7) 조지. W. 브라운 외, 앞의 책, p. 285.
8) 로버트 버나드 마틴, 『테니슨: 불안한 마음Tennyson: The Unquiet Heart』, pp. 184.
9) 알프레드 테니슨, 『인 메모리엄In Memoriam』, p. 248.
10) 로버트 버턴, 『우울의 해부The Anatomy of Melancholy』, p. 20.
11) 로버트 버나드 마틴, 앞의 책, p. 4.
12) 위의 책, p. 10.
13) 위의 책, p. 140.
14) 앤드류 브링크, 『상실과 상징적 회복Loss and Symbolic Repair』.
15) 앤드류 브링크, 『회복으로서 창의성Creativity ad Repair』.
16) 데이비드 아버바크, 『비알리크와 워즈워스의 시에 나타난 상실과 분리 Loss and Separation in Bialik and Wordsworth』 2권, pp. 197-208.

17) 데이비드 아버바크,『자물쇠의 손잡이에서At the Handles of the Lock』.
18) 데이비드 세실,『상처 입은 사슴The Stricken Deer, or The Life of Cowper』.
19) 윌리엄 쿠퍼,『윌리엄 쿠퍼 시집The Poetical Works of William Cowper』 중 p. 433, '올니의 찬미가Olney Hymn' 1, 9-12줄.
20) 윌리엄 쿠퍼,『윌리엄 쿠퍼의 편지와 글The Letters and Prose Writings of William Cowper』전 5권 중 2권, p. 294에 실린 조셉 힐에게 보내는 편지, 1784년 11월.
21) 윌리엄 쿠퍼, 위의 책 p. 39, p. 396, 17-20줄, 118-121줄.
22) 윌리엄 쿠퍼, 위의 책 중 pp. 289-90, '광기 속에서 적은 글Lines Written During a Period of Insanity', 1-12줄.
23) 윌리엄 쿠퍼, 위의 책, p 444, '올니의 찬미가' 18, 9-12줄.
24) 윌리엄 쿠퍼, 위의 책, p 292, '관목숲The Shrubbery', 5-12줄.
25) 새뮤얼 T. 콜리지,『콜리지 시집The Portable Coleridge』, p. 170, '실의의 노래Dejection: An Ode', 31-8줄.
26) 데이비드 세실, 앞의 책, p. 206.
27) 윌리엄 쿠퍼,『윌리엄 쿠퍼 시집』, p. 172, '과제' 3, 373-8줄.
28) 스티븐 스펜더,『세계 속의 세계World within World』, p. 6.
29) 존 키츠,『존 키츠의 편지The Letters of John Keats』, p. 353, '편지 134'.
30) 데이비드 아버바크,『비알리크와 워즈워스의 시에 나타난 상실과 분리』2권, p. 198.
31) 앤드류 브링크,『상실과 상징적 회복』, p. 115.
32) 위의 책, p. 117-118.
33) 보이티우스,『철학의 위안Consolation of Philosophy』, pp. 66-7.
34) N. J. C. 안드레아센과 A. 캔터,『종합 정신과학Comprehensive Psychiatry』15 중 '창의적 작가The Creative Writer', pp. 123-31.
35) 케이 R. 재미슨, 〈영국 대표 작가와 화가들의 기분장애와 주기적 형태 Mood Disorders and Seasonal Patterns in top British Writers and Artists〉, 미출간 자료.

Chapter 09.

1) 노벌 모리스, 『투옥의 미래The Future of Imprisonment』, p. 4.
2) 이다 코흐, 『유럽 감옥체계의 발전The Expansion of European Prison Systems』 중 '고립의 정신적·사회적 후유증', pp. 119-29.
3) 로렌스 E. 힌클과 해럴드 G. 울프, 〈미국 의사회 신경의학 회보Archives of Neurology and Psychiatry〉에 실린 '국가의 적에 대한 공산주의 국가의 심문과 교화 기법Communist Interrogation and Indoctrination of "Enemies of the States"', 76권, pp. 115-74.
4) 위의 책, p. 12.
5) 위의 책, p. 25.
6) 이디스 본, 『7년 동안의 고독Seven Years Solitary』.
7) 크리스토퍼 버니, 『독방 감금Solitary Confinement』.
8) 브루노 베텔하임, 『생존과 다른 에세이들Surviving and Other Essays』, p. 103.
9) 예후디 메누인, 『주제와 변주곡Theme and Variations』, p. 103.
10) 메이너드 솔로몬, 『베토벤Beethoven』, p. 117.
11) 위의 책, p. 124.
12) 앙드레 말로, 『토성: 고야에 관한 에세이Saturn: an Essay on Goya』, p. 25.
13) 프란시스코 고야, 케네스 클라크, 『낭만주의적 반란The Romantic Rebellion』, p. 95에서 인용.
14) 스탠리 코헨과 로리 테일러, 『심리적 생존Psychological Survival』, p. 110.
15) 조지프 프랭크, 『도스토옙스키: 시련의 세월, 1850-1859The Years of Ordeal1850-1859』, 전 5권 중 2권, p. 122.
16) 『히틀러의 비밀 대화, 1941-44Hitler's Secret Conversations, 1941-44』, p. 235. 윌리엄 L. 샤이러, 『제3제국의 흥망The Rise and Fall of the Third Reich』, p. 119, '주'에서 인용.

17) 아더 케스틀러, 『만화경Kaleidoscope』, pp. 208-15.

Chapter 10.

1) 앤서니 스토, 『개인성의 통합Integrity of the Personality』, p. 24.
2) 위의 책, p. 27.
3) 하인즈 코헛, 『정신분석은 어떻게 치료하는가?How Does Analysis Cure?』, p. 109.
4) 위의 책, p. 43.
5) 로널드 D. 랭, 『분열된 자아Divided Self』.
6) 위스턴 H. 오든, 『영국인 오든: 시, 에세이 그리고 희곡, 1927-1939The English Auden: Poems, Essays and Dramatic Writings, 1927-1939』 41 중 '1939년 9월 1일', p, 246, 88줄.
7) 찰스 라이크로프트, 『정신분석 비판 사전A Critical Dictionary of Psychoanalysis』, p. 100.
8) 제럴드 N. 무어, 『에드워드 엘가Edward Elgar』, p. 7.
9) 모리스 N. 이글, 『정신분석과 현대의 사고Psychoanalysis and Contemporary Thought』 4 중 '대상관계로서의 관심Interests as Object Relations', pp. 527-65.
10) 위의 책, p. 532, 주2.
11) 위의 책, pp. 537-8.
12) 토마스 드 퀸시, 『영국의 우편마차와 다른 이야기들The English Mail-Coach and Other Essays』 중 '칸트의 마지막 날들' pp. 162-209.
13) 벤 아미 샬프스타인, 『철학자들The Philosophers』 중 '그들의 삶과 사고의 성격Their Lives and the Nature of their Thought.'
14) 버트런드 러셀, 『서양 철학사History of Western Philosophy』, p. 731.
15) 토마스 드 퀸시, 앞의 책, p. 170.
16) 노먼 맬컴, 『루트비히 비트겐슈타인, 회고록Ludwig Wittgenstein, Memoir』, p. 4, 게오르그 헨리크 본 브리그흐트의 비트겐슈타인 약력.

17) 버트런드 러셀,『버트런드 러셀 자서전, 1914-1944The Autobiography of Bertrand Russell, 1914-1944』2권, pp. 98-9.
18) 위의 책, p. 99.
19) 『루트비히 비트겐슈타인에 대한 회고록Ludwig Wittgenstein, Personal Recollections』중 헤르미네 비트겐슈타인의 '나의 동생 루드비히My Brother Ludwig', p. 9.
20) 노먼 맬컴, 앞의 책, p. 20.
21) 『루트비히 비트겐슈타인에 대한 회고록』중 M. O'C. 드루리의 '비트겐슈타인과의 대화,' p. 140.
22) 앤서니 스토, 〈영국 의학 저널British Medical Journal〉 291, 1985년 12월 21-28일자, pp. 1779-84, '아이작 뉴턴Isaac Newton'
23) 리처드 S. 웨스트폴, 〈영국 학술지Notes and Records of the Royal Society〉 18, p. 13, '뉴턴의 의식에 관한 정리, 1662Short-writing and the State of Newton's Conscience, 1662'.
24) J. M. 케인즈,『전기 모음집Essays in Biography』중 '뉴턴Newton the Man', p. 311.
25) S. 브로데츠키,『아이작 뉴턴Isaac Newton』, pp. 69, 89.

Chapter 11.

1) 버너드 베런슨,『르네상스 시대의 이탈리아 화가들The Italian Painters of the Renaissance』, p. 201.
2) 조지프 커먼,『베토벤 4중주The Beethoven Quartets』, p. 12.
3) 위의 책, p. 184.
4) 마틴 쿠퍼,『베토벤: 마지막 10년Beethoven: The Last Decade』, p. 11.
5) 조지프 커만, 위의 책, p. 322.
6) J. W. N. 설리번,『베토벤Beethoven』, p. 225.
7) 윌프리드 멜러스,『베토벤과 신의 목소리Beethoven and the Voice of God』, p. 402.

8) 메이너드 솔로몬,『베토벤Beethoven』, p. 325.
9) 험프리 설,『리스트의 음악The Music of Liszt』, p. 108.
10) 맬컴 보이드,『바흐Bach』, p. 208.
11) 모스코 카너,『새 옥스퍼드 음악사The New Oxford History of Music』 10권 중 '리하르트 슈트라우스의 마지막 날들Richard Strauss's Last Years', p. 325.
12) 윌리엄 머독,『브라스』, p. 155.
13) 데니스 아놀드,『새 옥스퍼드 음악안내서The New Oxford Companion to Music』중 '브람스', p. 254
14) 풀러 메이트랜드,『그로브 음악사전Grove's Dictionary of Music and Musicians』, 전 5권 중 1권, '브람스', p. 452.
15) 프리드리히 니체,『바그너The Case of Wagner』, p. 187.
16) 피터 래섬,『브람스Brahms』, p. 87.
17) 조지 R. 마렉,『리하르트 슈트라우스Richard Strauss』, p. 323에서 인용.
18) 헨리 제임스,『사절들The Ambassadors』 전 2권 중 1권, p. 190.
19) 리언 이델,『헨리 제임스의 삶The Life of Henry James』, 전 2권 중 2권, pp. 333-4.
20) 랄프 노먼,『헨리 제임스 소설의 불안한 세계The Insecure World of Henry James's Fiction』, p. 138.
21) 『헨리 제임스의 노트The Notebooks of Henry James』, pp. 150-51.
22) 헨리 제임스,『죽은 사람들을 위한 제단The Altar of the Dead』 중 '밀림의 야수The Beast in the Jungle', p. 123.
23) 위의 책, p. 114.
24) 리언 이델, 앞의 책, 2권, p. 694에서 인용.
25) 위의 책, p. 538.

Epilogue.

1) 에르네스트 겔너,『정신분석 운동The Psychoanalytic Movement』, p. 34.

2) 지그문트 프로이트, 『피스터에게 보낸 편지Letter to Pfister』, 어니스트 존스, 『지그문트 프로이트Sigmund Freud』 2권, p. 497에서 인용.
3) 지그문트 프로이트, 『정신분석 강의Introductory Lectures on Psycho-Analysis』 중 스물일곱 번째 강의 '전이', 전 24권 중 16권, pp. 431-47.
4) 피터 매리스, 『인간 행동의 애착 장소The Place of Attachment in Human Behavior』 중 '애착과 사회', p. 185.
5) 로버트, S. 웨이스, 위의 책, 『인간 행동의 애착 장소』 중 '성인기의 애착', p. 174.
6) 존 보울비, 『애착과 상실: 상실, 슬픔, 우울Attachment and Loss: Loss, Sadness and Depression』 3권, p.442.

옮긴이 **이순영**
고려대학교 노어노문학과와 성균관대학교 대학원 번역학과를 졸업하였다. 옮긴 책으로는 『내 이름은 호프』, 『삶에서 가장 중요한 것』, 『줄리&줄리아』, 『인투 더 와일드』, 『과식의 종말』, 『127시간』, 『열일곱 제나』 등이 있다.

고독의 위로

초판 1쇄 발행 | 2011년 10월 13일
초판 16쇄 발행 | 2019년 8월 5일

지은이 | 앤서니 스토
옮긴이 | 이순영

주소 | 경기도 파주시 회동길 354
전화 | 031-839-6805(마케팅), 031-839-6814(편집)
팩스 | 031-839-6828

발행처 | (사)한국물가정보
등록 | 1980년 3월 29일
이메일 | booksonwed@gmail.com

아름답고 인간적이고 지적이고 사려 깊은 글이다. — 〈The Times〉

상실과 상처의 시대, 우리들 삶에 용기를 북돋운다. — 〈Observer〉

인류의 분열을 향해 시의적절한 일격을 날린다. — 〈Independent〉

고독의 미덕을 이야기하다. — 〈The New York Times〉

앤서니 스토의 모든 저서에서는 사람에 대한 깊은 이해와 공감이 드러난다. — 〈Telegraph〉

혼자 사는 모든 사람들에게 반가운 소식을 들려준다. — 〈Spectator〉

앤서니 스토는 재미없는 글은 단 한 구절도 쓰지 못한다. — 〈Sunday Times〉

어디에도 소속되지 못한다는 걱정을 날려버린다. 고독을 기꺼이 받아들이자. — 〈Birmingham Post〉

자극적이다. 그러나 매우 고마운 책이다. — 〈Listener〉

인간관계의 중요성을 부르짖는 자기 계발 서적들에 맞서,
'창조적 고독'을 힘주어 강조한다. — 〈Publishers Weekly〉

카프카, 베토벤, 뉴턴, 비트겐슈타인과 같은 인물들에 대한 분석이 흥미롭다.
고독이 행복과 안정감을 줄 수 있다는 강력한 증거를 제시한다. — 〈Library Journal〉